脱・住宅短命社会

住居管理と中古住宅市場の課題

山﨑古都子

Yamasaki Kotoko

目　次

序　章　短命な住宅社会の課題
1. 既存住宅が短命な社会の課題 …………………………………… 2
2. 短命な住宅による環境の破壊 …………………………………… 4
   1) 環境負荷が高い住宅のスクラップアンドビルド
   2) 放置された管理・災害に備える自助力

第1章　スクラップアンドビルド社会の検証
1. スクラップアンドビルドを招いた住宅需給構造 ………………… 12
   1) 住宅政策とスクラップアンドビルド
   2) 経済政策と住宅の耐用性の逆さや
2. 住生活の近代化・商品化による住宅の短命化 ………………… 28
   1) 住宅の陳腐化を誘発した起居様式の近代化
   2) 生活財の商品化と大量消費型住様式
3. 普請から耐久消費財になった住宅と住居観 …………………… 35
   1) メーカー住宅時代の到来と風土性の喪失
   2) 家事労働の外部化過程で変節した住居管理責任

第2章　住宅の長寿命化に寄与できない日本の中古住宅市場
1. 日米比較による中古戸建住宅の需要特性 ……………………… 44
   1) アメリカと日本の比較調査の意義
   2) 既存住宅市場の状況
   3) 住宅選択からみた中古住宅の日米比較
   4) 「仮の宿」意識と中古戸建住宅の需要特性
   5) 中古住宅需要者の特性
2. 住宅の資産観と耐用性の日米比較 ……………………………… 66
   1) 中古住宅への期待と耐用性
   2) 住宅への愛着が資産観におよぼす効果
   3) まとめ
3. 住宅の「期待耐用年数」及び平均寿命の日米比較 …………… 83
   1) 建て替え率と「期待耐用年数」
   2) 建て替えが進む原因
   3) まとめ

第3章　軽んじられてきた住居管理技術
1. 住宅の寿命を縮める効用維持回復費用の過分性 ……………… 102
   1) 長寿命化に不可欠な住居管理

　　　　2）「老朽」概念を占める30年の幻想
　2．住居の保全状態を左右する居住者の管理能力 …………………… 109
　　　　1）はじめに
　　　　2）住居管理と住宅の長寿命化
　　　　3）居住者の管理技術・関心と住居管理の相関
　　　　4）生活技術教育の経路から外れた家庭
　3．家事労働のジェンダーバイアスと住居管理の衰退の相関性 ………… 123
　　　　1）はじめに
　　　　2）家事労働のジェンダーバイアスと住居管理の責任
　　　　3）住居管理を阻害する消費社会から循環型住居管理社会への道

第4章　既存住宅の検査の効用と日本の課題
　1．放置されてきた住宅検査 …………………………………………… 138
　　　　1）はじめに
　　　　2）住宅の保全と耐震意識
　　　　3）住宅検査の社会的効用に対する関心
　　　　4）海外の住宅検査の事例
　2．求められる公正な住宅市場情報の開示 ……………………………… 167
　　　　1）中古住宅情報の信頼性
　　　　2）アメリカの中古住宅市場の公正さを保つ仕組み
　　　　3）日本の中古住宅市場における情報の非対称性
　3．永住指向者からみた住宅評価制度の課題 …………………………… 183
　　　　1）循環型住宅政策への切り替え
　　　　2）永住指向者が既存住宅検査の恩恵を受ける機会

終　章　既存住宅の長寿命化を実現する仕組みと課題
　1．日本の住宅を長寿にするための社会的住居管理システム ………… 204
　　　　1）日本型社会的住居管理システムの枠組み
　　　　2）外部支援システムの開発
　　　　3）居住者の管理能力の開発促進
　　　　4）リペア社会の条件
　　　　5）ハウスケアシステム（高齢者の住居管理を支援する方法）の検討
　2．最後の課題 …………………………………………………………… 213
　　　　1）消費者問題としての住宅の性能
　　　　2）必須生活財を投資商品にする落とし穴
　　　　3）さいごに

引用文献／参考文献　217
あとがき　220
初出論文　223
本文引用調査及び論文リスト　225
索引　226

序章

短命な住宅社会の課題

1. 既存住宅が短命な社会の課題

　日本では都市住宅の耐用年数を延ばすことが課題である。そのために2005年から良質のストックを増やし、既存住宅の活用を促す仕組みを作る住宅市場整備行動計画（アクションプログラム）が始動した。当行動計画は政策の重点を中古住宅市場と、リフォーム市場の拡大促進に置き、2015年には中古住宅流通量の倍増、リフォーム市場の3割増・約6兆円規模の市場を見込んでいる。それに伴って当時多くの識者が日本において中古住宅市場が機能していない原因を相次いで指摘した[1]~[3]。たとえば松本氏は①住宅の市場評価の困難性、②購入代金調達のリスク、③価格変動、④高額な売買手続き費用、を原因に挙げている[4]。

　松本氏は①について、欧米の新規供給住宅は大規模分譲住宅方式である故に物件の類似性が高く市場価値をつけやすいが、それに比較して日本の住宅は小規模宅地の上に厳しい建築制約が課せられている中で、建築主の要求を最大限に満たそうとして個別性が強くなることと、所有権が移転した後でリフォームされるために個別性が高まり、それが客観的な市場価値をつけることを妨げていると説明している。同じく戸谷氏も日本住宅の個別性が災いしていることを指摘した[5]。

　しかし、英米では日本以上にリフォームが活発で、大胆である。日本の価格変動は中古に限らず、新築にもあるし、不動産投機は日本に限らずアメリカの中古住宅でも起きている[6]。したがって上記の理由だけでは日本の中古住宅市場の性格を説明したことにはならない。日本の中古住宅市場が機能していない原因はもっと他の要因を探る必要がある。

　一方リフォームについては消費者保護が未整備な現段階で、市場の側から活性化をねらえば新たな住宅問題の発生が危惧される。したがって、新たな付加価値をつけて経済効果をねらう以前に、管理歴に対する市場評価を整備することに加えて、リフォームのみならず、関連の消費者保護に関する法律

を整備しておく必要がある。また，中古住宅の評価を形成するためには，転居指向に対応できる間取りのバリエーションと普遍性を育てるなど地道な政策が求められる。このように周辺の条件が整備されていない現状では，住宅の延命とリフォーム市場の拡大を短絡的に結びつけることには課題が多いと考える。

　見方を変えて，環境問題に着目すると，住宅工事から排出される廃棄物は住宅の滅失だけでなく，リフォームにおいても相当量が発生する。したがって，サスティナブル社会を目指す目的であるにもかかわらず，リフォーム市場の活性化政策とともに中古市場政策が提案されていることは環境問題の視点から疑問が残る。

　ところで，住宅の耐久性はほとんどが所有者の住宅管理行為と意識に委ねられている。したがって所有者が既存住宅に関心を示し，目配り・気配り，点検・管理，早期発見・早期修繕をすれば耐久性は確実に向上するし，反対に耐久消費財と同じような感覚で住宅を扱えば耐久性は下がる。さらに，陳腐化，あるいは不便などの価値観の変化が耐久性への関心を失わせもする。

　残念ながら，日本では地価の高騰がバブル経済を牽引する中で，人々は地価に反映しない住宅の物理的耐久性に関心を払わなくなり，経済的耐用性で住宅の寿命を判断するようになった。それに伴って日本では次第に人々の住居管理に対する関心が薄れてきたといえる。さらに土地バブルが崩壊した2003年に建物等区分所有法が改正され，マンションの建て替えを円滑に運ぶあらたな法制度をつくってまで，バブル経済の再燃が期待されているのである。

2. 短命な住宅による環境の破壊

1）環境負荷が高い住宅のスクラップアンドビルド

　図1は5年間で滅失した住宅の建築後経過年数の平均値を国土交通省が推計し，国際比較をしたものである[7]。使われている資料は，米国AHS（American Housing Survey）のサンプル約5.5万世帯（住宅総数127百万戸の0.044%），英国EHCS（English Housing Construction Statistics）のサンプル約1.6万世帯（住宅総数22百万戸の0.073%），日本の住宅・土地統計調査のサンプル約350万（住宅総数58百万戸の6%）である。この図の平均耐用年数は，毎土地統計調査において建築年代別に住宅ストック数を集計して，前期との差をとりストック数の減少分すなわち滅失戸数を割り出し，それらの平均建築後年数を建築年代から加重平均して計算している。これは滅失住宅のみを対象としており，現存住宅は対象になっていない。

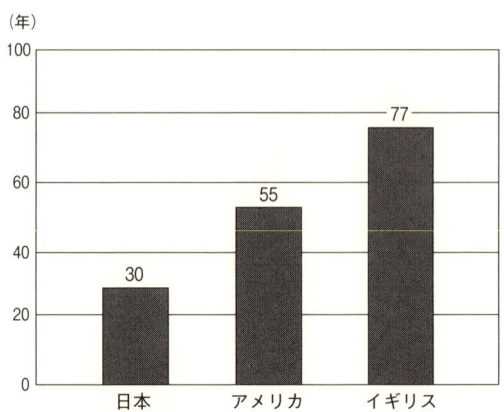

図1　滅失住宅の平均耐用年数国際比較
資料：日本　　　　住宅土地統計調査（1988〜2003年の5年間）
　　　アメリカ　　American Housing Survey（2001〜2005年の4年間）
　　　イギリス　　English Housing Construction Statistics（1996〜2001年の5年間）

次に表1は住宅の除去率を日本とイギリスの間で比較しているが，日本の住宅はイギリスの約3.2倍の速さで除却されている。いずれの図表からも日本の住宅がいかに短期に滅失していくかがわかるだろう。ここでは図表を用意していないが，日本の住宅の所有関係別に滅失年数を比較すると，持家が31年に対し，民営の借家では25年と短く，所有関係別に一定の特徴が見られる。

 さらに図2はデータが少々古いが，住宅の流通シェアを国際比較したものである。この図では日本の住宅市場は新築住宅と既存住宅の取引量が他の国と逆転しており，既存住宅の取引率は最も高いイギリスと日本の間で6.8：1

表1 日英の1965年から25年間の新築数と除去数 （単位：万戸）

1965-90	新築数	除去数	除去率
英国	600	100	16.7%
日本	4100	2200	53.7%

出典：ジェイムス・ミークル，日英住宅寿命比較，すまいろん，40，1996，10，p.35[8)]

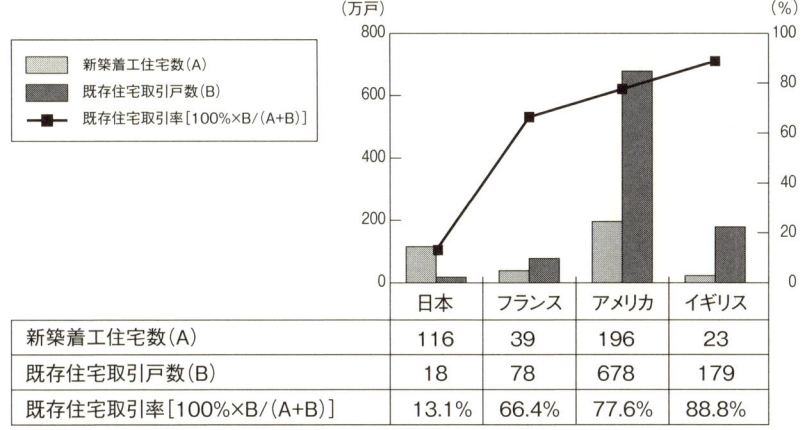

	日本	フランス	アメリカ	イギリス
新築着工住宅数(A)	116	39	196	23
既存住宅取引戸数(B)	18	78	678	179
既存住宅取引率[100%×B/(A+B)]	13.1%	66.4%	77.6%	88.8%

図2 既存住宅と流通シェアに関する国際比較
資料：建設省住宅宅地審議会中間答申（2000），資料47[9)]
　日本　　　住宅・土地統計調査　平成15年（総務省），住宅着工統計　平成15年（国土交通省）
　フランス　Annuaire Statistque de la France edition 2004，運輸・設備・観光・海洋省ホームページ　http://www.wqipment.gouv.fr/
　アメリカ　American Housing Survey 2003, Statistical Abstract of the U.S.2006
　イギリス　コミュニティ・地方政府省ホームページ　http://www.communities.gov.uk/
　（既存住宅流通戸数は，イングランド及びウエールズのみ）
［国土交通省「長期にわたり使用可能な質の高い住宅を整備・普及させていくための方策について（答申）平成20年2月社会資本整備審議会より引用］

の開きがある。

　以上の3つの資料は日本の住宅の耐用年数が西欧諸国に比べて極めて短く，竣工後早期に解体されていることを示している。このように既存住宅を壊して新築住宅を更新することは「スクラップアンドビルド」と呼ばれるが，日本は典型的なスクラップアンドビルドの国なのである。

　住宅が解体されると使用済み建築材は廃棄物として大量に放出される。その一方で住宅の再築（建て替え）のために大量のバージン資源を消費してきた。したがって，解体の周期が短いほど廃棄物による環境負荷が高まることになる。このように住宅を建て替えることは廃棄物と，資源の再利用において深刻な環境問題に発展しているのである。ところが住宅の解体廃棄物は産業廃棄物に分類して処分されるので，環境啓発的文献ではほとんど取り上げられることがない。それ故に，あまり市民の関心を引くことがないが，居住者が責任を負うべき環境問題として見過ごせない問題である。

　では年間どれぐらいの廃材を排出しているのだろうか。表2から算出した住宅の解体建設資材排出量を見てみよう。

　表2によると，木造住宅から排出される解体廃材は1㎡当たり平均0.43 tである。鉄筋コンクリートや鉄骨コンクリート造りの場合はもっと多い。これをわかりやすくするために一般のゴミの量に換算してみよう。2003年に全国で排出された生活ゴミの量は年間約34,541千 t と公表されている（表3参照）。生活ゴミの中には事業所からの排出ゴミも含むが，家庭ゴミだけのデータがないのでこの値を参照した。純粋に家庭ゴミだけに絞ればもっと少なくなるはずである。

　総務省の住宅土地統計調査によれば2003年の総住宅数は約53,891千戸，一戸当たりの平均床面積は94.85㎡であるから，全国の総床面積は5,111,561千㎡となる。これがもし，図1にならって30年で除去されると仮定すると，1年間の除去面積は170,385千㎡になり，排出されるゴミの量は木造ベースで73,266千 t と試算できる（当然鉄筋コンクリートも鉄骨もその他の構造による住宅が含まれるので厳密に計算すればもっと多い）。上記の生活ゴミと住宅廃材の両者を比較すると，住宅の廃棄量は生活ゴミの約2.12倍に相当する。

表2　住宅解体ゴミ排出量（2003年度名古屋市の事例，単位：t／㎡）

	木材	コンクリート	その他	総量
木造住宅	0.11	0.2	0.14	0.43
S造住宅	0.07	0.28	0.14	0.49
RC／SRC造住宅	0.06	0.82	0.14	1.02

出典：名古屋市の資料「建設リサイクル法に関する工事届出書」（2003年度）

表3　2003年全国生活ゴミ搬入量

1／人・日当たり	計画ゴミ収集人口	年間生活ゴミ搬入量
743 g	127,365,128人	34,540,786 g

表4　住宅のライフサイクルアセスメントによるエネルギー消費割合

部材の製造時	施工時	居住中	改修時	廃棄
16.9%	3.8%	74.9%	0.3%	4.1%

2008年版国土交通白書，p.50より引用[10]

表5　住宅1棟当たり30年間のライフサイクルCO_2（単位上段：CO_2[t]下段：構成比[%]）

居住用					工場生産	輸送	施工	補修・更新	解体	処理	企業活動	合計
暖房	冷房	給湯	調理	照明他								
44.6	7.4	56	7.4	73.4	10.8	2.5	2	4.7	2.9	7.1	1.3	220.1
20.3	3.4	25.4	3.4	33.3	4.9	1.1	0.9	2.1	1.3	3.2	0.6	100.0

参考文献：1　㈳産業環境管理協会，LCA実務入門，1998年9月発行[11]
　　　　　2　建設省住宅局住宅生産課，環境共生住宅A-Z，(財)住宅・建築省エネルギー機構監修1998年1月発行・積水ハウスライフサイクルアセスメント報告書[12]から引用

　持家は床面積が大きいので，持家だけを抽出してみよう。2003年の持家総数が27,278千戸で一戸当たり平均床面積が121.7㎡であるから，総床面積が3,319,733千㎡，1年間になおした建設廃材の排出量が47,571千tである。持家世帯数から算定した家庭ゴミの排出量（20,105千t）に対して2.4倍に当たる。ちなみに2011年の東日本大震災の廃棄物は通常の23年から100年分に当たるといわれている。もし日本住宅の耐用年数が米英国並みに延びれば随分と廃棄物が減少することをおわかりいただけるであろう。

　住宅の耐用年数の影響は同じく大量のエネルギー消費を通して環境負荷を増す。表4は住宅のライフサイクルアセスメントにおいて試算されたエネルギー消費の活動別構成比である。また表5は住宅一棟当たり30年間に排出されるライフサイクルCO_2についてハウスメーカーが試算したものである。こ

れによると，新築時に既にエネルギーの20.7%，ライフサイクルCO_2の7%を消費している。これは工場生産から居住までの過程を対象にした試算で，それ以前の資源調達にかかわる活動及び廃棄にかかわる過程は含まれていない。もし，木材の伐採や，鉄・石油の採掘・切り出しなど原材料の段階までさかのぼり，運搬，販売時までのCO_2消費を加えるなら，新築時のエネルギー消費量やCO_2の排出量は格段に大きくなる。同様に廃棄物量についても解体から埋め立てまでの活動すべてを対象にすればもっと増加すると考えられる。したがって，エネルギー消費の側面から見ても住宅の耐用年数が延びれば，明らかに環境負荷を下げることに貢献する。

2）放置された管理・災害に備える自助力

ところで住宅は優れた普請をすれば，直ちに長持ちするわけではなく，長

表6 良好な住宅の確保及び良好な住宅地を実現するための住宅管理政策（単位：自治体数）

調査対象自治体数＝47都道府県	これまでの政策		これからの方向	
	多重回答	最重視	多重回答	最重視
住宅性能保証制度の充実又は情報提供	29	4	32	
経済力の発展に見合ったストックの建て替えの促進	25	5	36	15
住宅改善資金貸付制度	24	4	33	3
高耐久性住宅建設助成	18	3	35	4
住宅改善相談室の設置	11		30	5
持家（マンション）リフォーム市場の育成	1		25	
マンション管理に関する啓発	5	1	19	
良好な住宅に住み続けられる税制改革			18	
持家住宅取得者向けのアフターケアシステムの充実			16	1
管理の質の評価法の確立，中古住宅市場への反映			15	2
良好なストックの存続を誘導する健全な中古市場の支援			14	
良好な住宅保全のためのハウスドクター制度の充実			13	
長期耐久性住宅の開発に関する研究支援	2		10	
居住者の住宅改善技術の指導	3	1	10	1
公的制度の中での住宅耐用年数算定基準の見直し			9	
居住者自身による住宅改善行為への建築材料市場の開放	1		3	
合計	119	18	318	33

全国の自治体に対する住宅の管理に関するアンケート調査（1994年）による

寿にするためには適宜手入れを施すことによって劣化を食い止め性能を回復させる必要がある。だから住居の安全性を維持するには住居管理が欠かせない。しかるに表6によれば自治体は建て替え・建設に対する関心に比べて、ストックの保全を支援することにいかに関心が低いか一目瞭然である。

　この調査は1994年に行ったが、その直後の1995年に阪神・淡路大震災が発生した。阪神・淡路大震災における損壊家屋は538,767戸で、うち全壊家屋は101,000戸と発表されている。当時発表された全建総連、大震災木造被害対策委員会の報告[13]によると全壊家屋の土台・柱の腐朽と手入れ状態の間に高い相関が認められた。

　住宅の耐力は管理状態と密接な関係があるのに、現在でも耐震診断の要件でも軽んじられているように、世論として盛り上がらない。短命な住宅社会が、住居管理への関心を衰退させ、そのことによって住宅の安全性リスクを高めるのはもちろんのこと、環境負荷、住文化の衰退を招いていることを知ってもらいたい。さらには今後、守りの経済社会に至ることを考えると、社会資産のストックがいかに大事になるかを想像してもらいたいと思う。

表7　全壊家屋の土台・柱の腐朽と手入れ状態（単位：総計[件]を母数にした[％]）

		総計	土台	柱	両方	腐朽無
	合計	188件	21.8	22.8	5.9	49.5
手入れの状態	良	37件	13.5			86.4
	普通	124件	25.8	21.8	5.6	46.8
	不良	27件	33.3	40.7	14.8	11.1

資料：全建総連、大震災木造被害対策委員会の報告と見解、p.11

写真1　モルタルが落ちて露出した腐朽壁（阪神・淡路大震災の被災家屋）

第1章

スクラップアンドビルド社会の検証

1. スクラップアンドビルドを招いた住宅需給構造

　これまで日本の住宅がスクラップアンドビルドを繰り返してきた背景には，①戦後に大量の住宅難・住宅困窮者を出した住宅の需給構造，②新規持家住宅市場が景気浮揚の重要な役割を担ってきた経済，③生活様式の「近代化」・生活財の「商品化」の3つの社会的要因が大きい。以下に，この3つの要因と日本住宅の耐用年数の関係を考えてみたい。

1) 住宅政策とスクラップアンドビルド
(1) 短命な住宅の根底に流れていた大量住宅難時代

　日本の都市住宅の耐用年数が短い最も根源的な原因は，第二次大戦後に大量に発生した住宅難を抜きに考えることができない。

　終戦当時の日本の住宅不足数は約420万戸と推定されている。それは全国の世帯数（昭和25年国勢調査全国世帯数16,245,390世帯）の25％以上に相当するほど高い値である。加えて資材不足と価格高騰が一層進み，当時の住宅事情は混乱を極めた。当時の人々は防空壕や兵舎，地下道，廃バスなどを利用して雨露をしのいだという資料がたくさん残っている。

　そもそも第二次世界大戦以前の日本の大都市には持家が少なかった。東京で約2割，大阪でも1割程度だったといわれている。当時の借家は小規模な業者から大規模業者までが十分な敷地に建つ40，50坪の住宅から，陽が当たらない劣悪な住宅まで，幅広い階層に多様に供給していた。夏目漱石や森鷗外が住んだ借家が明治村に保存されているが，質が高い（140ページの写真参照）。当時のホワイトカラーの中には定年退職の前後に退職金を前借りして自宅を新築するとともに，庭先に借家を建ててそこから得られる家賃収入を老後の収入に当てた人も多かったといわれている。

　だが，残念なことに，このような借家の多くも戦災で消失した。加えて，戦前の家主の間では地代家賃統制令等による借家経営のリスク意識が強まり，

急速に戦前型の借家経営が消えていった。戦争は従来の需給構造を根底から崩してしまったのである。このような事情から住宅難世帯が大量に発生し，大きな社会問題になった。その上に，さらに追い打ちをかけたのが，大都市集中型高度経済成長政策である。大都市に流入する人口による住宅需要の急増に供給が追いつかず，住宅難世帯が拡大し，住宅事情は悪化の一途をたどった。戦後10年間に供給された住戸数は民間住宅も含めて2,770千戸ある。これは数の上では終戦直後の住宅不足数の2分の1以上に達した。それにもかかわらず，1958年における住宅難世帯数は4,769千世帯，全世帯の26.2％にも上り，減少するどころか増加に転じている。その原因はこの間に供給された住宅が住宅難を再生産するような悪質のものが多かったことである。

1951年に，南北朝鮮戦争が起きたことが高度経済成長のきっかけを作った。日本は突然の特需景気に湧き，第二次世界大戦で疲弊した経済を立て直す機会となった。そして，1956年版経済白書で「もはや戦後ではない」と宣言するまでに経済が回復した。その後1960年に組閣した池田内閣による高度経済成長と所得倍増計画の経済政策が成功し，日本はGDPベースで世界第2位に

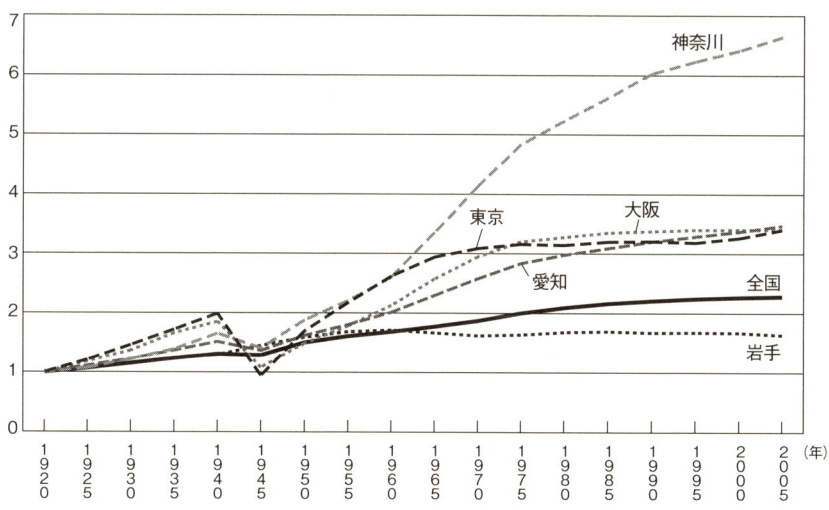

図1-1　人口増加率（単位：1920年を1とした場合の比率で表している）
「国勢調査」及び「人口推計年報」による。10月1日現在。ただし，昭和20年は「人口調査」（11月1日現在）による。昭和20年以前は現在人口，25年以降は常住人口である。

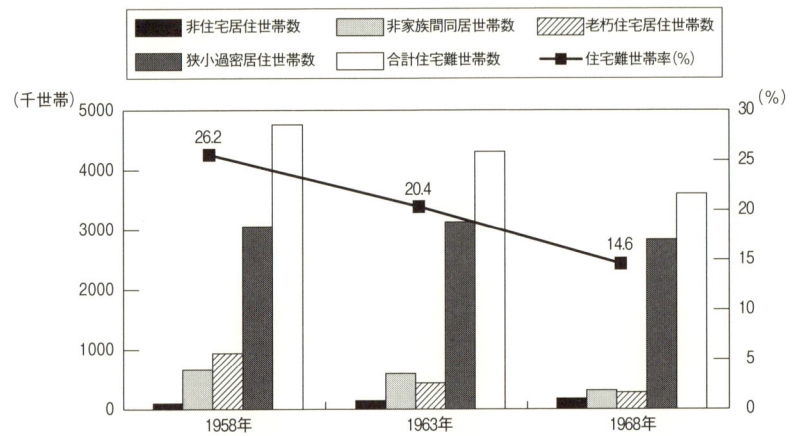

図1-2 住宅難世帯の推移
図の住宅難世帯とは，①非住宅，②身内ではない2世帯以上の同居，③老朽住宅，④1世帯が12畳未満，または1人当たりの床面積が2.5畳未満の狭小過密居住のいずれかに該当する世帯を指す。

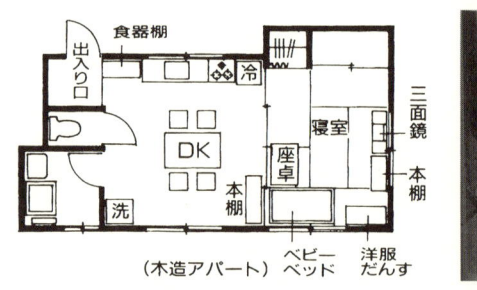
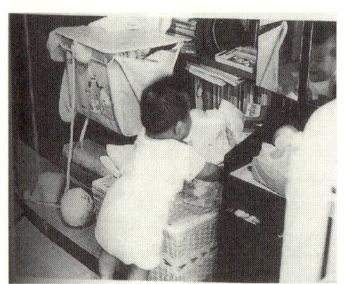

写真1-1 左図の内部

図1-3 1971年建設の木造賃貸住宅の住み方（約9坪）

なるまでの驚異的な経済成長を遂げるに至った。

　前ページ図1-1は，当時の都市人口集中と過密化と過疎化の様子を示す。全国の人口増加に比べて，東京都をはじめ，神奈川県，大阪府の大都市圏が急激に増加し，一方，岩手県は1955年頃から増加率が鈍り，減少に転じることがわかる。

　図1-2は住宅難世帯の推移である。戦後18年経過した1963年においても住宅難世帯率が20.4％存在している。玄関・トイレ・台所がひとつ以上が欠けて

いる共同住宅を「設備共用住宅」と区分したが，3要素とも欠けており，かつ6帖1間の設備共用木造住宅が大量に供給された。図1-3，写真1-1は少し時代が下がるが1971年に建設された木造賃貸住宅である。約9坪の面積で敷金礼金が100万円，家賃が月2万3,000円であった。写真の乳児はハイハイする床がなく，早期につかまり立ちを始めたほどである。

この時代に建てられた住宅はそのまま住宅難の原因になるほど劣悪で，ストックに耐えられる新設住宅は，はなはだ少なかったのである。

(2) 住宅は末なり

勤労者は狭くて高い家賃，あるいは持家の取得のための経済的負担が他の消費を圧迫する生活を余儀なくされるなど，もはや住宅事情は個人の努力の

表1-1 戦後の住宅政策の変遷

	社会	住宅政策	政策目標・具体的施策	公的施策住宅建設戸数
1945～	戦災復興期	臨時措置	越冬用住宅／余裕住宅解放令	43,000
		大都市の人口集中に対応する住宅難解消のための量の時代	都営高輪アパートの供給	48
			住宅金融公庫法／公営住宅法の成立	
1955～	高度経済成長期		日本住宅公団法の成立	
			地方住宅供給公社の設立	
1966～		不良ストックを是正する質の時代，住宅建設5カ年計画の推進	1世帯1住宅の確保	256,500
1971～			1人1室の確保	310,800
1976～			最低居住水準以下の住宅を半減	350,000
1981～	土地バブル期		平均居住水準の達成と住環境水準の確保	350,000
1986～			誘導居住水準の達成	330,000
1991～	低成長期			370,000
1996～				352,500
2001～		市場機能・ストック重視	住生活基本法，住宅の品質確保の促進等に関する法律，住宅性能水準	325,000

注：①日本住宅公団→住宅・都市整備公団（1981）→都市基盤整備公団（1999）→都市再生機構（UR）（2004）に改組。
　　②国土交通省「住宅の長期計画のあり方」平成17年度政策レビュー結果（評価書）p.7を参考にした。

限界を超えるほどに深刻になり，住宅政策による解決が急がれた。

戦後の住宅政策を表1-1に整理しておいた。

戦災復興期の住宅政策の中で本書の趣旨から特筆するべきは1950（昭和25）年に成立した住宅金融公庫法である。同法は長期低利資金の融資をすることによって中流階層の持家建設を助成し，民間誘導政策の下で住宅建設の促進を目指した。持家への経済的支援は今日も住宅政策の主流を占めている。日本で民間誘導政策がとられる根底には明治時代以来「道路，橋梁，河川は本なり，水道，家屋，下水は末なり」という理念が流れている。これは1888（明治21）年にさかのぼるもので，東京市区改正条例の成立に当たって芳川顕正東京府知事（後の法務大臣）が市区改良に関する意見書に具申した言葉である。

「住宅は末なり」論は住宅を社会資本と捉える視点がまったく欠落していた。だから混乱期にある戦後すぐの住宅施策で最初に持家を促す住宅金融公庫を立ち上げた。その後も，私人の利益に資する住宅は本人の自助によって整えるのが当然であるという基本的ポリシーは，公平論が根強い日本人の税制意識に支持されて現在まで一貫して受け継がれてきた。たとえば阪神・淡路大震災の事後対応で，被災住宅の撤去には補助金を支出するが，修繕費や建設費には補助金を出さないとした復興方針は記憶に新しいところである。

(3) 緊急避難的公営住宅政策

戦後の住宅政策でもうひとつ特筆すべきは1951年に成立した公営住宅法である。公営住宅は地方自治体が，当該自治体の在住者，または職場がある住宅困窮者を対象に供給した賃貸住宅であるが，供給量は1割未満にとどまった。この事情について，下総薫氏は公営住宅を架け橋にたとえて，公営住宅の目的が当初から緊急避難であったことを以下のように説明している[1]。

世の中には戦災が排出した住宅難という濁流が流れている。このまま放置すれば多くの国民が濁流に飲み込まれる危険性が強い。しかし，濁流に橋を架ければ，住宅困窮者は橋を利用して無事に安定した彼岸にたどり着くことができる。とはいえ橋上に群衆が滞留すると，橋は重みに絶えかねて落下する。そこで，橋上の人は速やかに対岸に移動する必要がある。ではどのよう

な橋ならば人々の動きを早めることができるのか，その橋こそが公営住宅なのである．

つまり，公営住宅は民間の借家に比べ良質でかつ家賃が安い．だから，公営住宅の入居者は住宅難から解消されたしばらくの安堵を噛みしめると同時に，民間借家の家賃との差額分を貯蓄して資金の原資を作り，それと金融公庫の融資を利用すれば持家を手に入れられるはずである．そして公営住宅居住者から順に，持家へ転出すれば，空きができた公営住宅に後続の住宅難世帯が入居できる．この世帯もまた資金を貯蓄してして持家に移る，このように繰り返していけば国民の8割が公営住宅を利用しながら持家所有者になり住宅難が解消できるはずである．国民みんなが橋を渡り終えた後に公営住宅の役割も終わる．これが公営住宅＝橋論の概略である．このように説明されると当時の公営住宅が40㎡程度の狭小住宅であったこともうなずける．

ところが現実には思惑がまったく外れて，公営住宅は想像を超える倍率で応募者が殺到した．一方公営住宅からの転出者は意外にも少なく，公営住宅の「緊急避難用の架け橋」は機能しなかったのである．そしてやがて公営住宅の入居者と非入居者の間の不公平を問題視する社会的不公平論を招くに至った．

筆者は「住宅は末なり」思想と，緊急避難的公営住宅の基本的住宅政策理念が庶民の背伸びをした持家意識を育て，粗悪な住宅の供給にスキを与えた，そして後年の都市住宅のスクラップアンドビルドに強く影響したと考える．

次の1955年から1970年までの時代は大都市への人口集中対応が眼目で，質よりも量を優先された住宅政策史上特筆すべき時代である．1968年の東京都の平均住宅面積は50㎡しかなく，全国平均でも74㎡であった．量の住宅政策がスクラップアンドビルドの下地になったのである．

1955年に自治体の枠を越えて広域的に中所得者向けの公共住宅を供給することを目的にして住宅公団が発足した．住宅公団は大都市地域における不燃化と大規模宅地開発を進めた．住宅公団が発足したことで，公営住宅の対象を所得5分位階級の第1分位である低所得者に限定し，公団住宅は中流若手サラリーマンに，そして住宅金融公庫の融資は中流の中堅サラリーマンに利

表1-2　所得別住宅の所有関係1998年住宅統計調査 (単位：％)

年間所得 (万円)	借家					持家	所得階層ごとの住宅比率
	給与住宅	民間木造借家	民間非木造借家	公営借家	公団借家		
100未満	0.8	27.6	17.8	9.0	1.0	43.8	100.0%
100以上	2.1	25.2	17.9	8.9	1.5	44.4	100.0%
200〜	4.3	20.5	15.8	8.3	2.0	49.1	100.0%
300〜	5.4	18.1	15.1	7.5	2.4	51.5	100.0%
400〜	6.1	14.7	13.7	6.0	2.8	56.5	100.0%
500〜	6.7	10.1	10.5	3.4	2.7	66.4	100.0%
700〜	6.1	5.7	6.8	1.3	2.0	78.1	100.0%
1000〜	5.4	3.1	4.5	0.4	1.0	85.6	100.0%
1500〜	3.6	2.0	3.6		1.0	90.2	100.0%

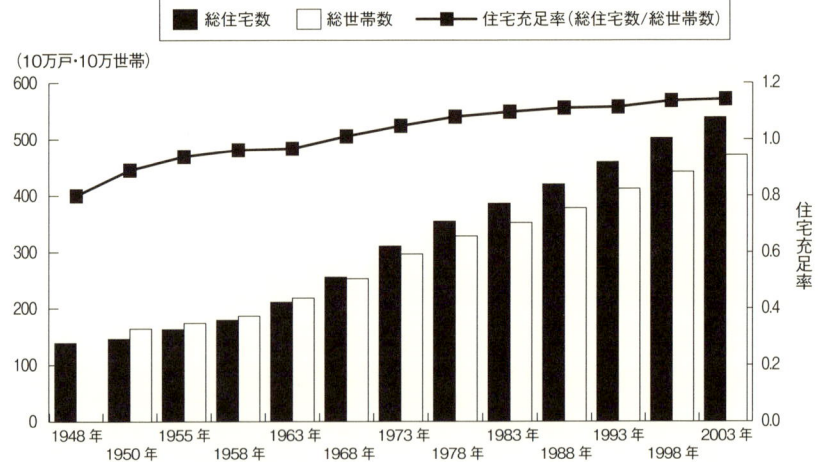

図1-4　総住戸数と世帯数の推移

用者を想定した住宅政策三本柱が立ち，三者の役割分担ができた（表1-2）。あるいは公営住宅のみならず，公団住宅という2つの橋ができたことによって，より早く住宅事情が安定した彼岸に人々を送り込む手はずが整った。

図1-4は住宅の充足率の推移を表したグラフである。住宅充足率1とは，統計上全世帯に住宅が行き渡ったことを示す。ところが，実際には2軒以上の住宅を所有している人もいるし，特定の条件でしか住めない住宅もあるの

で，充足率が1の状態ではまだすべての住宅困窮者に住宅が行き渡っていない。空き家率は3％（充足率1.03）ぐらいが望ましいといわれている。図1-4では黒い棒グラフの住戸数が，白い棒グラフの世帯数を追い越し，充足率が1.03以上になるのは1968年である。しかしその後も充足率が伸びる一方で，現在は1.2以上になる。が，なお住宅の新規供給は伸びている。住宅が足りているのになぜ住宅が増え続けるのであろうか。

その原因は住宅政策の三本柱がうまく連携できなかったことが大きい。そこで，住宅充足率が1を上回まわった1968年をターニングポイントとして，住宅政策は量の時代に大量に供給してきた低質の住宅を排除して，質の高い住宅を再度供給し直す方向に舵を切り，戦後日本における住宅政策の第3の時代に入ることとなった。

2）経済政策と住宅の耐用性の逆ざや
(1) 持家誘導政策が招いた住宅の短命化

住宅政策の量から質への転換は戦後の低質な住宅ストックを一掃して，質を高める努力宣言で，新規持家住宅へ誘導する政策が強化されていく。そしてこの時期は住宅の減失が増え始める時期でもある。

質の時代の住宅政策は住宅建設計画法を制定して，毎5ヵ年間を各1期として住宅建設5ヵ年計画を策定し，各期の目標「一世帯一住宅」，「一人一部屋」，家族構成に合わせた適正居住水準の実現を推進するなど，過去の負の遺産を抹消していく手法が採られた。居住水準については目安を引き上げながら7期まで進んだ。（なお，住宅建設5ヵ年計画は第8期2005年度まで続くが政策が異なる。）

やがて住宅公団や住宅供給公社は賃貸住宅よりも持家や宅地供給に力を入れるようになった。住宅金融公庫も，住宅融資保険法を制定して，市中金融機関が持家需要者を対象に住宅建設資金の貸し付ける保険制度を新設している。その他に所得税のローン減税や住宅取得税減免措置，親子ローン，住宅費を生前贈与する場合の相続税の据え置きなど新規持家取得者を対象にした積極的政策が数多く出された。

本書の趣旨に関わって持家誘導政策に言及するにあたり，これらの施策が当初長い間対象を新規建築に限っていたことに注目する。おしなべて新規持家取得に限定した優遇策は中古住宅への興味を失わせたフローの政策であり，上から良質のフローを注ぎながら，ストックの低質部分を排出するストックの政策ではない。そもそも持家に対する優遇措置は，住宅政策において「住宅は末なり」，「公共住宅＝橋」，「税の下での公平」論の精神三本柱の優位性を意味している。それは必然的にスクラップアンドビルドにならざるを得なかったのかもしれない。

　このように短期耐用年数の住宅に融資したことを突き詰めて考えてみればそれは個人の消費嗜好に対して融資したことになり，税の外部性，費用対効果から見てはなはだ見逃すことができない政策の失敗である。国は税金を使って融資を受けた住宅が短期に捨てられ，更新されることに異論を唱えるべきだった。にもかかわらず実際には政府融資を足がかりにして飛躍することを期待し，異論を唱えるどころか，更新を前提にしていたと思われる。スクラップアンドビルドは日本人の民族意識ではなく，政府の方針であったといえる。もし，住宅政策にスクラップよりもストックを重視する姿勢があったならば，住宅金融公庫の融資を受けた住宅に対して更新経過年数の下限を設けるべきだったが，そうはしなかった。なぜならば，新規持家誘導政策は重要な経済政策を担っていたからである。

　住宅の建設は広範な産業に経済効果をもたらす。過去には不況期に何度も持家需要の刺激策がとられてきたのはそのためである。したがって，できるだけ新規の住宅需要を維持することは経済政策において極めて重要なことだったのである。既存の住宅に需要者を吸収すると新規住宅需要が落ちる，それは絶対的に避けたい経済事情があったのである。さらに新規持家政策が強化される同時期に次第に住宅の維持管理部門の産業が姿を消していった。維持管理産業が姿を消したのは住宅だけではない。まちの傘屋，靴屋，桶屋の店頭から修繕業務が消え，鍛冶屋などのリペア産業が姿を消した。

　以上の経済政策の下で，慢性的な住宅問題を抱えた人々は住宅を取得しても次の住宅需要者の列に並び直すだけにすぎず，住宅は一生ものと考える指

向から消費財指向に変節していった。

(2) 建売住宅が住宅の建て替えサイクルを縮めた

終戦直後は自力建設が求められ新設着工住宅の80%が注文持家住宅であったが，次第に住宅難世帯をターゲットにした借家経営が活発になり，持家建設は減少の一途をたどって，1964年に47.7%まで下がった。その後上昇に転じ，1978年には持家率が60%まで回復する（図1-5）。その原因は分譲・建売

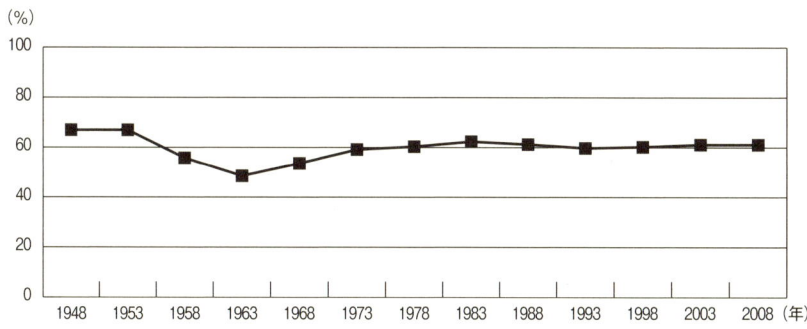

図1-5　持家率の推移（ストック）
資料：建設省編，建設白書，昭和41，42，45年版，総務省統計局統計調査部国勢統計課，平成10，15，20年住宅・土地統計調査結果より作成

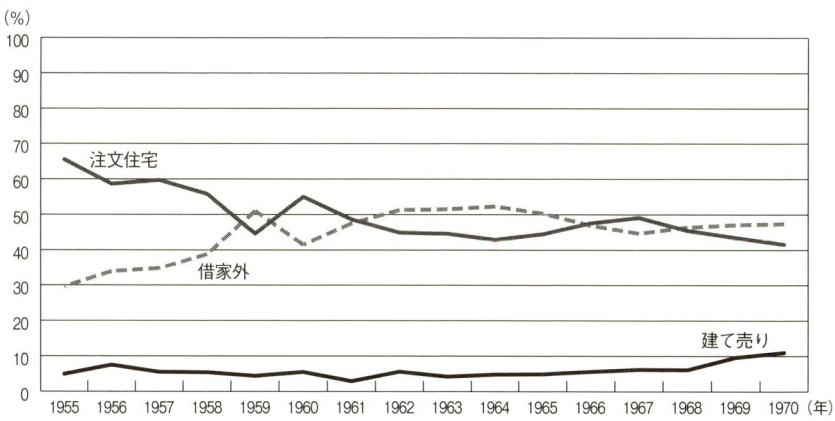

図1-6　1955～1970年の新設着工住宅における注文住宅と建売住宅の構成比

住宅の急上昇である。

　図1-6によれば戦後約20年間は持家住宅に占める建売住宅は10%以下，1967年時点でも対前年建設戸数増加率は2.92%しかなく，市場の主力ではなかった。しかし，1968年の対前年建設戸数増加率は59.4%，1969年 32.1%と1968年以降に急増した。分譲マンションもほぼ同時期から供給が拡大した。建売住宅もマンションも注文住宅に比べて価格が手頃であるので庶民が持家を取得することを容易にした。この状況が売り手市場の住宅需給構造を維持し，住宅は建てれば売れる商品の優等生に成長する。

　これについて1970年の建設白書では，「このように建売・分譲住宅が急増しているのは，民間の住宅金融機関と建売・分譲業者との提携による住宅ローンが拡大し，かつ，分譲住宅が宅地開発と集団的な住宅の計画的な大量建設により比較的割安な値段になっているなど，中堅所得層が取得しやすい価格で供給されてきていると共にまた大都市では土地の入手が個人にとって困難になってきていることなどによる（後略）」と分析している。この当時住宅金融が民間化し，アドオン方式と呼ばれるローンが一般化し始めた（後年社会問題になった住宅金融会社はこの時期に設立された）。そこへ資金にゆとりがない住宅需要層を目当てにして違法な住宅も出現するに至った。たとえば1960年頃から関西を中心に大量に供給された長屋建建売住宅の中には便所の汲みとりに使う路地もないものもみられた。これらは「家賃なみのローンで自分の家」がもてることで需要者を生み続けた負の効果である。

　そして，持家の供給はやがて訪れるバブル経済の最も強力な牽引車になる。

(3) 量から質の政策と建て替え指向

　図1-7は1948年の住宅ストックを基準にして，どのように住宅が減失していくかを表している。グレーの棒グラフは住宅着工統計・建設白書のデータを使った新設住宅戸数の累計数である。黒い棒グラフは住宅統計調査のデータを使ったストック住宅戸数である。各年度に新設された住宅が減失していないとすれば，黒とグレーの棒グラフの高さは一致するはずである。しかし，グレーの棒に比べて黒い棒は明らかに低い。この2本の棒の差はこの間に減

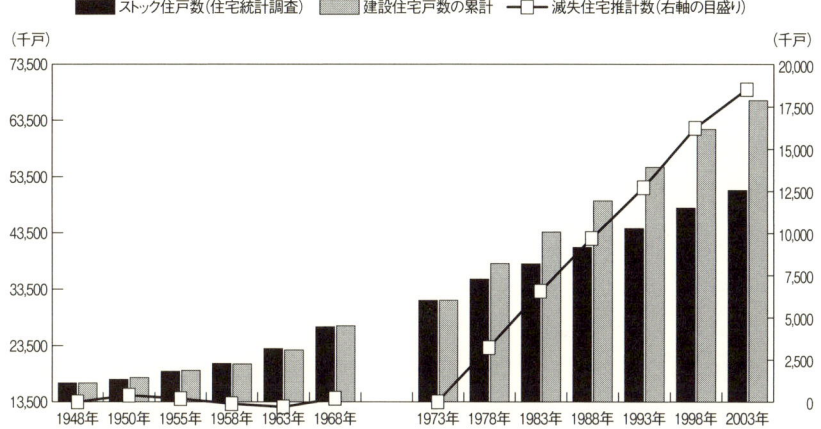

図1-7 住宅の建設時期別滅失した時期の推計
注：1972年に沖縄が復帰したことにより前後の値に継続性がないので，2つに分けて示した。
　　建設住宅戸数の累計の1960年以降は，住宅事情の緩和に役に立たない狭小住宅を除く。

表1-3　建設時期別住宅の滅失率の推移（資料が揃っている1973年以降，単位：％）

滅失時期＼建設時期	1945年以前	1946〜1950	1951〜1960	1961〜1970	1971〜1980	1981〜1990
1973〜1978	21.3	17.0	6.8	16.0		
1978〜1983	25.1	15.5	15.8	13.3		
1983〜1988	26.4	21.5	18.7	13.5	6.4	
1988〜1993	20.5	17.0	15.8	15.3	7.3	
1993〜1998	23.3	18.9	18.7	15.7	8.4	3.4
2003年時点	73.6	63.0	56.3	55.0	22.2	3.4

注：滅失率を算定するための既存住宅数は住宅統計調査，新規建設数は新築着工統計，建築白書を利用したが，調査年度（月）の違いや，社会変動の影響で多少ずれる。

失した住戸数を表している。1973年のストック住戸数を基準にして滅失住戸数を折れ線グラフで表した。

なお，滅失住宅については国土交通省による滅失住宅統計があるが，これは届け出に基づいているので，その値は実態よりも少ない。

住宅の滅失が顕著になるのは1973年からである。そして2003年までの住宅建設戸数の累積は75,480千戸，同年のストック戸数は53,890千戸であるので，その差は21,590千戸になる。実に滅失住宅の戸数はストック戸数の40％に達するのである。

次に滅失した住宅がいつ建設されたものかを見たのが表1-3である。滅失した時期ごとに当該住宅の建設時期を表している。この表によると，戦前の住宅は各時期とも20％台であまり変化がない。これに対して，1945年から70年までに建設された住宅は建設後早い時期から滅失が目立ち始め，2003年時点で累積数が過半数を超している。戦前の住宅よりも滅失の加速度が速い。残念ながら，現在，1960年代に建設された住宅がストック戸数に占める比率は12.5％でしかない。非常に低い残存率である。

滅失住宅の算出には低質な住戸数も含める必要があるが，新築着工統計は届け出数に基づいていることと，政府施策住宅数は「住宅事情の緩和に役に立たない狭小の民間供給住宅」を除外しているので，この表から省かれている。実際の値は表に示す値よりもさらに大きくなる。

図1-8は延べ床面積の推移である。分譲住宅以外の持家の変化が激しい。過去の住宅は，その後に建てられる住宅の質に比べて明らかに水準が低いことを証明されているようである。

表1-4はこの変化の事情が持家から持家へ建て替えるために除却されたことを如実に物語っている。持家から持家への建て替えは新築着工住宅戸数の１割から２割に達する。建て替えは後に詳しく述べるが欧米ではあまり見ら

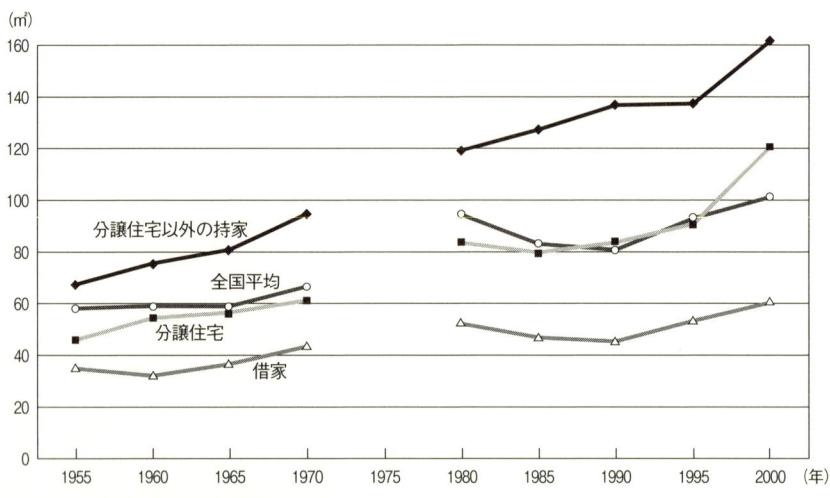

図1-8　新設住宅の延床面積の推移

表1-4　建て替え目的別年間住宅除去戸数（単位：戸）

	1996年	1997年	1998年	1999年	2000年	2001年
持家から持家へ建て替え目的	224,060	146,664	139,998	144,727	136,852	111,716
住宅から住宅へ建て替え目的	288,728	205,486	187,407	191,197	172,439	143,277

れない現象である。

　以上，戦後の低質住宅が淘汰されていく様子をわかっていただけただろうか。

(4) 土地問題と住宅の耐用年数

　住宅問題の最大の原因は人口の都市集中によってもたらされる住宅や土地の需要と供給のアンバランスにある。人口の都市集中の社会では，必須生活財である住宅の需要が拡大し続けるにもかかわらず，大量生産ができない土地は大量の需要に対応できないために，価格が高騰する。インフレ経済の下で新規住宅需要を生み出す持家政策は飽くなき土地需要を生み，地価の異常な高騰から強固な土地神話を作り，投機的土地需要を喚起した。そしてそれが土地の高度効率利用を促し，既設住宅の建て替えを促進した。

　ところが，住宅需要者は経済的に負担できる限界内でしか土地を購入できない。それがさらに土地神話を増幅して土地の高度利用を後押しし，容積率を拡大するために既存住宅を撤去する現象が加速した。土地騰貴が日常化する中で既存住宅の敷地を「地上げ」するという社会問題まで発生した。これが最も典型的な「スクラップアンドビルド」と呼ばれる現象である。

　筆者は1966年から2年間日本建築学会近畿支部住宅研究委員会が実施した大阪府下の民間分譲住宅（建売住宅）の実態調査研究に従事したことがある。この調査研究は，「昭和41年度より新住宅建設5カ年計画が実施に移され400万戸の民間住宅建設に基礎を置かれた」ことと持家政策が強められた結果，「大都市付近の民間分譲住宅の大半は何らの公的助成も行政指導もないままに極めて多様・多層化し，それらは大都市周辺における総合的な計画との有機性を考慮することなく自らの強力な開発エネルギーによる極めて恣意的な住宅団地の造成に合わせて建設・供給されつつあるのが実態であり」，「民間分

図1-9　1965年当時の建売住宅地
　出典：日本建築学会近畿支部住宅研究委員会，大阪府下の民間分譲住宅の実態調査報告書，1966

写真1-2

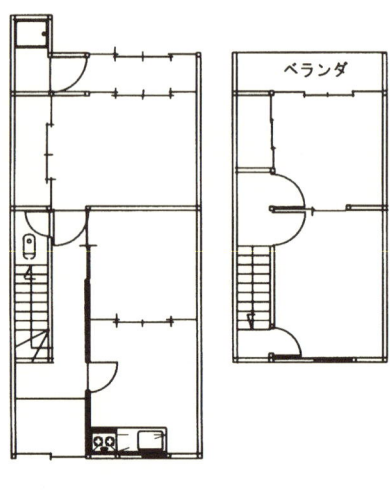

図1-10　1965年頃の建売住宅地と住宅

譲住宅供給業者の企業経営と，狭隘道路のまま更新・増築居住者の実態を明らかにすることによって，我が国の住宅需給構造における民間分譲住宅の位置づけを行う手がかりを得る」[2]ことを目的に行われたものである。

図1-9，図1-10，写真1-2は1966年の調査で実測した建売住宅地の1例である。新規開発地であるにもかかわらず狭隘道路で囲まれた街区の中に狭小宅地が続いている。当時は10〜20戸1[注1]と呼ばれた長屋建てが建設された。

30年後に更新状況を調べたところ，大量に供給された住宅地の中でスクラップアンドビルドを繰り返しており，今ではこれらの住宅はほとんどが小屋裏部屋を持つ3〜4階建ての木造住宅に建て替えられている。

(5) ストック型住宅政策への転換期

サスティナブル社会を実現することが迫られる今日においては環境負荷が高い建築廃棄物を大量に排出することは許されない。そのために住宅需給構造を従来のスクラップアンドビルド型からストック型に転換する効果的な手法を打ち出すことが国是である。日本政府は，ストックのフロー化と，長期耐用・200年住宅の新規建設をストック型住宅政策にあげて議論を喚起している。その中のひとつが住宅市場整備行動計画である。

この行動計画は中古住宅市場と，リフォーム市場の拡大促進に政策の重点が置かれ，2015年には中古住宅流通量の倍増，リフォーム市場の3割増・約6兆円規模の市場を見込んでいる。またこの背景には住宅資産の証券化を促進する経済政策もあり，住宅の耐用年数を延ばす目的とはいえ経済政策優先であることは序章でも述べた。

注1）
1棟が10〜20戸に分割された長屋。

2. 住生活の近代化・商品化による住宅の短命化

1) 住宅の陳腐化を誘発した起居様式の近代化

(1) 生活改善運動が展開した住居の近代化

前節までは古い住宅が除去される原因として戦後建設された住宅がストックに値しない低質なものが多かったことと，新規持家を誘導する住宅政策・経済政策があったことをあげてきたが，原因はそれだけではない。日本の住居の耐用性が低い原因のひとつに，経済成長政策以後の急速な洋風化嗜好及び生活財の商品化と，日本の伝統的住居との間に不協和音が生じたことがあげられる。洋風化嗜好は住居の近代化と表裏一体の発展を遂げる。

日本の近代化運動をさかのぼってみれば，伝統的和風住宅が内包していた家父長中心主義を打破して，核家族による民主的家族主義を打ち立てることと，機能主義的装置による家事労働の合理化，健康を意識した住空間をつくることに眼目が置かれてきた。それは，①床座→椅子座，②襖や障子などの可動間仕切りによる続き間→壁に阻まれて独立した個室の重視，③玄関から誘導されて座敷までの接客空間重視→新家族（核家族）が団欒に集う居間中心の住居への転換であり，ことごとく伝統的和風住居の否定と西欧住居への同化でもあった。つまり日本のこれまでの住居が作り替えられる運命にあることを示唆していたのである。

(2) 家族像の「近代化」と住居の洋風化を促進した型計画[注2]

1951年に供給が始まった公営住宅はDK型の間取りを導入した。この時代には深刻な時代背景に合わせて多くの科学的最小限住宅のプランが提案されたが，食寝分離と適正就寝を組み合わせたnDKプランもそのひとつである。

注2)
型計画は，住宅政策上，住宅を大量に建設する目的のために，1DK〜3DKの型を標準設計で定めて，条件に応じてそれぞれの型の建設戸数を決める方式。

コラム：大正時代の住宅改善論

　住居の洋風化は明治時代にさかのぼる。しかし，明治時代の近代化運動は洋風化が欧風住宅を接客空間に形式的に導入しただけで，住生活は依然として①接客中心，②家父長による子供，老人支配，③可動間仕切りによる部屋の不分離，④家事労働空間の軽視であった。それを批判して，大正デモクラシーを背景にした生活改善運動（主体は生活改善同盟会）が起きる。

　生活改善同盟が提唱した6項目の住宅改善方針は以下のものである。
①本邦将来の住宅は漸次椅子式に改む可し，
②住宅の間取り，設備は従来の接客本位を家族本位に改む可し，
③住宅の構造及び設備は虚飾をさけ衛生及び災害防止等実用に重きをおく可し，
④庭園は従来の観賞本位に偏せず保健・防災等の実用に重きをおく可し，
⑤家具は簡単堅牢を旨とし住宅の改善に準ず可し，
⑥大都市にありては地域の状況に依り，共同住宅及び田園都市の設備も奨励す可し。
　　　　　（太田博太郎「住宅近代史」雄山閣，1969，p.136より引用）
大正11年東京平和博覧会住宅展示会に出品された間取りは，旧来の伝統的和風住居にはない居間中心，家族本位の住生活が意図されていた。

　生活改善運動は住生活の質を問う運動として注目に値するが，残念ながら知識人の間に留まった。
　大正時代には，生活改善同会に限らず住居の近代化に対する動きが現れた。
　たとえば，女性解放運動は台所の改良，主婦・子供室の要求など，女性解放思想と結びつけた問題を提起した提案をしている。DKの提案は既にこの時代に出されている。造家学会（後の建築学会）を中心にし，小説家も含む多くの著名人等が住様式の近代化に関する議論に参加した。それは，貧困と住生活，住生活の封建性，床座の弊害など，多方面に展開された。
　ところが，近代化論者の中に多い椅子座化の主張に対して，日本の天井は床座を前提にして高さが決められており，椅子座にすれば頭頂からの距離が縮んで圧迫感が強まり，子どもの発達に悪影響を与える，など

> の理由で日本の家屋にはなじまないという注目すべき批判論文もある。
> 　住宅の「近代化」の動きには明治時代末期に始まる郊外住宅地開発も注目する必要がある。この中には欧米で実現していた田園都市的郊外住宅地を模範とするものが多く，やはり洋風化を積極的に推進していた。
> 　同潤会は関東大震災以降に供給したアパートで庶民住宅の近代化を試みた。

　DKとは厨房と食事室を一体と見なし，両者の間を隔てる間仕切りを設けずに同一空間で処理した間取りの略称である。nは居室の数を表している。DK型は公団住宅に受け継がれてさらに発展した。

　DKは床から畳を排してテーブルと椅子を使用することを原則とした。nDK型の間取りは，食事を椅子座化することによって，わずか40㎡の公営住宅の間取りを合理化する苦肉の策として開発されたいきさつがある。

　この間取りは生活の最も基本的な活動である食事と就寝を分離しているのが特徴である（食寝分離）。また間取りの類型に居室の数を明記する概念には家族内のプライバシーを重視する姿勢が見られる（就寝分離）。具体的には夫婦を中心にした家族に子どもの数を付随させる発想で，性を基準にして1DKは夫婦2人用，2DKは両親と子ども1～2人の小家族用，3DKは両親と性が異なる子ども2～3人家族用などと分類した。

　nDK型住宅が想定した居住者は核家族であった。世代家族を意識したタイプが供給されるのはずっと後になってからである。その理由は大都市に集中する住宅困窮者の家族の類型を核家族と限定的に把握したからであるが，同時に，憲法における両性の平等や戸籍法の改正，民法における家族観の変更（民主化）とも無関係ではない。

　公団住宅のDK誕生に関わった浜口ミホ氏は1949年に『日本住宅の封建性』[3]を著し，日本の伝統的住居の発達が家父長型封建制と深い所でつながってきた歴史を考察している。浜口氏はすべての家族員が平等で民主的な家庭像の実現をDKに託したといえるのではないだろうか。その流れで見ると，日当たりの良い表(オモテ)の空間に台所が進出したことと，食事室と台所の結合は住

居が内蔵していたジェンダー性から台所を開放したし，家事労働時間や労働量の合理化に与えた影響は大きく，家事労働面では明らかに従来とは異なる近代化に貢献した。その結果，DKは当時の世相に取り込まれ，延床面積にゆとりがある農家にさえもDKが取り入れられていくに至ったといえる。

　nDK型は5年ごとに住宅需要実態調査で把握される住要求から家族類型ごとに需要予測を立て，住宅タイプ別の住宅供給計画を立てる便法である。これを型計画という。しかしながら，そもそも実際に供給された公団住宅の面積が絶対的に狭小であったために応募者は想定された住宅タイプと無関係に殺到し，需要タイプは型計画通りにはならず，型計画論は絶対的な住宅困窮者の数の前で，実体を伴わない画餅的提案に終わった。

　公団住宅は千里ニュータウンに代表されるような大規模団地によって一気に大量に供給された。戦前にも団地型建設は電鉄会社の経営による戸建住宅地や同潤会の集合住宅地などがあるが，公団住宅は供給された住戸数において圧倒している。そして大量に出現した公団住宅居住者を総称して「団地族」という言葉が生まれた。「団地族」は，住宅の規模から夫婦と子供が1，2名という単一小家族にならざるを得ない。家族も住居も機能的に単純化して把握された。

　こうして公団住宅をモデルにした①食と寝の分離，②公と私の分離，③子ども部屋の確保という間取りの基本構成ができあがる。公団住宅の大量供給は間取りの規格化だけでなく，設備や部品の規格化を進め，ステンレス流し台，換気扇，機密性の高いアルミサッシ，シリンダー錠と金属製の玄関扉などの開発につながり，伝統的和風住宅の短所を解決したことになる。いいかえると，従来の日本家屋が備えていた非近代的装備が陳腐なものと印象づけられたのである。

　なお余談であるが，夫婦を基本単位とする空間概念は住宅計画の第1モデルとされているが，日本では家族の成長に伴って経年的に夫婦別室就寝化に移行していく傾向が見られ，日本では夫婦を基本単位とする住居概念は必ずしも定着したとはいえない。あくまで公共住宅の大量供給を利用して形成された実質を伴わない家族像である。

浜口氏が指摘した封建制の象徴である玄関・座敷・縁側・床の間を廃して生まれた余剰空間から私室を確保したことは，従来の伝統的「オモテとケ」の二限型住空間構成から，家族中心の一限型住空間への転換を意味し，住居の「近代化」史上特筆すべきものである。そして，襖や障子などの可動間仕切りに拒否反応を示して「プライバシー」を確立しようとする住意識は，「個」の重視に突き進んでいくことになる。

(3) 生活空間の商品化

公団住宅は国民の5割以上を占める中間層を対象に大量に供給されたことから「団欒を中心に集まる明るく民主的な核家族」を理想モデルに掲げて，狭小住宅の近代的・科学的プランと，生活様式の変化を牽引するモデルとなった。公団住宅が作ったモデルはその後に大量に供給される民間の分譲住宅やプレハブ住宅に影響を与え，普及していく。そして「近代化」を進める住意識に大きな影響をもたらし従来の日本家屋の耐用年数を縮めたといえる。住宅のマス的供給はさながら生活財の大量生産・大量消費とも対応している。

日本古来の住宅は集合住宅でさえ接地型（長屋）で，面的であったのに対して，西欧の住宅は階層が積み上がり立体的である。面から立体へという流れも近代化の要素のひとつで，耐用年数に関係した。

以上のように起居様式や住宅形式などにおける建築文化の違いを尊重せずに「近代化＝西欧化」という意識で近代化を進めることは，必然的に伝統的な住宅を減少させる結果を招いた。この事情は日本だけではなく，アジアの諸国が一般的にこうむっている状況である。これに比べると，西欧は独自の建築様式史の延長上に近代化を指向することができた。したがって，古い住居と共存することに対する違和感はアジアほどではない。住宅の循環型社会を考える上で，このような西欧中心の発展のあり方を問い直すことが遅れたといえないだろうか。今日環境問題の視点から「もったいない」などの日本の生活文化に注目する動きが見られる中で，どのような住様式を選択するかも，こうした課題とともに考えられるべきである。

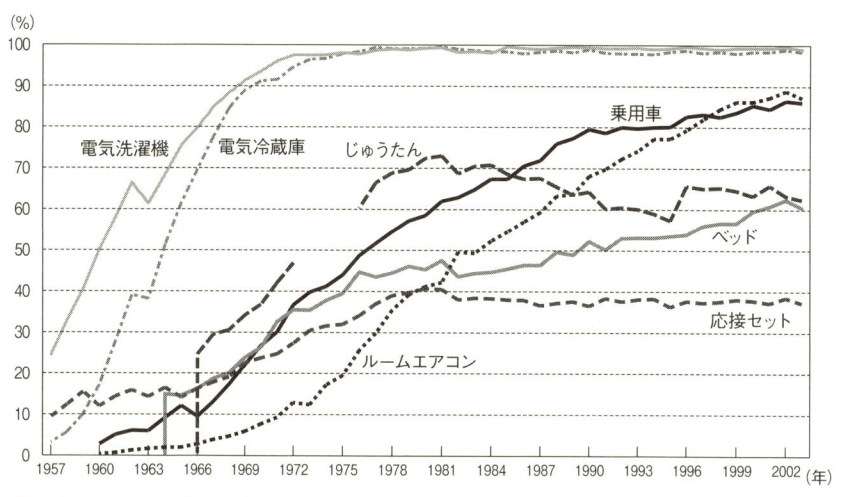

図1-11　大型耐久消費財の普及率

2）生活財の商品化と大量消費型住様式

　内需の拡大を目標に掲げた高度経済成長政策は生活財の市場化を急いだ。生活財の市場化は生活手段を消費財化することに加えて家事労働の外部化，商品化を促すことでもある。中でも耐久消費財と呼ばれる大型，化石エネルギー依存型生活財の普及が象徴であろう。

　先述した住生活の「椅子座」化は畳からフローリングへの変化である。洋間と呼ばれた室内には大型家具がインテリアのエレメントに選ばれた。図1-11は住様式に影響を与える耐久消費財の普及率を示している。1978年頃に電化製品の普及率のピークを迎えた後，絨毯，応接セット，ベッドなどの椅子座化に伴う家具の普及率が伸びている。

　平成6年版国民生活白書には，「活発な住宅投資は耐久消費財を中心とした消費需要を喚起した可能性がある。住宅投資が増えると入居者が新しく家具や乗用車等の耐久消費財を買い求めるために，耐久消費財支出が増えるという因果関係がよく指摘される。」と記述されている。

　さらに1970年代に入ると，持家率の上昇とともにエネルギー消費の増加が進んだ。住宅金融公庫の調査によれば，平成4年度に公庫融資を利用して住

宅を取得した世帯が住宅取得後おおむね1年以内に購入した家具・電化製品等の合計は1,742千円で，これは家計調査の平均的家計の年間購入額の約5倍に当たると，住宅投資と耐久消費財支出との因果関係が指摘されている。たとえば冷蔵庫，洗濯機，電子レンジ，カラーテレビの出荷台数と住宅着工戸数の伸びの間には正の相関が認められた。

その他にも戦後の住生活の変化を見るのに忘れてはならないのが家庭電化製品，石油ストーブ，プロパンガスである。これらは住生活におけるエネルギー革命ということができるだろう。マスコミによって炊飯器，洗濯機，冷蔵庫を「三種の神器（じんぎ）」と称した家庭電化製品（一部同形のものでガスをエネルギーにしているものがあるがこれも含めてここでは論ずる）は，またたくまに全国津々浦々まで普及した。このような家事労働型家電機器は家事労働を大幅に省力化した。一方，テレビは日本の団欒を変えた。テレビを中心に家族が集まる習慣ができ，間取りの中で居間が重要な意味を持つようになった。

また，全国共通のメディアであるテレビを媒介に空間を越えて情報が提供されるようになり，それに伴って従来の住生活における地方性，階層性が希薄になり，企業主導型の画一化されたものに変化を成し遂げていった。

椅子座化が大型家具の導入を促したが，日本家屋は室内に家具を置くことを想定していないので壁が少ないし，家具を置くには狭い。そこで，壁を立て，家具を置けるように増床したいという住要求が生まれる。したがって，耐久消費財の普及も従来の住宅の耐用年数を縮める大きな要素のひとつだったのである。

3. 普請から耐久消費財になった住宅と住居観

1) メーカー住宅時代の到来と風土性の喪失
(1) 工業化住宅の耐久消費財化

　日本住宅の耐用性に影響を与えた原因に工業化（プレハブ）住宅の普及もあげる必要がある。従来，住宅は地元の大工・工務店による伝統的技法に基づいた現場密着施工であった。しかし，工業化住宅は地域を問わず，現場を見なくてもモデル住宅とカタログを示すことができる。さらにはテレビのホームドラマがこれを後押しする形で全国津々浦々までおしゃれな住生活モデルを浸透させることができた。これは家電製品をはじめ，多くの生活財が商品化したことと類似の傾向で，プレハブ住宅はその頂点にあるといえるだろう。

　ところで，耐久消費財は90％の普及率に到達してもなぜ売れ続けるのだろうか。それは買い換え需要を促進するためのモデルチェンジが大きく寄与しているからである。これをタライと洗濯機の関係を使って説明してみよう。かつてのタライは三世代以上にわたって使用された半永久的な家財である。傷んでくれば桶屋がたがのゆるみを締め直し，破損した板1枚も取り替え使い続けた。新しいタライは重くて扱いに難儀するが，三世代にわたって使い続けたタライは軽くて手に馴染み子どもでも扱えた。結婚道具のひとつであったタライは大切な家財道具に収まっていったのである。一方電気洗濯機の寿命は約10年である。モデルチェンジはそれよりも早く，人々の消費欲を煽る。わずかな部品が破損しても「修理代の方が高くつく」し，ついでに「より便利な」「より見栄えがよく」「より省エネ」「よく落ちる」「抗菌」「……」の新機種に買い換える方がリーズナブルであると勧められる。2009年には，「エコポイント」政策が買い換え需要を喚起した。耐久消費財と呼びながらも，実際には耐用消費財でしかない。

　ここで「耐久性」と「耐用性」を混同してはならないことを指摘したい。

では，耐久性と耐用性はどのように違うのだろうか。耐久性は物理的性能を示す概念で，耐用性は使用上の概念である。耐用性を重視する場合は残存機能の如何に関わらず，効能がなくなれば「耐用性が終わった」と表現される。耐久性を重視すれば，不具合を調整し，部品を取り替えながら馴染むまで使い続けられる。高度経済成長以後の消費生活は圧倒的に「耐用性」を決め手にして，未だ十分に耐久性が残る生活財を使い捨て，その寿命を縮めてきた。

住宅は家電製品ほどではないが類似の道をたどっている。筆者は学生時代に江戸時代に建てられた日本家屋の2階に間借りしていた。後年再訪したところ，下宿の小母さんはお元気だったが一人暮らしで，「今の若い者はこんな薄暗い家には帰ってきてくれません」と言って寂しそうに笑われた。さらに後年訪れた現地は市営駐車場に変わっていた。この例に限らず自分の代で古い住宅を守ることを終わりにしようと思っている高齢者は決して少なくない。

大量生産・大量消費・大量廃棄の流れの中で，住宅を耐久消費財視する価値観が生まれたのは当然かもしれない。かつては祖父が孫の誕生に合わせて裏山に植樹し，三代後に普請し，普請した住居は三代で守るといわれた時代があった。普請された住居の寿命は三代100年である。木材は樹齢分だけ生きるといわれるが，その後の更新においてもすべてをバージン材料に変えるのではなく，通し柱を間柱や敷居に使い回してその寿命を全うした。

メーカー住宅の行く末はどうなるのだろうか。阪神・淡路大震災の直後に半ボランティア・半商売で現地に赴いたある棟梁が，「昔の人は住宅を普請すると言ったが，この町の人は住宅を買う相談にくる。住宅は消費財ではないのに」と嘆いた言葉が今も記憶に残っている。

(2) 風土性の消失

先述した浜口氏は玄関や縁側を否定したが，このように近代化は，従来の風土的性格を重視して構成された住居を否定して，科学的・機能的名の下に中央集権的に住生活のモデリングを推し進め，生活全般の近代化を推進するものであったといえる。それは過去は不合理で淘汰されていくべきであるという印象を植えつけた。もちろん長い歴史の中で過去の住空間には不合理な

側面が目立つ。しかし，果たして，封建制，非近代性として退けてきた住居が持っていた風土的文化的原則まで捨てても良かったのだろうか。

たとえばバリアフリー住宅が盛んに喧伝され，津々浦々に行き渡らせる政策が推進されているが，バリアフリー住宅に住んでフィットネスクラブに通う高齢者たちをどのように理解すればよいのだろう。我々の身体は住生活の中でごく自然な筋肉の動きが健康維持に役立っている。健康・安全の大義名分が実は健康・安全に生きる体力を奪っているとしか思えない。反対にバリアフリーによって縁の下への関心が極端に薄れている。こうして誘導される生活空間からどのような文化が生まれ，育つのだろうか。生命科学が人の生死を操り始めたように，文化が科学技術の掌中に握られる時代に入った。

ひるがえって，日本の風土と住居のつき合いは長い。中でも，通風，雨仕舞い，日照の利用，履床様式，入浴などは高温多湿な日本の風土への配慮が行き届いており世界に誇ることができる。パッシブソーラーハウスなどとネーミングされる省エネの手法があるが，1000年も前から日本の住居は日照とつき合ってきたのである。また，風を利用する住空間及び住生活は世界でも類がないほどに優れている。縁の下の文化，そしてそれを維持する住生活の習慣はどんなエコロジー科学技術よりも優っていた。

ところで，日本には1988（明治30）年に「汚物掃除法」「伝染病予防法」が施行されて大掃除が国民の義務として定着した歴史がある。さらに1954（昭和29）年に「清掃法」を施行し，大掃除は全国に徹底されることになる。この大掃除は地区内で一斉に実施した。1年に1回以上定期的に家具や畳，床板に至るまで屋外に運び出し，家中を空洞にし屋根裏から床下まで隈なく掃除することが特徴である。終了すると役所または警察あるいは保健所から検査員が巡回・点検して合格の〈白紙〉，不合格の〈赤紙〉を玄関先に貼附する念の入れようであった。

現在でも「大掃除」は年末の家庭行事の定番で，「日頃からの○○による大掃除の手抜き方法」がマスコミを賑わせているが，この2つの大掃除はまったく異質である。かつての大掃除は国民の義務であり，現在のマスコミが主張するような手抜きをしたら罰せられたのである。このように大がかりな大

掃除政策は住居の保全を目的にしていたわけではないが，住居の隅々まで換気することができ，また，傷みを早期に発見できるとても理にかなった方法であった。筆者は前著で地区一斉大掃除が住宅の長寿命化に大きな効果があったことを取り上げたが，日本の風土的要因を考えると，大掃除の法律は伝染病の予防の名を借りた社会的住居管理であった。

　上記の大掃除の諸制度は伝染病を予防する目的から作られたものであったが，新しく始まったわけではなく，実は江戸時代から続く住居の保全に関する庶民の生活習慣が基盤にあった。高温多湿な日本の風土から生まれ，これだけ長い期間続いた習慣も，その後医薬公衆衛生学の発達によって次第にコレラ，ペスト，チフスといった伝染病の大発生が減少したこと，生活様式の変化と清潔思想が広まるのに伴って，伝染病の予防と家屋の大掃除を相関づける思想が薄らぎ，1960（昭和45）年に「清掃法」が「廃棄物の処理及び清掃に関する法律」に改正されて収束した[4]。改正の理由は当日大型ゴミが大量に排出され，ゴミ問題が発生したことにある。住宅の長寿を支えてきた習慣がゴミ問題によって途絶えるという皮肉な結果になった。

2）家事労働の外部化過程で変節した住居管理責任

　「一斉大掃除」が消滅した原因は制度上の理由もさることながら，それが当時は男性の労働であったことが大きい（家事労働のジェンダー性は第3章でとりあげる）。「一斉大掃除」の実体があった当時は，役所が発行する証明書によって「一斉大掃除」の日は「公休」扱いとされた。この時代は既婚女性の職場進出が低い時代であることを考えると，この措置は男性労働者に向けられていたのである。ところが，1972（昭和47）年の朝日新聞紙上に「今時大掃除休暇」をとる公務員に対する告発記事が出た。大掃除の実体がない「公欠届」が社会問題化したのである。滋賀県多賀町萱原（かやはら）地区は1990年代前半まで一斉大掃除をする習慣が残っていたが，その地区の人だけが休暇を取ることに地区外の職場における同僚の反発が強く，公欠扱いをやめた結果，同地区の大掃除の習慣が急速に姿を消したのである。

　そこで本書では，ストックの形成を阻害しているもうひとつの要因に家事

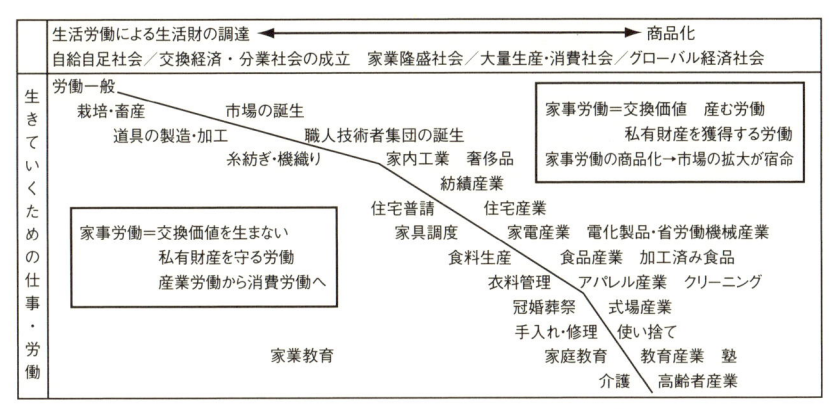

第1章 スクラップアンドビルド社会の検証

```
生活労働による生活財の調達 ←――――――――――――→ 商品化
自給自足社会／交換経済・分業社会の成立　家業隆盛社会／大量生産・消費社会／グローバル経済社会
```

	生きていくための仕事・労働	
労働一般		
栽培・畜産　　　　市場の誕生		家事労働＝交換価値　産む労働
道具の製造・加工　　　職人技術者集団の誕生		私有財産を獲得する労働
糸紡ぎ・機織り　　家内工業　奢侈品		家事労働の商品化→市場の拡大が宿命
	紡績産業	
	住宅普請　　住宅産業	
家事労働＝交換価値を生まない	家具調度　　家電産業　　電化製品・省労働機械産業	
私有財産を守る労働	食料生産　　食品産業　　加工済み食品	
産業労働から消費労働へ	衣料管理　　アパレル産業　　クリーニング	
	冠婚葬祭　　式場産業	
	手入れ・修理　使い捨て	
家業教育	家庭教育　　教育産業　塾	
	介護　　高齢者産業	

図1-12　生活労働から生産労働が奪われていく生活労働の商品化過程

労働のジェンダー性の存在と，高度経済成長期以後に強くなった家事労働の社会化および生活労働軽視の風潮をあげたい。

　筆者は家事労働を，「生命維持を司る生活労働一般のうち，交換価値を生まない労働」と定義する。自給自足時代においては労働一般＝家事労働であった。しかし，交換経済が発達し，交換価値を生む労働が産業労働として離反し，労働一般から産業労働を差し引いた残りの自給分を家事労働と呼ぶようになった。家事労働は常に労働一般から産業労働を引き算したものである。そして家事労働の外部化とは，旧来の生活労働が産業労働に移行し商品化することである。労働形態が家業労働から雇用労働に変化するプロセスは，家事労働の外部化，生活財の商品化を促進するプロセスと表裏である。

　このような家事労働の外部化過程を図1-12の模式図に示した。図の降下する斜線の左は自給のための労働を，右は外部化・商品化されて家庭から手放した産業労働を表している。生活財の商品化は交換経済が始まって以来の長い歴史がある。しかしながら生産性が低い地方的な経済下では需給両面及び資源の限界から商品化は限定的で，少量生産・少量消費にならざるを得ず，半自給自足がたてまえであった。当時の家族は生産技術を保有しており，商品に依存するか否かの判断，選択，意思決定を下すことができたのである。したがって図の斜線は極めて緩い勾配である。

写真1-3　大掃除で損傷箇所を発見

　ところが，現代のグローバル経済の下では世界経済政策の枠組みで分業が進み，商品化の的は財に留まらず，生活技術にまで至る。庶民は「消費者」に置き換えられて生産能力を失い，財の情報が需給の間で非対称性が当然になり，その結果商品を見分ける能力も失う。そのような状況に追い込まれる中で消費者の利便志向，廉価志向，大量消費志向，ブランド志向を刺激するモデルチェンジが商品化の速度を決定するようになる。近年になるほど図内の左の家事労働の領域と右の産業労働の領域を分離する斜線は急勾配になり，左に位置づけられる財はほとんど失せ，右に移行した。アン・オークレーは，この状況においてシャドウワークしか許されない「主婦が誕生」したとしている[5]。この過程こそが，住居管理技術の衰退過程である。循環型住居社会はそこに争点を当てる。

　住居管理の側面から忘れてならない家事労働は大掃除である。かつての大掃除では写真1-3のように日頃目に触れない縁の下等を点検する優れた機会を作っていた。筆者は住宅の長寿命化のために大掃除を復活したいと考えている。が，現在の所室内を見渡す限りにおいては，これほどまでに大型でたくさんの生活財をどのように動かせばよいのか途方に暮れる。そこで，一案だが，近年急成長した運送会社を利用してはどうだろうか。まず，大掃除の日を国民の祝日に制定する。現在，国民の祝日が少ない7月に当てると，梅雨からの復活にもなる。大掃除の当日はマラソン大会さながら町中の生活道路を封鎖して自宅の前に引っ越しトラックを並べ，トラックの荷台に家具を搬入して住宅を空っぽにするのである。これならば仮に雨が降っても家具が

濡れることはない。トラックは道路を走らないので，経費は搬出・搬入費用だけで済む。工夫をすればさらにリーズナブルな費用設定ができるのではないだろうか。我ながらなかなか妙案だと思うが，残念ながらトラックを並べられない狭隘道路地域の問題は依然として残るので実現までにもう一工夫がいる。

　この案で重要なことは，住宅の長寿命化のために「一斉大掃除の日」を国民の祝日に定めることである。このことをあるシンポジウムで提案したら，当日の女性パネリストから「絶対反対」と一蹴された。その理由はそのような日を設けても男性は口実を作って出勤し，女性にだけ押しつけられるに過ぎないからということであった。女性の仕事が増えるだけの休日は反対というパネリストの脳裏には，住居管理の意義よりも，家事労働のジェンダー負担だけが大きなイメージとしてわき起こったらしい。現在，男女共同参画が叫ばれる中で，男性の家事回帰が強まるが，それは女性の「衣食・育児」労働への協力に矮小化されて，住居管理主体が消えている。

　何度も繰り返すが，男性の雇用労働化が住居管理能力の低下の原因である。

　筆者の調査研究で，かつては家業も家事もともにジェンダー的内容を含むことを認め，ジェンダーバイヤスに基づいた両性の分担が成立していたことが確認された。それによると男も女も職業労働と家事労働の両方を担っていた頃，力仕事や大工仕事が必要な住居の管理は主に男性が担っていたのである。ところが，近代化が進み，男性の雇用労働化が進み，職住分離したことで産業労働と家事労働を分ける性役割意識が強化されたのである。その結果，男性は産業労働従事者を強く意識して自分が担ってきた家事労働から手を離し，家庭経営を主婦に任せて家事労働から離脱した。

　ひるがえって在宅を余儀なくされた女性は家事の専従労働者になった。ところが実際は，女性がすべての家事の専従になったのではない。主婦は男性の責任下にあった住居管理の担当を引き継いだ認識がなかったので，長い間男性の家事労働とされてきた分野には女性は手を出さなかったのである。その結果，住居管理は両性から実務従事者を失った。そして住居管理に関する家事労働のほとんどが商品化（リフォーム市場）を完了した。

以上，大量消費社会は大掃除の習慣を容赦なく破壊しただけでなく，住生活全般にわたって管理の価値を奪い，使い捨てこそ生活の合理化であるという価値をもたらしたことを強調しておきたい。

第2章

住宅の長寿命化に寄与できない日本の中古住宅市場

1. 日米比較による中古戸建住宅の需要特性

1）アメリカと日本の比較調査の意義

(1) はじめに

　本論は，第一住宅建設協会助成研究，住宅の耐用年数を高め・既存住宅の評価を確立するために必要な住宅情報のあり方に関する調査研究（初出論文1，2）と，科学研究費補助金基盤研究(C)(2)課題番号13650671，中古住宅に期待する財産価値が住居管理に与える影響，に関する日米比較研究（初出論文3～5）の一部を加筆修正したものである。

　従来日本の住居[注1)]が短命な理由は，日本が高温多湿であるにもかかわらず，多湿に弱い木造住宅が多いので劣化が早いことや，台風・地震等の自然災害によるダメージが大きいことに加えて，戦後大量に供給された低質住宅を淘汰するためにスクラップアンドビルドを繰り返す必要があったからだと信じられてきた。

　しかしながらアメリカでも西海岸は地震等の自然災害が多く，かつ木造住宅が多い。にもかかわらず，アメリカの住宅の耐用年数は長い。また，日本の住宅も古くは「住居は三代継承する」といわれてきたように長寿であった。だから日本の気候風土が短命の原因であるという説には根拠が弱く，日本の

注1）
本論では用語を原則として次のように整理した。
住宅：建物を指す場合や，流通市場を意味する場合に使用。
住居：建物だけでなく，居住行為や居住過程を包含して，人と空間の関わりを総合的に表現する。ただし，すでに定着した使用例もあるので，その場合は慣習にしたがった（たとえば「住宅問題」）。
既存住宅：居住可能な住宅のストック一般を指す。
新築住宅：建築後の経過年数にかかわらず，現在の所有者以外に所有権が移転していない住宅（新築着工住宅とは異なる）。
中古住宅：前所有者から現所有者へ売買によって所有権が移転した住宅。低質な印象を与える危険性もあるが，ストックのフロー化を的確に表現しているので使用する。
相続住宅：前所有者から現所有者に相続または贈与によって所有権が移転した住宅（ただし新築を移転した場合は，新築住宅に含む）。

住宅は寿命をもっと延長できるはずである。とすると，日本の住宅の短命な理由は，3番目の低質論が最も有力な根拠として残ることになる。それ故，近年の住宅政策では百年住宅に代表されるフローの質の向上と，既存住宅市場の活性化を強調されるようになったのである。

筆者はフローの質を上げることにまったく異論はない。しかし，既存住宅市場を拡大活性化すれば住宅の耐用年数が延びるというのは果たして本当にそうだろうか，極めて短絡的な市場主義者の発想だと思う。だから，本書の問いかけはそれ以上に大きな理由があるのではという点にある。

既存住宅市場の活性化に関していえば，住居の管理を住宅市場で経済的に評価している国が多いことを忘れてはならない。その鍵は，管理を尽くした質の高い性能を第三者にも理解できるように，管理歴を整備していることと，それが正当に評価される市場の存在である。残念ながら日本では住宅の劣化を機械的・経年的に測る税制上の減価償却概念が市場を支配している。そのために，たとえ優れた管理が施されていても償却期間を1年伸縮する程度に考慮するだけでそれ以上に関心を示さない。この越えがたい既成概念は，耐震診断をする基準の中で，住居管理行為を過小評価していることにもつながっている。

そこで，本論は対照する鏡を使って，木造住宅は30年で耐用年数を終えると信じてきた日本人の住意識の特徴を浮き彫りにすることを試みた。祖国を離れると祖国の特徴が見えるという理屈と同じである。この手法では，どの国を対比に選ぶかが重要になる。本論ではアメリカの西海岸を選ぶことにした。なぜならそこは木造住宅が多く，かつ自然災害が多い点で日本と共通性がある一方，既存住宅の利用の仕方が決定的に違うからである。だから両国の類似性と社会合意の異質性を直接比較でき，日本人の既存住宅需要の特徴を浮き彫りにできると考えた。過去の文献でも海外との比較論は多く見られるが，母数や調査手法が違う二次資料を使う関係で精度が低く概括的なものが多い。それに対して，本書は一次データを重視し，2回にわたって実施した日米比較調査を直接比較していることに特徴がある。

(2) アメリカと日本の住意識の背景

　アメリカの住居学の研究者であるアール・モーリスミネソタ大学名誉教授によると，アメリカの中古住宅市場が活発な理由は，「アメリカ人は自らの国の歴史が浅いから歴史がある物へのあこがれが強い。だから『古い既存住宅ほど，伝統的・手仕事的な技術と良い材料が使用されている』と信じ，高い評価を与えがちである。また『カーテンは取り替えられるけれども住宅は取り替えられない』の喩えを好み，近年の建売住宅を「トラックトハウス」と呼んで，一過性のデザインの住宅として嫌悪感を示す。しかも，燃料が安いので暖房に少々の不効率があっても家計に影響しないから，機能面でのモデルチェンジは需要者の関心を呼ぶまでに至らない。だから現代の住生活においても既存住宅の非近代的機能を十分容認できるのである。このような住意識を背景にしているアメリカは，既存住宅の需要が市場で売買当事者による完全競争原理が成立するほどに十分に存在するから」と説明できる。

　これに対して，災害に悩まされてきた日本はアメリカとは大いに異なる意識を持ち，鴨長明の「方丈記」の一節に共感してきた。

　　　ユク河ノナガレハ，絶エズシテ，シカモモトノ水ニアラズ。澱（ヨドミ）ニ浮カブウタカタハ，カツ消エカツ結（ムス）ビテ，ヒサシク留（ト）マリタルタメシナシ。世中（ヨノナカ）ニアル人ト栖（スミカ）ト，又カクノゴトシ。タマシキノ都（ミヤコ）ノウチニ棟（ムネ）ヲナラベ甍（イラカ）ヲアラソエル，貴キ賤シキ人ノ住マヒハ，世々ヲ経テ尽キセヌ物ナレド，是ヲマコトカト尋（タズヌ）レバ，昔シアリシ家ハマレナリ。或（アルイ）ハ去年焼ケテ今年作（コトシツク）レリ。或ハ大家（オホイヘ）ホロビテ小家（コイヘ）トナル。住ム人モ是ニ同ジ。

　（中略。以下山﨑意訳）

　（都の東南から出火して），一夜のうちに（都は）灰燼に帰した。（中略）

　人の営みはみな愚かではあるが，その中でもこのようにリスクが高い京中で家をつくろうとして資材を費やし，心を悩ますことは，とりわけやるせないことである。（中略）

　同じ頃に巨大地震が発生したが，その様子はこの世のものとは思えない。山崩れが川を埋め，海はせり上がり，陸は津波をかぶる。地面は裂け，水が噴き出して液状化した。巨岩が割れて谷に転がり落ちている。

渚を漕ぐ船は波に漂い，道を行く馬は足の踏み場を失う。それ以上に都の郊外にあった民家，神社仏閣，お墓など，どれも無傷のものはない。あるものは全壊した。埃や焼失した塵灰が立ちこめ，燃えさかる煙のような有様である。地面が動き，家が倒壊する音は，雷鳴と同じである。屋内にいれば，たちまちにして家の下敷きになって死ぬであろう。かといって，家から飛び出せば，地割れし，裂けて危ない。(中略)[1]

方丈記にはこのように大津波災害の様子が記録されているが，それは阪神・淡路大震災の地震被害と，東日本大震災の津波被害をあわせたようなさまである。

長明は，このような無情の災害に出会う可能性が高いにもかかわらず，震災後に住居の所有や造作にこだわる人々に目を向け，住居はあがなえない自然とともに生きるために自然が受け入れてくれる造作でよいと説き，彼は都の郊外に仮の庵(いおり)を編み移り住んだ。

仮の庵も故郷となり，軒には朽ち葉が深く積もり，土塀には苔が生えるようになった。噂で都の様子を聞けば，この山にこもってから，高貴な人が隠れ住んでおられるということがたくさん聞こえてくる。まして，その数が少なくないが知ることができない。度重なる火災で滅びた家もどれだけあるだろう。しかし，仮の庵は，穏やかで財産を失う恐れもない。狭いけれども，夜は布団を敷いて寝る床はあるし，昼間は座る空間もあり，一人が住まいする大きさとしては十分である。

この厭世的住居観は江戸時代の「家は焼け家」意識にまで受け継がれた。その背景には，江戸幕府によるさまざまな造作禁止令を受け入れざるを得なかった当時の日本特有の事情もあると考えられる。

(3) 日米居住者調査の概要

先述したように，本論はアメリカと日本の持家居住者を対象にして実施した2回の調査研究に基づいている。また，最初の調査の前にロサンゼルス市在住の持家居住者18名とリアルター2名のヒヤリングをし，不動産市場の状況を確認した。調査の方法は2回とも，質問紙を用いたアンケート調査であ

る。

　調査の概要は以下の通りである。

　1回目の調査は課題をシンプルにするために，調査対象地を日米ともに1994〜95年に大地震を経験したか，またはその周辺地域にある大都市圏とした。日本は大阪都市圏，アメリカはロサンゼルス市周辺の郊外住宅地である。また，日本は戸建の特徴を抽出するために，マンションを比較群に加えた。

　2回目の調査は，最初の調査で得られた結果が両国の特徴（違い）を示しているかどうかを検証するために，両国とも地方都市を調査地域に加えた。さらに，日本は都市だけでなく農村部を比較群に加えた。

　調査の期間は，1回目が2000年8月〜10月，2回目は予備調査が2003年1月〜2月，予備調査票を参考に日米で調査票を検討した後に実施した本調査が2003年4月〜6月である。

　調査票は日本語・英語で作成した同一内容を用いた（初出論文1参照）。

　第1回調査の詳細

> 調査対象の選定：
> 　日本は，①建築学会近畿支部住宅研究会，民間分譲住宅の実態に関する調査研究報告書（1966）を用いて1960年前後に民間業者が開発した住宅地の中から，大阪府枚方市・寝屋川市・交野市における住宅地階層が異なる4住宅地を選定した。
> 　②阪神・淡路大震災の経験があり，アメリカと対抗できるように比較的良好な住宅地の芦屋浜（兵庫県芦屋市）を選定し戸建住宅地階層の幅を広げた。マンションは芦屋浜の低・中・高層階の住棟を選定した。
> 　アメリカは，①カリフォルニア州ロサンゼルスカウンティと，②オレンジカウンティ（ロサンゼルスカウンティの隣）である。
> 　調査方法：日本は市販の住宅地図を利用し，調査対象地区内の全戸を悉皆調査した。配票は調査員がポスティングし，回収は郵送である。
> 　アメリカは，①については調査会社から購入した戸建持家居住者のリストを用いて悉皆調査した。配票・回収とも郵送調査である。②については当該地域に立地する大学に依頼し同地域に配票した。

第2回調査の詳細

> 調査対象地の選定：第2回は，第1回の調査結果の妥当性を検証するために，大都市郊外住宅地に加えて，地方都市及び，農村部まで広げた。
> 日本は，①大阪府高槻市・茨木市，②滋賀県大津市について，1950～1985年に開発された住宅地を住宅地図を用いて敷地規模の違いを考慮して選定した。
> ③都市部との比較群に滋賀県全域を対象とし，滋賀大学教育学部昭和25～55年卒業年次の男子卒業生の中で滋賀県下の在住者を選んだ。
> アメリカは，①ロサンゼルスカウンティと，②比較群にアイオワ州都デモイン市を選んだ。
> 調査方法：対象住戸の選定は第1回調査と同じである。
> 日本の調査は，①，②については調査員が現地に調査員が赴き，配票は調査員がポスティングし，回収は郵送である。③は配票・回収とも郵送である。
> アメリカは第1回調査と同じである。

表2-1 調査の配票・回収状況

	2000年調査（郊外住宅地）			2003年調査			
	日本		アメリカ	日本		アメリカ	
対象単位	戸建住宅	マンション	戸建住宅	都市郊外	滋賀県下	ロサンゼルス	デモイン
配票数	1,600票	913票	550票	3,156票	1,388票	750票	450票
回収数（率）	435票(27.2%)	321票(35.2%)	125票(22.7%)	881票(27.9%)	579票(41.7%)	172票(22.9%)	143票(31.8%)

調査の配票，回収状況は表2-1に示した。

なお，初出論文で詳細に分析した結果，日本もアメリカも郊外住宅地については調査対象地による差異は国別の比較に対して捨象できる範囲であり，第1回調査で得られた両国の特徴を補強するに十分であったことから，本書では論述を簡潔にするために，郊外住宅地を原則として日本都市部，アメリカ（図表ではUSAと表記）とまとめて扱っている。

回答者は圧倒的に男性である。対象住宅の構造は日本都市部の71.0%，滋賀の87.9%，アメリカの90.0%が木造である。

2）既存住宅市場の状況

(1) 中古住宅率の比較

まず，両国の特徴を端的に見るために，表2-2によって，建築年数と居住年数の差（時差）を比較してみよう。アメリカの時差は平均22年である。日本の時差は平均-0.2年である。また，アメリカに比べて日本は建築年数と居住年数の相関が強い。このように両国の住宅と，居住者から他の居住者への継続性は決定的に異なる傾向を示した。

これを住宅ストックに占める新築率と中古率の関係で見てみよう。図2-1によると，新築と，中古の比率が両国でまったく正反対であることがわかる。

建築年数と中古率との相関については，アメリカにおいては古い住宅ほど中古住宅が多く，建築年数と中古率の間に高い相関が見られる（相関係数は0.60）。これに対して，日本の住宅は建築後25年までは中古率がわずかながら経年的に増加するものの，25年以上経過すると中古率の伸びは鈍化し，建築年数と中古率の間の相関がなくなる。これは古い住宅が淘汰されて市場から姿を消すからである。

では，日本の既存住宅は中古市場を通らないとどうなるのだろうか。表2-3は日本の都市郊外開発団地の住宅更新状況を，開発後30年以上経過した地域と20年の地域で比較しているが，圧倒的な住宅は中古住宅市場を通らずに建て替えられていき，更新の様が極めて明快に現れている。

今回のアメリカの調査には相続した住宅が含まれていなかった。現地ヒアリング調査では親の家を取得した事例に2例出会ったが，1例は親から市場

表2-2 現住宅の平均建築年数と平均居住年数の関係 （単位：年）

	建築年数	居住年数	2つの相関係数	時差(年)建築年数-建築年数	回答者数
日本	18.42	20.23	0.482	-0.20	413
USA	40.72	18.23	0.304	22.49	114

注：相関係数は2つの変数間の一次関数的相関性を示す統計学的指標。値は-1から1の間にあり，±1に近いほど相関が高く，0に近いほど相関がない。プラスは正の，マイナスは負の相関をあらわす。

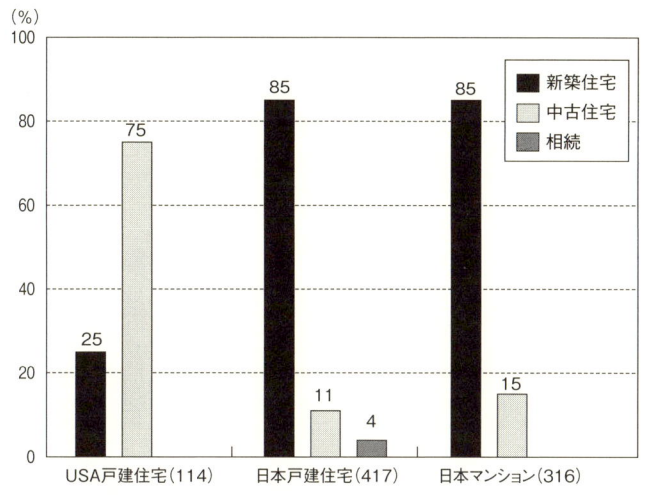

図2-1 調査群別現住宅取得形態の比較

表2-3 開発時期と住宅更新状況 [単位:%,( )内は件数]

	オリジナル	増築	中古	中古増築	建て替え	更地更新	建て替え中古	中古建て替え	合計
30年以上経過	9.5	17.1	3.8	3.3	23.8	24.8	9.0	8.6	100.0% (210)
20年経過	85.6	6.5	5.6	0.5	1.9	0	0	0	100.0% (216)

価格で購入したもの,もう1例は親が売却した住宅の購入者が転売した物件を,偶然息子が購入した例で,親子の間で売買・譲渡関係はなかった。アメリカでも相続した住宅がないわけでないが一般的ではないようである。

(2) 中古戸建住宅の質

 従来の日本の既存住宅市場は建築年数に過剰に反応し,既存住宅の実質的な質から目を背けてきた。そのために,古いけれども良質の住宅は正当な経済評価を期待できないので,持ち主は市場に出すのを敬遠する。反対に低質住宅の持ち主は初めから質を評価されることを期待しないから住宅市場に参入しやすい傾向がある。その結果,中古住宅は相対的に質が低い物件に偏るといわれている[2]。

 そこで,本論では面積による日米の中古住宅の質を比較した。図2-2の棒

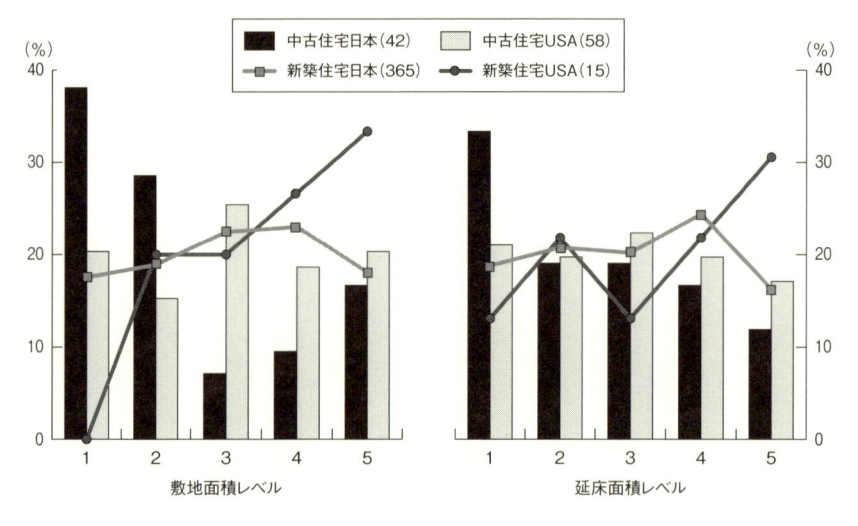

図2-2 住宅面積レベル別中古住宅率の日米比較
住宅の面積は日米間に絶対的な格差があるので，国ごとに面積を5分位レベルで表し，レベルを相対的に比較する。各分位の面積の範囲は表2-4の通りである。数値が連続していないのは該当事例がないためである。

表2-4 面積レベルの範囲（単位：㎡）

		1	2	3	4	5	合計
敷地	USA	194以下	251〜539	557〜884	920〜1,161	1,254以上	70件
	日本	124以下	128〜185	186〜206	207〜231	232以上	407件
延床	USA	130以下	139〜167	172〜195	204〜260	269以上	90件
	日本	100以下	102〜129	130〜144	145〜165	168以上	400件

グラフで表した中古住宅に着目すると，日本の敷地面積は最低のレベルが突出して多く，かつ中央をボトムにした放物線型に分布している。延床面積も同じく最低のレベルが突出し，面積が上がるにつれて中古住宅の比率が下がる。この2つのグラフから日本の中古住宅の低質性が認められる。これに対してアメリカはほぼすべてのレベルにばらついている。ところが，アメリカの新築住宅は一次関数的格差が認められる。このことは新築で質の高い住宅が補充された後，やがてそれが中古市場に流れ，次第に低所得に拡散して，レベルの底上げをするフィルタレーション効果が生じていると見られる。

3）住宅選択からみた中古住宅の日米比較

(1) 住宅地の選択理由

住宅地を選ぶ基準を日米で比較したところ（図2-3参照），両国に共通しているのは「購入価格」だけで，それ以外の回答は両国でまったく異質である。アメリカは「学区」，「居住階層」，「商店の利便性」など，当該住宅地の歴代居住者が蓄積したコミュニティにかかわる要素を選ぶ傾向が強い。日本は「自然環境」，「交通の利便性」の項目を過半数の回答者が選び，立地性あるいは周辺の条件をあげる傾向が強い。

しかしながら，日本の回答者のうち中古は「居住階層」，「商店の利便性」，「学区」を選ぶ比率が高く，中でも「商店の利便性」，「学区」は中古と新築の間で回答の傾向に有意な違いが認められた。これらの項目はアメリカの多くの回答者が選んだものである。つまり，中古住宅の需要者は日米共にそれを中古住宅の利点と捉えているのである。

一方，日本がアメリカとは逆の反応を示したのが「売却の価値」についてである。アメリカでは中古住宅の居住者がこの選択肢を選ぶ傾向が強いのに対して，日本は新築住宅の居住者の方が多い。このことはアメリカの中古住宅は売買が繰り返され，中古住宅市場において循環性があるが，日本の市場

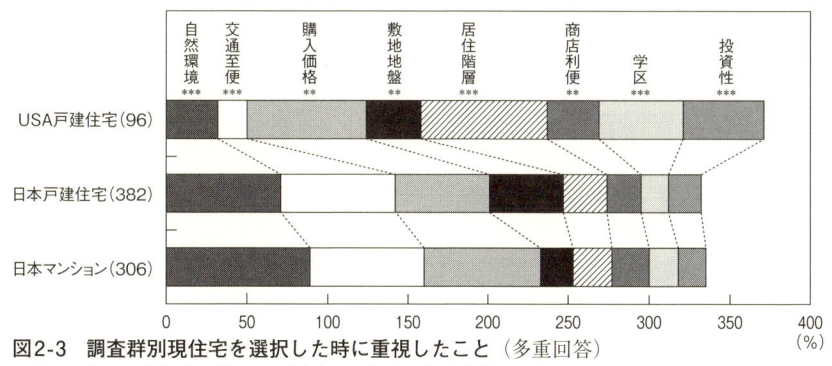

図2-3　調査群別現住宅を選択した時に重視したこと（多重回答）
＊印は日米の戸建住宅の間で，χ^2検定した結果の有意水準を表す。
＊5％，＊＊1％，＊＊＊0.1％水準。

は循環性が欠けていることを物語っている。

(2) 住宅の選択理由

次に、住宅を選ぶ際に重視したことを比較した。質問に用いた選択肢は図2-4の凡例に示したものである。日米で共通して回答が多かった項目は「間取り・意匠」と「規模」の2項目で両国とも約6割の人が回答したが、それ以外の項目の回答率は日米間で有意な違いが現れた。

アメリカは「投資性」と「職人の技術」の回答がともに40％以上を占めた。また「伝統的雰囲気」も日本よりも多い。日本で最も回答が多かった項目は「日照・通風」である。これと「居住性能」を合わせると、日本は住居における保健的性能を重視する傾向が極めて強いことがわかる。また「構造の安全性」も明らかにアメリカよりも多く、50％以上の人が回答した。

アメリカの需要者は住宅を選択するに当たって新築と中古の間で重視する要件にあまり差がないが、日本の需要者は新築と中古によって重視する要件が異なっていた。たとえば新築住宅に対しては居住性に関する項目が目立つが、中古住宅の選択では居住性よりも立地や、割安感などを重視し、選択内容の幅が狭い。

既存住宅の経済価値について日本は評価が小さいが、アメリカは転売に備

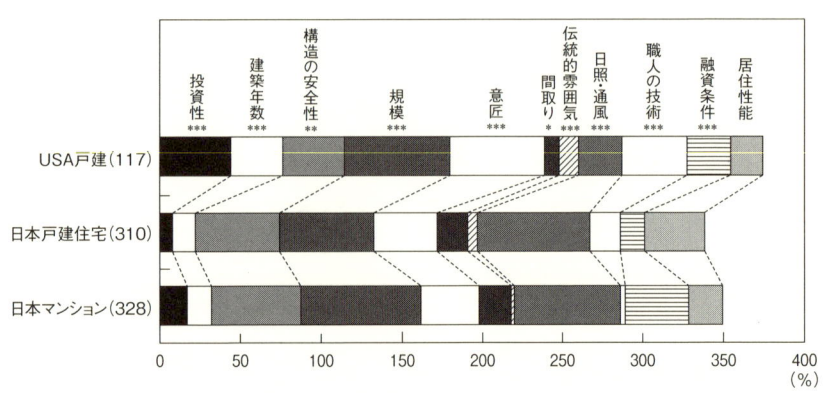

図2-4 現住宅の選択時に重視した項目（多重回答）
＊印は図2-3と同じ。

えて関心が高い。この傾向は両国の中古市場の規模に影響を与えている。

　日本のバブル期の異常な地価騰貴は住宅取得に伴う投資効果の期待感を根本的に変えたと考えられる。つまり，中古住宅は，堅実な金融を利用する上で不利で，質の善し悪しにかかわらず，経済価値が低く，投資の魅力が生まれなかった。そして同水準の住宅を取得するならば他人が建てた住宅よりも，自分の指向が反映できる新築住宅の方がより高い満足感を与えた。

　先に見たように，アメリカの回答者の46.5％が「投資性」を選んだが，日本ではわずかに8.3％しか選んでいない。この項目は日本のマンションでは16.8％あり，国内で比較しても日本の戸建居住者の回答の低さが目立った。この違いは日米比較をする上で注目に値する。そこで，「投資性」にもう少し注目してみることにする。

　図2-5はアメリカを左に，日本を右に分け，各国の「投資性」の回答者群と，非回答者群が他の項目を重複して回答した様子を表している。注目点はアメリカの「投資性」の回答者群はどの比較群よりも多くの項目にわたって重複回答をしていることである。逆に日本の「投資性」の回答者群は重複回答が一番少ない。これはアメリカでは中古住宅は投資的価値を期待できる商品であることを認められていて，かつその投資要素が多様であることを示している。それを考慮した上で，将来の売却を見越して住宅を選んでいるといえる。これに対して，日本では居住性が中古住宅市場の評価にならない現実を投影している。

　図2-6も同じくアメリカを左に，日本を右に分け，それぞれの国の新築，中古住宅の住宅選択理由を比較した。アメリカは「間取り」と「規模」，「日照・通風」以外，中古住宅の方が回答が多いが，日本は反対に「規模」と「投資性」以外は新築住宅の方が回答が多い。図からは，アメリカの中古住宅市場の循環性と日本の非循環性の違いが明確に浮き上がってくるだろう。

4）「仮の宿」意識と中古戸建住宅の需要特性
(1) 転居回数と売却回数
　今回の調査では両国とも居住者の95％が転居をしたことがあるが，頻度は

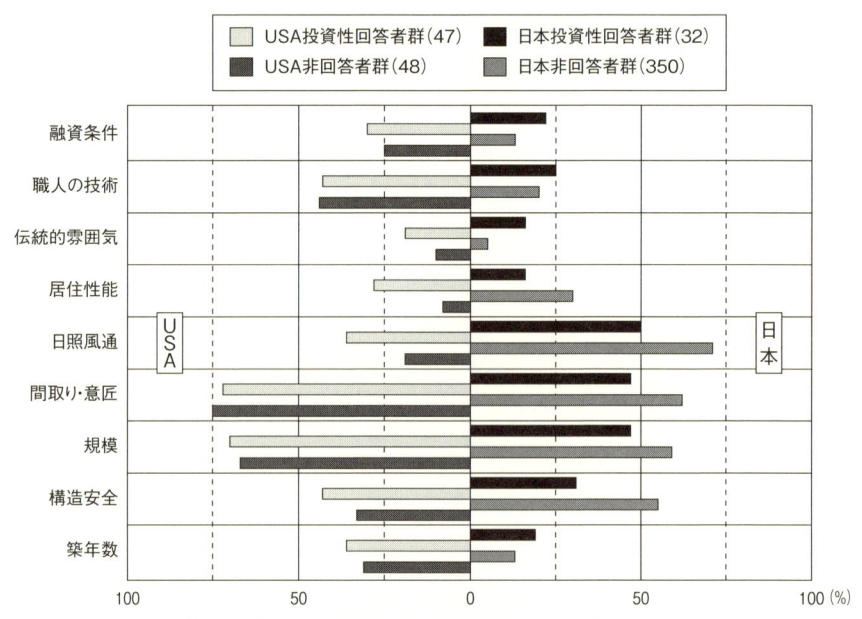

図2-5 住宅選択「投資性」の回答傾向と他の選択理由との相関

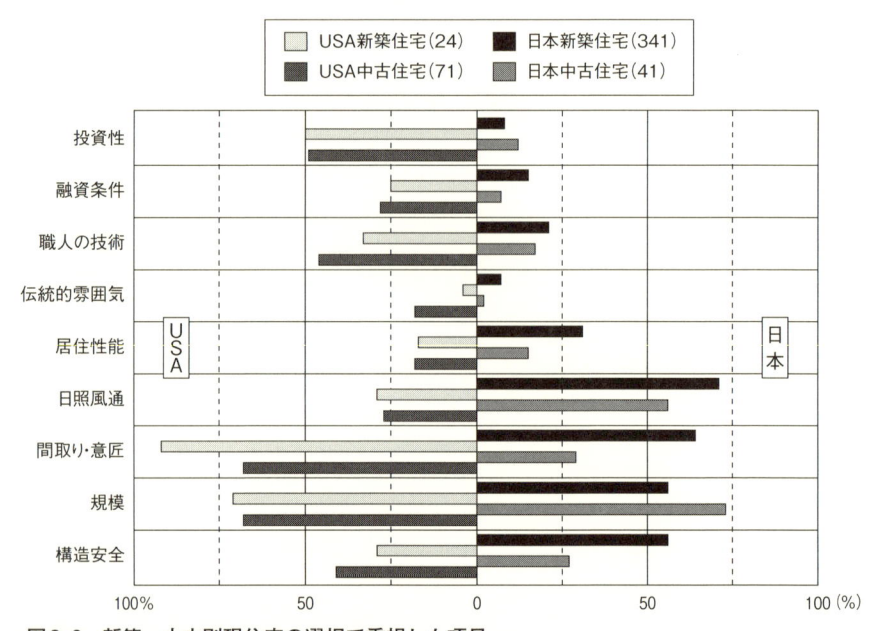

図2-6 新築・中古別現住宅の選択で重視した項目

明らかにアメリカの方が高く，日本との間で2倍近い開きが見られた。そして，日本では年齢と転居回数との間に相関が認められる。転居経験は年齢が上がるにしたがって増えるのは当然と思われるが，アメリカは年齢との間に明確な相関性はなく，若年層でも転居回数が多い。さらに，アメリカは中古住宅の居住者の方が平均転居回数が多いのに対して，日本は反対に新築住宅の居住者の方が転居回数が多い傾向が見られた。日本は，社宅やマンション等を何度も転居してやっと新築にたどり着いたというところだろう。

住宅を売却した経験回数についても，アメリカは日本の約2倍ある。アメリカ人は繰り返し，住宅の需要者になって中古住宅市場に参加し，売買の機会に遭遇するのである。

(2) 中古戸建住宅の購入経験

図2-7によれば，日本の戸建住宅居住者のうちこれまでに中古戸建住宅を購入したことがある人は26.2％しかなく，アメリカの87.7％に比べると遙かに少ない。反対にアメリカでは新築の取得経験者は28.1％にすぎない。ところが，日本の場合，過去に中古戸建住宅を検討したが購入するまでに至らなかった人が現在の戸建住宅で18.1％，マンションでは31.8％いる。そして，購入した人と，中古住宅の購入を考えたけれども購入しなかった人を加えると，日本の住宅需要者の約半数が中古住宅を選択の対象にしたことになる。しかしながらその一方で，日本には中古住宅の購入を一度も検討したことがない人が過半数おり，アメリカの10倍に当たる。アメリカでは一度も中古戸建住宅を考えたことがない人はわずかに5.4％しかない。

日本では中古戸建住宅を購入したことがある人はマンションの居住者より戸建住宅の居住者の方が多い。これに対して購入を検討したが購入しなかった人はマンション居住者の方が多い。マンションと中古戸建住宅の需要者との間に競合関係が潜在している可能性がある。

(3) 中古戸建住宅の購入理由

上記で，日本で過去に中古住宅を買うかどうか検討した末に一度も買わな

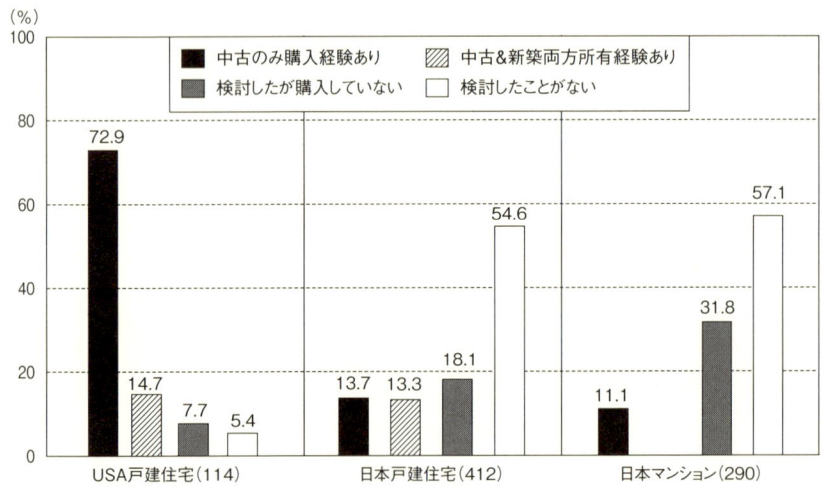

図2-7　中古戸建住宅の購入経験

凡例：
- ■ 中古のみ購入経験あり
- ▨ 中古&新築両方所有経験あり
- ■（灰）検討したが購入していない
- □ 検討したことがない

USA戸建住宅(114)：72.9／14.7／7.7／5.4
日本戸建住宅(412)：13.7／13.3／18.1／54.6
日本マンション(290)：11.1／—／31.8／57.1

かった人が結構たくさんいることを指摘したが，中古住宅を買ったことがない人の理由は何だろうか。

　図2-8において，中古住宅を検討したが買わなかった人と，検討したこともない人に分けて中古住宅を購入したことがない理由を比べたところ，検討したことがある人は中古住宅の「間取りが古い」，「設備が旧式」，「悪質」などの性能や居住性に関する具体的な短所をあげており，慎重に検討したことがわかる。これに対して，検討したことがない人は「持家は新築に限る」や，「終の棲家にならない」，「他人が住んだ家は好まない」など，概念的，感覚的価値観を理由にしている。「長期的に見れば不経済」という理由も検討しなかった人の方が多い。図に見るように，中古住宅の購入を検討した人と，一度も検討したことがない人は，多くの選択肢において異なる回答を示した。

　反対に中古住宅の購入経験者に，購入した理由を尋ねた。図2-9によれば，中古住宅は「現物を見て選ぶことができる」，「立地が優れている」などの既存住宅ならではの特徴に加えて，「価格が妥当である」の回答が多かった。これらの理由は日本に限らず，アメリカでも多く，両国に共通した中古住宅の特徴である。

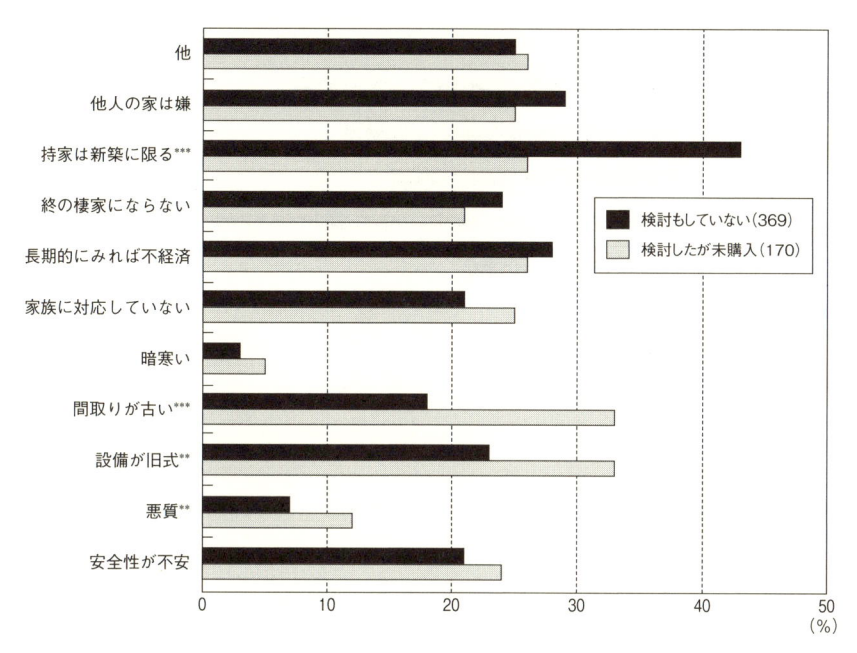

第2章　住宅の長寿命化に寄与できない日本の中古住宅市場 —— 59

図2-8　中古戸建て住宅を購入しなかった理由（多重回答，日本のみ）
＊印は「検討・未購入」と，「未検討」の間で，χ^2検定をした結果による有意水準を表す。＊5％，
＊＊1％，＊＊＊0.1％水準。

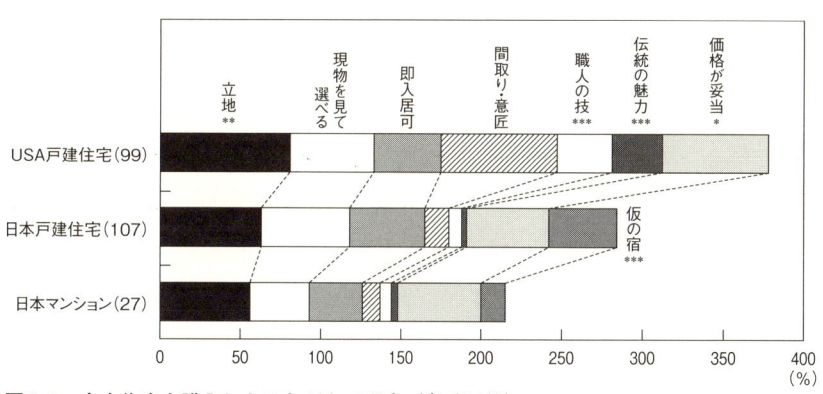

図2-9　中古住宅を購入したことがある理由（多重回答）
＊印は日本とUSAの間でχ^2検定をした結果による有意水準を表す。
＊5％，＊＊1％，＊＊＊0.1％水準。

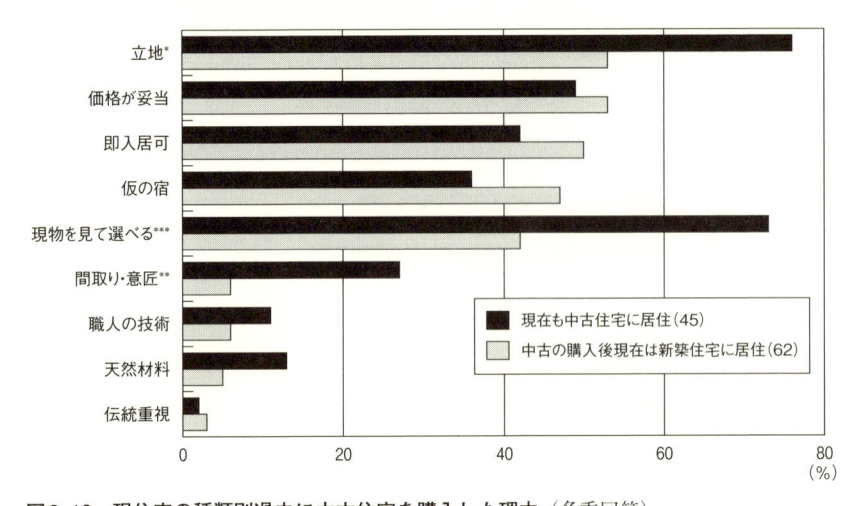

図2-10　現住宅の種類別過去に中古住宅を購入した理由（多重回答）
＊印は現在中古住宅に居住，新築住宅に居住の間でχ²検定をした結果による有意水準を表す。
＊5％，＊＊1％，＊＊＊0.1％水準。

　ところが，日本にはその他に中古住宅を「仮の宿」として選んだ人が35％存在し，アメリカ人にない日本人固有の回答であった。そればかりでなく，アメリカと日本の，戸建住宅の間には多くの選択肢の回答傾向に有意な違いが認められたのである。

　次に中古戸建住宅を購入した人について，その理由を調べた。図2-10は現在も中古住宅に住んでいる人と，現在は新築住宅に住んでいる人に分けて中古住宅を選んだ理由を比較している。新築に変わった人は「仮の宿」をはじめ，価格や，すぐに入居できるなどの理由を選び，建物には注目していない。これに対して現在も中古住宅の居住者は多くの理由を選び「間取り・意匠」や，「天然材料」を中古住宅の利点と認める傾向がある。また現物を見て選ぶことができる利点の回答の違いは0.01％水準で統計的に有意であった。これは新築住宅に比べて中古住宅の質に対する信頼性が低い中で，自身の目で確かめて購入している人がいることを示している。

　日本の中古住宅は，新築住宅や相続した住宅に比べて面積が狭い。そのためか中古戸建住宅の需要層は若い年代に現れるが，年齢が上がると新築戸建

住宅へと移行する。なぜならば，新築住宅は土地代に加えて建築費用がかかるが，中古戸建住宅ならば当面の間は建設費用をかけなくて済むからである。だから，建築費用相当額を当面土地の購入代金に充てることができる。これは需要者にとって，中古住宅は土地を有利に取得できる利点となる。

　その反面というべきかだからこそというべきかわからないが，中古住宅に永住する価値を認める人が少ない。特に中古住宅を建て替えた人は，当初から中古住宅を建て替えるまでの「仮の宿」と見なす人がいる。このような「仮の宿」意識に代表されるように，日本で中古住宅が循環しない理由は中古住宅を新築戸建住宅や，マンションへの通過点と考える傾向があるからである。

　以上の住意識が現れる背景には，日本の中古住宅は低質なものが多く，良質の住宅は中古市場に参入しにくい事情がある。しかも，それが日本の中古住宅市場の信頼性に影を落として，「中古住宅」が悪いものと思われる傾向を生み市場の循環を阻害しているのである。

5）中古住宅需要者の特性
(1) 既存住宅の市場性

　既存住宅が日本とアメリカとで，基本的に違うことは市場の大きさと商品の多様性である。アメリカは中古住宅がストックに占める割合は75％あり，過去に購入したことがある人まで含めると，住宅需要者の大半が通る道といっても過言ではない。したがって，住宅の水準もほとんどの所得階層をカバーしている。圧倒的に中古市場の国・アメリカの住宅市場は新築住宅を補充しながら，やがてそれも中古の商品になって次第に低所得に拡散するフィルトレーション効果がある。しかもアメリカの多くの住宅需要者は売買の機会が多く，繰り返し市場に参加する。

　これに対して日本の住宅の需要者は当初中古戸建住宅も考慮の対象にしてはみるものの，実際には購入に至らないのが実情である。したがって日本では中古戸建住宅の普及率が低く，さらに中古住宅を購入しても残存率が低い。また日本の中古住宅は新築住宅に比べて，質が低水準に分布していることが

特徴である。したがって日本の住宅需要者が中古市場に参入する回数も年代も極めて限定的でしかない。また，日本の中古戸建住宅は主に新築のマンションと競合し，需要者は中古戸建住宅とマンションの間で選択しているとみられるが，現状ではマンションの方が立地，価格の面で優勢のようである。

(2) 日本の中古戸建住宅需要の型

日本における中古住宅には永続性がないと見なして，購入しない消費者の態度と，中古戸建住宅を「仮の宿」と見なす消費者の態度は，中古住宅に同じ価値を抱きながら表裏の行動をしたものである。後者は中古住宅に対する評価の低さを積極的に活用した選択行動をとり，前者は一過性の評価しかできない中古住宅は選ばないという消極的な行動を取っているのである。また「持家は新築に限る」と思う人は，中古戸建住宅をまったく視野に入れないという積極的な中古住宅の否定論者である。

以上の考察に基づくと中古住宅について「仮の宿」，「終の棲家にならない」，「新築に限る」の回答傾向を使って中古戸建住宅の居住形態を組み合わせ，中古戸建住宅を評価する視点を表2-5の5つのカテゴリーに分類できる。

また，日本における中古戸建住宅の需要の経路を，戸建住宅指向の有無→中古戸建指向の有無→中古戸建住宅購入の有無→購入後に中古戸建住宅から変更の有無と4段階を経て図2-11のように整理でき，中古戸建住宅の需要タイプを8つに分類できた。

これらのタイプ分けからは，日本の中古戸建住宅需要が他の住宅への通過点にあることが浮きぼりになってくる。

表2-5　日本人の中古戸建住宅の評価観

中古戸建住宅購入者		中古戸建住宅未購入者		
中古住宅は「仮の宿」		中古住宅は「終の棲家にならない」の回答者	「持家は新築に限る」の回答者	その他
回答者	非回答者			
仮の宿	中古是認	終の棲家にならない	新築に限る	持家指向一般

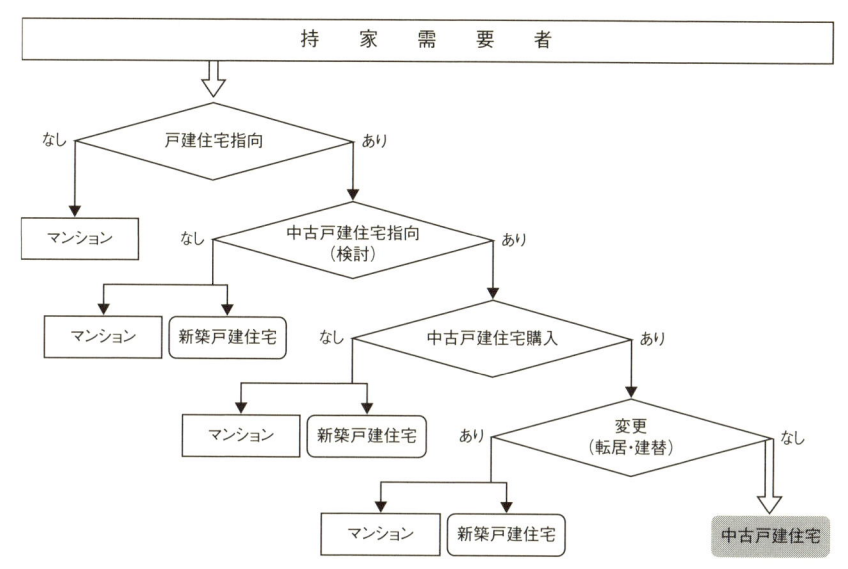

図2-11　中古戸建住宅の需要経路

(3) アメリカの需要者は中古住宅の方が新築よりも有利と考える

　アメリカで中古戸建住宅に継続して居住している人は日本の7倍に当たる。そこで，不動産仲介業者（リアルター）の目を通して，アメリカ人の住宅需要者の特性を説明してもらった。

　アメリカ人は5年に一度は引っ越しするといわれるほど頻繁に転居をする。だから同一の人が何度も市場に現れる。彼らが利用するのは中古住宅市場が多い。住宅の需要者は古い住宅が持っている雰囲気・たとえばヨーロピアンとか，スパニッシュ，ジャパニーズ，コロニアル，ランチ，などにこだわる。また天然材料（ハードウッド）へのこだわりも強い。中古住宅は天然材を使用した物件が多く，中でも1930～40年の材料は特に良いものが使ってあるので，中古が好まれる一因だと思う。

　また，アメリカは歴史が浅いので，アメリカ人は長い歴史を持つ人々へのあこがれが強く，歴史を感じる生活を好む国民であることも中古住宅が好まれる背景にある。部屋数も重要な選択要因である。これに比べると間取りはリフォームによって変えられるので不動産物件の選択肢としては関心が薄い。

アメリカでは持家はステータスであり生活の経済的保証である。アメリカ人は"Your house is the biggest investment"といわれるほどに，値上がりのポテンシャルを重視して住宅を選ぶ。天然材料への魅力は土地よりも値上がりのポテンシャルが高い。アメリカでも新築住宅の供給はあるが，最近の新築住宅は画一的で材料に工業製品が多く使われ薄っぺらな感じを与えるので，「トラックトハウス」と呼ばれ，一般の住宅需要者は魅力を感じていない。「トラックトハウス」は個性がない住宅の代名詞になるほどである。こうした社会的背景の中でモーゲージ（mortgage）[注2]が発達したことが住宅を買いやすくしている。

モーゲージについては，金利が所得税減税の対象になるから，住宅を購入する99%の人が利用する。モーゲージの上限は購入費の95%で，購入当初に限度額までモーゲージを借りて手持ち資金にゆとりを作り，それを利用して修改築を施すことが浸透している。修繕や改築の結果は銀行による建物査定でプラスに評価される場合が多いので，物件の評価額に対するモーゲージの利率を下げる効果が生まれる。だから準備金の如何に関わらず，モーゲージを多く利用する方が有利だと多くの人が考えている。ただし，頭金が多い方が保険料が安いので，どちらが有利か単純には比較できない。

このようにアメリカで中古住宅市場が大きい第1の理由は，質の良い住宅を確保する上で新築よりも中古住宅の方が有利なことである。たとえば同じ質の中古住宅と新築住宅を比較したら，中古住宅の方が値段が安い。見方を変えると同額の住宅を比較すれば，中古住宅の方が新築住宅よりも質が高い。したがって中古住宅の購入者は新築住宅よりもより高いステータスの生活を手に入れることができる。

第2の理由は成熟したコミュニティに居住できることである。新築住宅が立地する住宅地（新興住宅地）のコミュニティは未熟であるが，既存住宅地はコミュニティが成熟している。アメリカの多くの住宅需要者は成熟してい

[注2]
モーゲージは，不動産を担保にした貸し付けで，日本の住宅ローンに相当する。

るコミュニティを好むから，新興住宅地よりも既存住宅地域の方が明らかにこのニーズにかなっている。成熟した住宅地の価値は価格に反映されていると見るので，近隣が建て替えや，増改築をすることによって景観が変わることには敏感で，そのような動きに対して近隣に厳しい監視の目が働いている。

　第3の理由は住宅・都市政策において中古住宅を優遇する制度が多いことである。アメリカの中古住宅は制度上新築住宅よりも優遇されている。たとえば，新築住宅の場合は1戸でも道路，学校，水道等の財源に関する開発負担金がかかるが，中古住宅にはその負担がない。次に宅地はモーゲージの対象にならないが，住宅と土地が一体で売買される中古住宅では購入価格の全額がモーゲージの対象になる。したがって全額自己負担で宅地を購入して建てる新築住宅よりも，中古住宅の方が資金的に有利である。さらに税制面でも中古住宅には減税措置があり，経済面で中古住宅を取り巻く条件が有利なことが多い。

　たとえば，住宅の取得に伴う税金において，Property Tax（固定資産税）は購入時の価格を基準にして決められており，購入後毎年2％ずつ値上がりしている。住宅価格が値上がりしているので，税額は古い時代に購入した住宅の方が低く，最近取引された住宅の方が高くなることが多い。そこで親子間で住宅の売買をした場合は，子ども（購買者）は親（売却者）の税率を受け継ぐことができるという利点を与えている。

2. 住宅の資産観と耐用性の日米比較

　ここでは経年に伴う既存住宅の資産価値観に着目し，日本においてストックのフロー化が進まない原因を考察する。

1) 中古住宅への期待と耐用性
(1) 中古住宅購入後の処遇
　これまでも繰り返し述べてきたように日本の住宅ストックに占める中古住宅の割合は1割程度であるが，過去にさかのぼって現宅地に入居した時点まで含めれば15%程度になる。この2つの値の差は中古住宅が建て替えられたことによって生じたものである。日本では開発後40年以下の都市郊外住宅地の住宅が4分の1は建て替えられているが，中でも相続した住宅の過半数，中古住宅の3分の1など，既存住宅を取得した居住者が建て替える比率が高い。中古住宅の建て替え率は新築住宅の約2倍に当たる。
　欧米の住宅市場に見習ってストックのフロー化を推進すべきだという市場主義の主張が声高になっているが，日本では住宅ストックがフロー化した後に再びストック化するプロセスは育っておらず，現状では循環型社会が実現する条件が整っていないことを強調しておきたい。(建て替えについては，後ほど詳述する。)

(2) 需要意識に現れた住宅の資産観
　日本人とアメリカ人の中古住宅に対する評価の違いが生まれる原因には高額の住宅を所有する目的や期待に潜む文化意識の違いがある。たとえば筆者はアメリカ，カナダ，イギリスや韓国で多くの居住者をヒアリングする機会に恵まれたが，彼らは異口同音「住宅は最高の投資である」と表現することに気がついた。これは少なからず驚きであり筆者の興味をひいた。そこで，図2-12を見ていただきたい。この図は住宅を管理する目的を将来指向別に表し

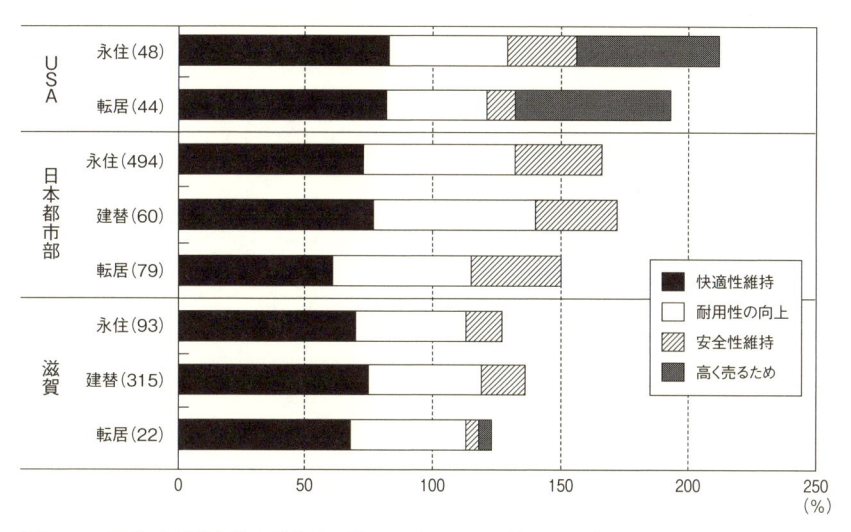

図2-12 調査群別将来指向別住宅の管理をする目的（多重回答）

ているが，アメリカはどのような指向を持つ場合も住居の管理目的は売却時の利益（高く売るため）とする回答が多く，注目される。日本に比べてアメリカでなぜリフォームが普及しているのかという理由について，日本では住居管理と売却とはまったく無関係であるが，アメリカでは中古住宅市場においてリフォームが売却利益を押し上げる効果があるためと推論できる。

このように住宅を資産運用の有効な手段であると認めるならば，住宅を維持管理して再度市場に参入すること（ストックのフロー化）に関心が向けられるだろうし，ストックの市場価値が住居管理のインセンティブになると考えられる。しかし，日本でも古くから住宅を不動産（文字通り動かない資産）として重視してきたにもかかわらず，表だって「住宅の投資性」を口にする習慣はない。この違いを考察することは重要である。

そこで，中古住宅を一時的な供給形態と見なす日本人の住意識についてもう少し追跡してみる。

そもそも住宅を取得する人は，積年の居住不満を精算できることに大きな期待を寄せている。それは，持家取得者が一番期待することとして「終の棲家」の獲得であることにも現れている。これは日米で共通していた。

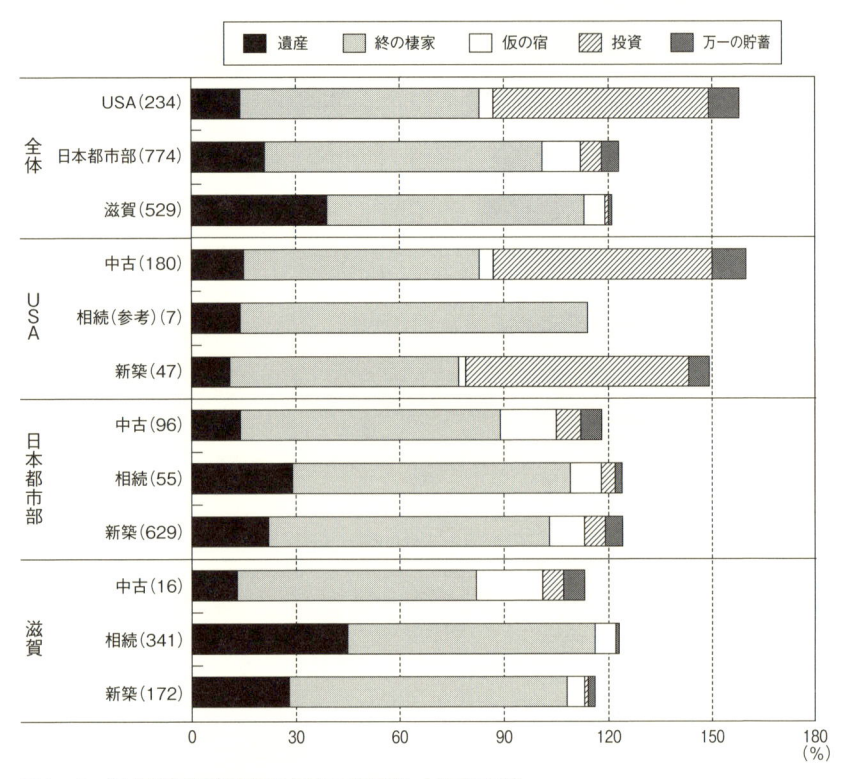

図2-13 調査群別取得当初の住宅の資産観（多重回答）

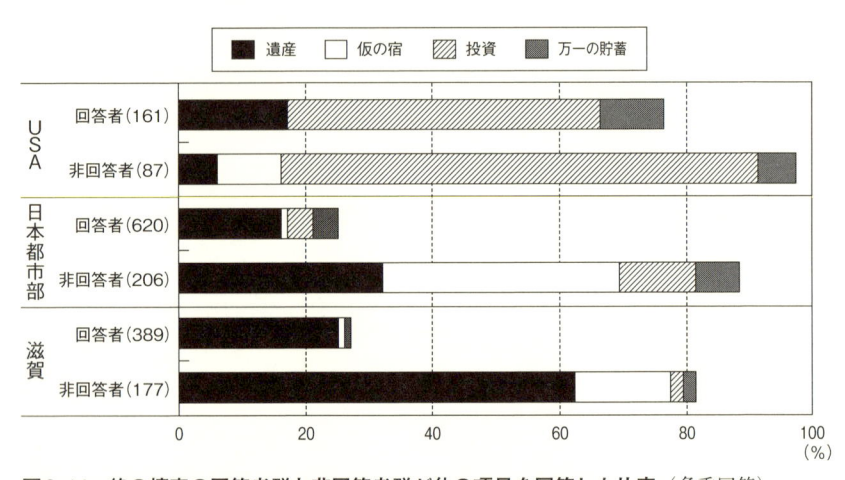

図2-14 終の棲家の回答者群と非回答者群が他の項目を回答した比率（多重回答）

ところが，図2-13を見ていただきたい。中古住宅への期待は日本とアメリカで際だった違いがある。アメリカでは「終の棲家」意識は新築・中古の間で差がなく「投資」及び「遺産」価値を生むことへの期待もある。その中でも売却によって得られる投資利益に対する期待も重要で，図2-14によれば終の棲家の期待と投資の期待が共存しているのである。アメリカでは住宅を購入する時から将来の転居による投資的価値を期待しており，そのために売却を念頭において住宅を選択・購入する。新築よりも中古を取得した人の方が期待が大きい。このようにアメリカ人の既存住宅に対する期待は大きく，中古住宅だから経済価値が減衰するとは考えていない。むしろ中古住宅は既存住宅の歴史性や，職人の技術が投資の大きな要因になるので経年性が長所と考えられているために経年住宅の方をより評価する傾向がある。

　図2-13に戻っていただきたい。アメリカと比べると日本の中古住宅への期待はまったく正反対で，「終の棲家」としての期待も，「遺産」としても，「万一の貯蓄」の経済的期待も他に比べると弱く，「仮の宿」としての期待が大きい。同じ既存住宅を取得しても相続では「遺産」価値が期待されており，中古住宅と，相続した住宅の資産観は明らかに違っている。これは日本の中古住宅が消費財と見られていることを表しているといえるだろう。日本の都市住宅は一旦取得した住宅に対する経済的評価が低く，アメリカのような終の棲家と投資に対する重複した期待はほとんどみられない。また生涯住み続けたい住宅にフローの経済的価値が残るという期待も薄い。

　アメリカと日本の間には，住宅の質に対する期待の違いも大きい。アメリカは自分の存命中の居住を保証された上で，なお売却利益を期待する。日本の住宅は「自分の生涯もてばそれでよい」と考えられ，経年減価していく消費財としての期待しかない。日本には昔から住宅を遺産にするという期待があったはずなのにどうしてなのだろうか。遺産としての期待は今でも地方住宅に見られるが，都市では弱い。この点から都市住宅の資産評価が低いという特徴が指摘できる。現住宅が「遺産」に値する質の高いストックなのか，自分たち一代限りで良しと考える程度の質なのか，あるいはほとんど資産価値はないがリスク保険にはなるだろうと考えるか，その違いが建て替えに関

わっていくのであろう。

(3) 中古住宅を購入する時に予想された耐用性への期待

住宅の長寿命化の観点から中古住宅を捉えるならば，購入時にどの程度の耐用性を期待されたのかが気になる。そこで現住宅に今後何年住むことができると思うかという年数，名づけて「当初予測余命」と，現住宅に今後住み続ける予定の年数，名づけて「予定居住年数」を調べた。

図2-15によれば，日本は「当初予測余命」と「予定居住年数」が連動するが，アメリカは2つの指標は無関係である。アメリカの「予定居住年数」は平均28年で短い一方，「当初予測余命」は平均70年と長い。アメリカは日本よりも古い中古住宅を購入しているにもかかわらず，「当初予測余命」が日本よりも平均30年も長い。反対に「予定居住年数」は日本の方がアメリカよりも平均して約14年長い。アメリカは古い住宅ストックが多い住宅事情の中で，居住者の滞在年数が相当に短く，同一住宅に多くの居住者が入れ替わり立ち替わり入退去を繰り返す賃貸住宅に近い市場であることが見られる。

次に「当初予測余命」と「予定居住年数」の差（仮に「期待差」と称する）をとり，それを住宅の種類別に比較したのが図2-16である。図では「期待差」がマイナスになるカテゴリーを「居住中に老朽」グループとしてひと

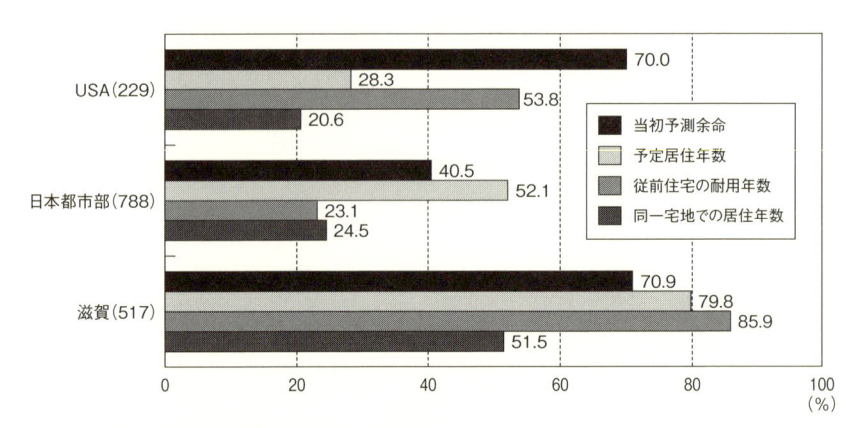

	当初予測余命	予定居住年数	従前住宅の耐用年数	同一宅地での居住年数
USA (229)	70.0	28.3	53.8	20.6
日本都市部 (788)	40.5	52.1	23.1	24.5
滋賀 (517)	70.9	79.8	85.9	51.5

図2-15　住宅の平均耐用年数と平均居住年数

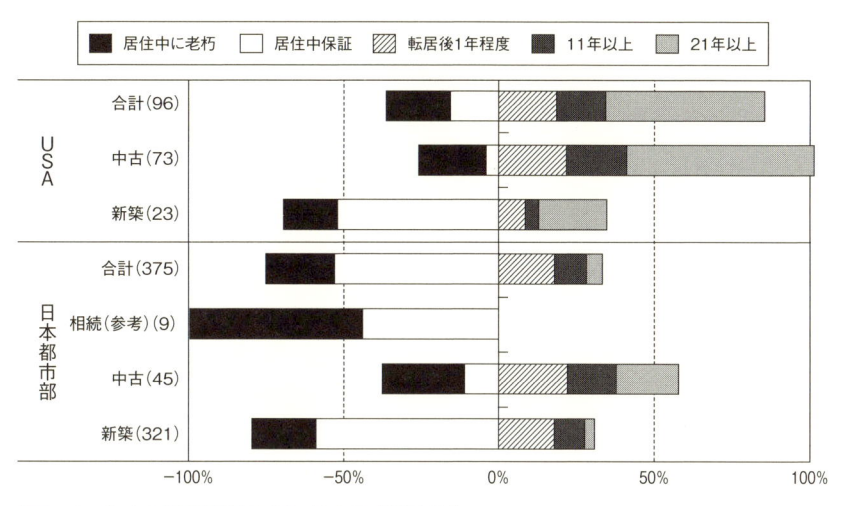

第2章 住宅の長寿命化に寄与できない日本の中古住宅市場 —— 71

凡例: ■居住中に老朽 □居住中保証 ▨転居後1年程度 ■11年以上 ▨21年以上

USA
- 合計(96)
- 中古(73)
- 新築(23)

日本都市部
- 合計(375)
- 相続(参考)(9)
- 中古(45)
- 新築(321)

図2-16 住宅の種類別現住宅に対する「期待差」

つにまとめ，グラフ領域のマイナスに表現している。「期待差」が0は「居住中の保証」のグループとしてひとつにまとめている。「期待差」がプラスの値は，現居住者が転居した後も住宅がストックとして期待される残存年数である。

　日本はマイナスのカテゴリーが多く，〈－0.9年～0.9年〉までで80％に達した。「期待差」の平均値は日本が－3.5年，アメリカが11.5年になった。日本は新築住宅に比べて中古住宅や相続した住宅の値が小さい。相続した住宅では自分が居住中に老朽すると予測した居住者が非常に多く，自分の代で終わると考えている人がほとんどである。新築住宅では自分の居住中に老朽するとは考えていないが，自分の代で終わると考えている人が多い。

　アメリカでは中古住宅は転居後も存続するという回答が多いが，新築住宅の中で自分の代で終わると予測した回答は日本とほぼ同率になった。新築住宅の要求にはオリジナリティへの嗜好が強いと見ることができる。日米の違いは特に既存住宅に現れた。

　以上から，日本の所有者は自分の居住期間を基準に住宅の耐用年数を考えるのに対して，アメリカは自らが転居しても住宅は存続するだろうと考える

傾向があることが明らかになった。

2）住宅への愛着が資産観におよぼす効果
(1) 住宅の種類により愛着の持ち方が違う

筆者は住居管理のキーワードとして愛着に注目してきた。両国とも現住宅に愛着がある人は多く、強い愛着がある人は日本の方が多い。

図2-17は住宅の種類別に愛着の度合いを示している（アメリカの相続は1例しかないので図から省略した）。アメリカは新築・中古の間で差が小さいが中古の方が強い愛着を示す回答が多い。アメリカの建て替えは6例しかないので参考に止めるが、強い愛着の回答がどのカテゴリーよりも最も少なく、反対に図から省略した相続の1例は強い愛着を示した。アメリカでは中古・相続などの既存住宅を取得した方が愛着が強く、新しいものより古いものへの愛着が感じられる。これに対して、日本は中古に強い愛着を示す回答は最少である。反対に新築住宅に強い愛着を示す人が過半数を占め、特に建て替えた住宅には3分の2以上の人が強い愛着があると回答している。

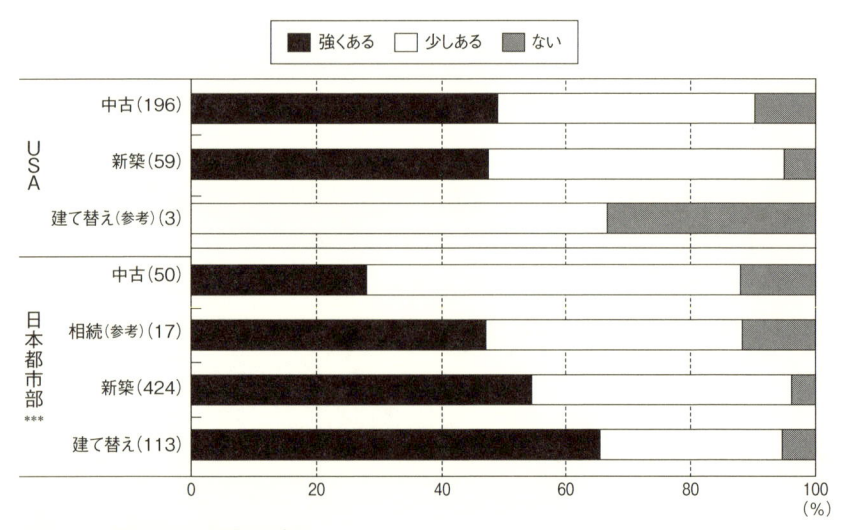

図2-17　国別住宅の種類別愛着

＊印は日本都市部における住宅の種類の間でχ^2検定をした結果による有意水準を表す。0.1％水準の危険率で有意性がある。

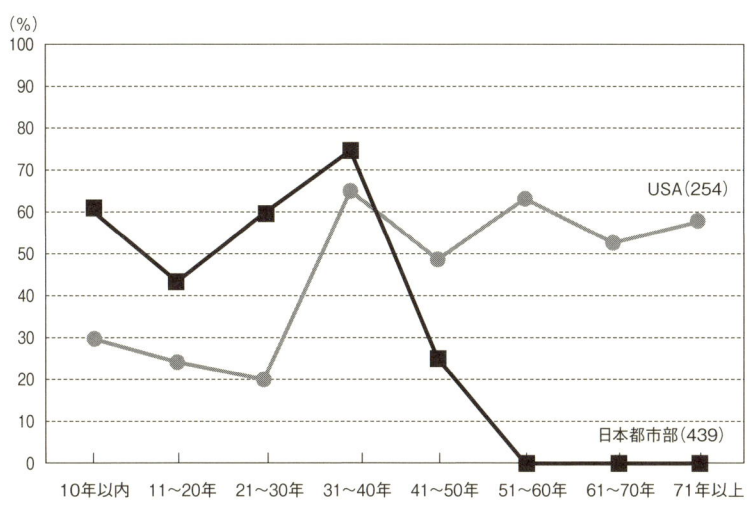

第2章　住宅の長寿命化に寄与できない日本の中古住宅市場 —— 73

図2-18　建築年数別愛着を感じる回答率の変移

そこで，愛着を感じる回答率が建築年数によって変化する様子を，図2-18に表した。その結果，建築年数30年を起点に注目される結果が得られた。

日本は40年以上古い住宅に対する愛着は弱い。特に中古住宅の居住者は新しい住宅にしか愛着がない（新築，中古の間で1％水準，新築だけについて建築年数の間で0.1％水準で統計的に有意な違いが認められた）。ところがアメリカは違う。アメリカは30年以下の新しい住宅に対する愛着が極めて弱く，31年以上との間に決定的な格差がある。アメリカでは日本住宅の平均耐用年数といわれている建築後30年程度の住宅は評価していないのである。また，アメリカは建て替えた住宅の愛着は低く，強い愛着を示す人は皆無であった。

アメリカ人の中で，強い愛着がある住宅の平均建築年数は54.4年である。これは少し愛着がある場合の建築年数が44.8年，愛着がない住宅が41.8年に比べて明らかに長く，アメリカでは建築年数と愛着との間に正の相関が認められる。特に中古や相続で強い愛着がある住宅の建築年数は60年以上に達する。先にも述べたが，残念ながら日本は逆に40年以上の古い住宅に対する愛着が弱く，特に中古住宅でその傾向が強かった。建築年数30年は，日米の評価を分ける境界といえるだろう。

なお，住宅に対する愛着は住宅の満足度との間で相関が認められる。日本の場合は延床面積や安全性，通風等の物理的満足度よりも，雰囲気や間取り等，嗜好に関する項目の満足度の方が愛着との相関が強く見られ，アメリカよりも相関が高い。

以上のことを補足するために，自由記述で求めた現住宅に愛着を感じる理由を表2-6に整理した。これによると，日本人が現住宅に愛着を感じる理由は環境条件や，立地など住宅地に関するもので，6割を占める。その次に多いのが「間取りを考えた」や，「自分たちで建てた」という住宅取得計画へのかかわり方で，両者を併せて27.7％あった。これに対して「思い出がある」，「住めば都」，「大事にしてきた」など，長く住み続けた物に感じる愛着は19.8％しかない。昔から住めば都とか，柱の傷にも愛着がわくなど，永年の生活史を刻んだ住宅に愛着が持たれるといわれるが，現実的には使い古したことと愛着が関係していないようである。

表2-6　愛着を感じる理由（354件自由記述，単位：％）

環境がよい	便利	近所づきあい	間取りを考えた	自分たちで建てた	値打ちがある	大事にしてきた	思い出がある	住めば都	先代から継承
36.4	20.3	5.6	20.9	6.8	3.7	1.7	7.9	10.2	0.6

(2) 住宅の経年性の評価

これまでの分析から日本の既存住宅では経済的に評価が低い特徴が明確になったが，その背景には経年的減価償却の概念があると考えられる。そこでまず，現住宅の満足度（最高を5，最低を1として5段階で質問）と建築年数の相関を求めたところ，アメリカは建築年数と雰囲気の満足度との間に負の相関，近隣との間で正の相関が認められるが，それ以外の項目との間では有意な関係は認められなかった。しかし，日本は「間取り」，「安全性」など多くの項目と建築年数との間で負，つまり建築年数が長いほど不満が強くなるという相関が認められた。このように日本では経年性が住宅の評価に影響していることがわかる。なお，近隣関係については，日本都市もアメリカも正の相関があり，近隣関係は住宅とは反対に経年的に熟成していくものであ

ることを示唆している。

　以上で見てきたように，日本人には住宅は経年的に減価償却するという潜在的意識がある。それが既存住宅の経済的評価が低い背景である。

(3) 将来指向から捉えた住宅評価

　住宅の将来指向について，アメリカはリフォームと転居指向が強く，日本は永住指向と建て替え指向が強く，両国はまったく異なる指向を示す。特に建て替え指向は日本の都市，地方を問わず，日本の特徴である。一方，日本の転居指向はアメリカに比べると遙かに少なく，中古を買った人の間で目立つ程度である。

　ところで，リフォーム指向は他の将来指向とは重複回答が見られるが，日本は永住指向とだけ重複し，転居前の住宅をリフォームする指向は弱い。しかし，アメリカのリフォーム指向は他の全指向と重複し，転居指向者の75.4％，永住指向者の68.5％を占めた。アメリカでは，永住と同様に転居する住宅もリフォームするのである。ただし，アメリカでも建て替え前の住宅に対する改造指向は弱く，日米ともに廃棄する建物を改造する指向はない。

　図2-19は，住宅に期待したことと将来指向の関係を見ているが，どこも両者の間に強い関係があるものの，それぞれ項目の順番と分布は異なるという興味を引く関係を表している。アメリカは転居指向が強く，建て替え指向は極めて僅少である。日本では，繰り返し述べてきているが，建て替え指向が目立つ。特に，「仮の宿」意識の人に建て替え指向が強く，「投資」意識でも，その反対の「終の棲家」意識においても建て替え指向がある。これは既存住宅に経済的価値を期待していない理由を意味している。これまでに「仮の宿」意識を持つ人は既存住宅に経済的価値を期待していなかったことを指摘してきたが，その理由は建て替え指向があるからである。

　既存住宅を売ることが一般的ではない日本では，現在の所有者が居住できなくなる事情が生まれたら圧倒的に「身内に継承したい」と思っており，少しではあるが「他人が買ってほしい」と思っている人もいる。しかし，中古住宅を買った人に限ってみると，最も多いのが「つぶす・つぶしたい」で，

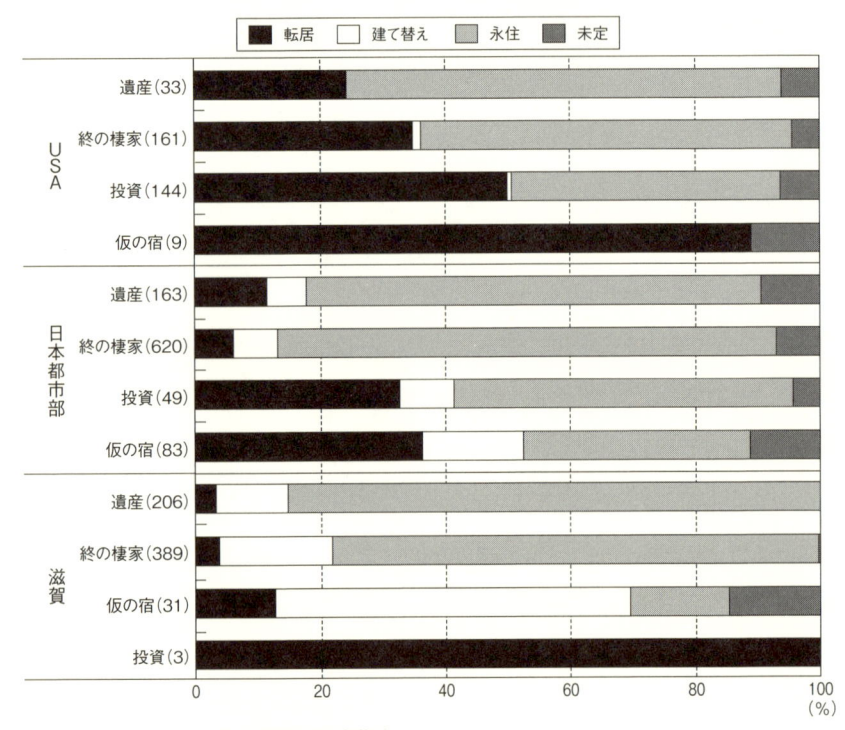

図2-19　住宅所有の期待意識別将来指向

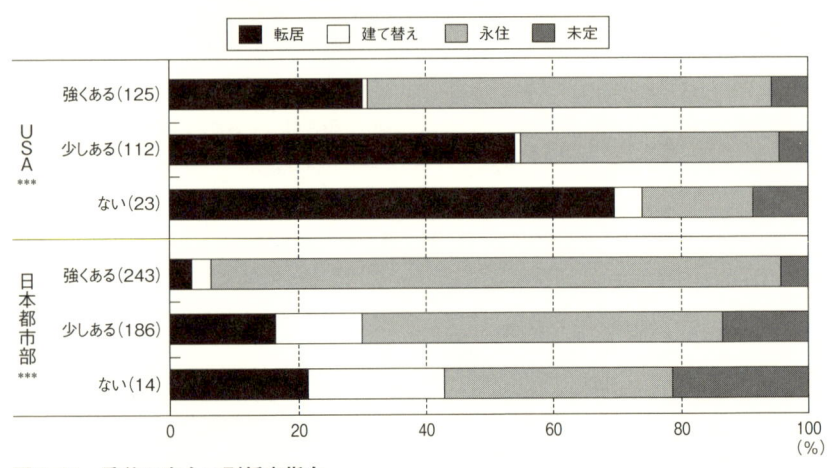

図2-20　愛着の度合い別将来指向
＊印は各国ごとに愛着の度合いのカテゴリー間で χ^2 検定をした結果による有意水準を表す。両国とも0.1％水準で有意な違いがある。

それは身内に継承することよりも，他人に継承されることよりも多いのである。一方，建て替えた人たちは明らかに身内が継承してくれることを希望するようになる。日本で身内以外の他人が住み続けることを希望する人は非常に少なく，投資を期待している人でさえ少ない。この背景には日本の住宅市場では既存住宅が付いている宅地は更地よりも評価が低いという背景がある。

本論で得られた結果は土地は投資の対象になるが，住宅は投資の対象にならないばかりかマイナス要因であるという住宅市場の実態を反映しているといえるだろう。

ところで図2-20によると，両国とも愛着が強いほど永住指向が強く，弱まるにつれて転居・建て替え指向が高まる。アメリカは愛着が「少しある」を軸にして，点対称の反応を示した。日本では，居住者が住宅に強い愛着を持つ人たちは極めて永住指向が強く，愛着が弱まるにつれて転居・建て替え指向が高まるという直線的変化がみられ，愛着と将来指向には非常に強い関係がある。そして，愛着の弱い住宅は転居指向と，建て替え指向に二分される。アメリカでは愛着がある住宅でも転居指向が3割以上ある。このことは両国の決定的な違いである。

3）まとめ
(1) 調査結果

以上，本論では住宅に対する期待や愛着から経年が資産観に影響することを明らかにしてきた。

住宅に対する一番の期待は終の棲家であるが，アメリカはそれとともに売却による投資利益も重要で，終の棲家としての期待と投資的価値の期待は共存していた。つまり，アメリカでは住宅の購入時から転居による投資の期待をしており，年月を経た住宅に経済的期待がある。以上の傾向は中古住宅の購入者により強く表れ，古い住宅が評価される傾向が見られた。

これに対して日本の都市住宅は一旦取得した住宅の経済評価が低く，アメリカのような終の棲家と投資に対する重複した期待はほとんど見られず，生涯住み続けたい住宅に経済価値が残るという期待が薄い。それは，むしろ建

て替え指向と表裏をなしている。日本には遺産を残すという期待があるが，遺産としての評価は地方に強く，都市では弱い。この点においても都市住宅の資産評価が低いという特徴が指摘できる。

　住宅への期待と愛着は関係が深い上に，愛着はまた現在の満足度と相関している。満足度は建築年数と強い相関があり，新しい住宅ほど満足度が高い。かつ，日本では愛着は面積や住宅性能などの物理的満足度よりも，嗜好に関する満足度と，より相関性が強くみられるのである。これらの結果，新築，中でも建て替えた住宅に対する愛着が強く，反対に中古に対する愛着が弱くなり，中古の建て替え指向を後押しする。一方，アメリカは新しい住宅への執着が弱く，古い住宅に対してより強い愛着と評価を示す傾向が見られた。

　本論を通して日本は経年的に価値の減衰を避けられないと見る住宅寿命観が非常に強いこと，アメリカでは経年的減価する意識が低く，投資によって価値の増幅を期待する，というような両国の違いがあることが明らかになった。そして，アメリカでは古い住宅にも投資の期待をかける傾向があることが浮きぼりになった。そして，その結果が現住宅の余命及び，耐用年数の予測の裏付けになっていることも示唆できた。

(2) 既存住宅の経済価値への期待

　既存住宅が一度だけ中古化しただけで，その後に捨てられるのであれば住宅の寿命は延びない。中古住宅に住宅の寿命を延ばす効果を期待するためには，中古住宅の市場が循環することが不可欠である。そして，中古住宅が市場を循環するためには市場的価値を維持し続けなければならない。

　アメリカ人は"The house is the biggest investment"という。彼らにとっては新築住宅だけでなく，中古住宅も有価資本であり，住宅を消費財とは見なしていない。したがって彼らは投機のために何度も売却・購入を繰り返すことを当然と考えている。アメリカ人が投資を目的に住宅を購入することは，中古住宅市場の循環を支えているともいえる。遺産相続も当該住宅を売却して得られた財産を相続することである。なお，市場への参入を繰り返すことは需要者の選択・判断力を育てるのに役立つ。とはいえ，いつも投機

性を考えて移動する機会を伺がっているのはいかがなものかとも思う。
　一方，日本人は既存住宅に対して常に安全性，性能上の不安を感じている。そのために他人が住んでいた中古住宅の永続性を信用できずに，消費財としか評価しないから投資的価値を認めていない。しかも，既存住宅に対する信頼性の低さは市場にある中古住宅に限らず，自らが現在居住している住宅に対しても然りである。したがって，現在の都市居住者は自分が住まなくなれば当該住宅が取り壊されてもやむを得ないと考える。だからたとえ愛着のある住宅でも，子ども世代が同居してくれるならば，子どもの希望に添って建て替えてもしかたがないと考える親は決して少なくない。残念ながら，現代日本の都市住宅は住み手を変えながら継続していく永続性がないのである。
　農村住宅の居住者は子孫に受け継がれるのを理想と考え，他人に住宅が移転することを望まない。かつて広島県出身の学生が，「家には魂が宿っているので，住み手がいなくなった家は他人の手に渡る前に燃やしてしまう習慣があった」地域のことを教えてくれたことがあるが，住宅が人手に渡るのは没落の代名詞にもされた。
　このように住宅は，アメリカのようにコミュニティに帰属する都市施設である所もあれば，日本のように居住者に帰属する「精神まで注入した私的道具」である所もある。この意識の違いは極めて大きい。このことは住宅だけでなく形ある物の消費過程に共通しているように思われる。ついでに恐縮だが，アメリカやカナダにはガレージセールというリサイクル市場があるが，この中にも国民性が見える。ガレージセールにはさまざまな物が並んでいる。中には使用済みの下着など，日本人の目には廃棄物としか映らない物さえある。彼らによれば，値打ちは買い手が決めるもので，売り手が使用価値を斟酌する必要はないということになる。
　日本には，個人に帰属した物に対して「魂が宿る」という独特の文化的精神性がある。このことがそもそも「中古」の劣性観の根底にあるのかもしれない。
　魂が宿った物は宿らせた人にとっては他に代え難い価値を潜めているが，他人にとってはお祓いをして「魂を抜かなければならない」ものものしいも

ので，手間と精神的リスクを負うマイナスの価値を背負っていると考えるのである。こう考えると日本に中古住宅市場が根づかない理由もわかるような気がする。

　しかしながら，日本で中古住宅市場がなかったかといえばそうではない。すでに室町時代から不動産市場は存在しており，土地とともに既存住宅も商品であった。だが，借家が主流だった日本の都市では中古住宅市場は育たなかったのかもしれない。他人が住んだ住宅に住むことは借家なら許せるのに，持家には許せないという国民意識がある。なぜならば借家はやがて転出し魂は宿らないが，持家は終の棲家で魂を根づかせるからである。

　日本人が中古住宅を忌避する理由はそれだけではない。日本のバブル経済の時代に，土地神話による投機目的の不動産取引が社会を混乱させたことは記憶に新しい。地価が上がれば上がるほど投資的価値は土地のみに集中し，価格に占める既存建物の割合が相対的に低下した。その結果建物が付随している土地は利用が制限されたり，取り壊し費用や手間がかかる負の条件と見なされ，かえって経済価値を下げるという商習慣を生んだのである。

　また，土地に過剰な投資性を期待するが，建物の経済価値を無視する日本の国民性には宅地の形状が影響しているという指摘もある。変形宅地の指摘を要約すると次のようになる。

　宅地の形状は都市の骨格と強い相関がある。北米は1920年代に定着した田園都市を好み，それを守るためには都市計画的制約を支持する。宅地の形状は矩形で似かよったまま維持されているから，北米ではパターン化した住宅設計図が商品になる。それに対して，日本の都市計画は宅地の多様性を認めており，そのために宅地が切り刻まれ，端切れのような空き地にも住宅を建てることができる。日本の施主は形状の制約が多い宅地にパズルのような設計をし，そこにオリジナリティを見つけ出し愛着を感じるともいえる。日本人の少々不健康な悦楽であるという指摘は少なからず賛同できる。

　ではなぜ，個人資産を重んじるアメリカ人をはじめ欧米の人が宅地に対する都市計画上の制限を受け入れているのに，日本は所有権を優先するのだろうか。筆者はその理由を日本の土地が狭いだけではなく，日本には世界でも

まれな土地と建物の別登記制度があることを指摘したい。アメリカでは，景観形成因子として既存住宅地の宅地を維持することを重視する市民感情があるとともに，土地と建物が一体登記であるために地価が高騰しても，土地だけの取引をする現象が生まれにくい。もちろんアメリカでも地価の高騰により土地の効率利用のために建物を負の条件と考えることはある。たとえば，戦前に作られたアメリカの短編映画の中に，不動産屋が建設されたばかりの高層ビルの屋上へ顧客を案内して，ニューヨークの町を見下ろしながら，「土地はよりどりみどりです」と言って指さす場面があった。これは既存建物を撤去すればどこにでも建物を建てられることを意味している。この映画は戦前に作られているが，1980年代の日本では地上げという暴力がらみの市場まで現れたのと根は同じである。

先にも触れたが，土地と建物の個別登記のシステムは世界で非常に珍しく，日本と台湾以外にはなく，台湾についても戦時中に日本が持ち込んだシステムが定着したことによるそうである。日本では，明治時代に農地台帳の整備から始まって，土地台帳のシステムが先にでき，後から家屋台帳ができたことに由来するのだろうか。加えて借地人を保護する借地制度も関係しているかもしれない。

(3) 中古住宅の需要特性

かつて上田氏は日本人が戸建新築住宅を終の棲家の目標に定めて，転居を繰り返す住宅需要者の特徴を表した住宅双六（すごろく）[注3]を考案した。この双六は寮または下宿を振り出しに，民間木賃アパートで誕生した子はまずは人生の出発で厳しい住宅事情の洗礼を受けてから，長い道のりを経て親が郊外一戸建て持家住宅にたどり着くまで，階段を上るがごとく住宅事情を改善していく住宅需要者（親）の様子を描いたものである。当時のおおかたの日本人はこ

注3）
住宅双六とは，京都大学助教授（当時）の上田篤氏が1973年に発表した造語であり，ライフサイクルにしたがって特徴的な居住選択の様子が示され，庭付き郊外一戸建てを頂点とするコースが設定されている。[3]

こに描かれたステレオタイプを納得したものである。ところで，この双六には中古住宅を繰り返し売買する視点は抜けている。戦後の日本人は，住宅を転売しながら住宅改善をすることに関心がなかったことを示しているといえるだろう。

　ところがアメリカは違う。アメリカでは中古住宅の取得者が新築住宅よりも平均2歳若く，それを反映してアメリカの持家取得年齢は日本よりも平均2.8歳若いのである。そもそも双六の持家取得ラインが日米で違っている。ヒアリングによれば，アメリカ人は大学生から中古住宅を買うことが珍しいことではないそうである。手元に1万ドルあれば，それに見合った中古住宅を買う。さすれば家賃を払う必要がない上に，売却利益で次々に住宅水準を上げていくことができるそうで，スタートが早い方が利益が上がることになる。

3. 住宅の「期待耐用年数」及び平均寿命の日米比較

1）建て替え率と「期待耐用年数」
(1) 住宅の平均寿命のとらえ方

　日本の「住宅の寿命」が注目されているが，寿命に使われる数値は過去に滅失した住宅の耐用年数をあてている場合が多い。この値は現存する住宅を含まないので，実際の寿命よりも相当に短い。だが，現実にはこの推計値が世論を誘導して，さらに建て替えを促進していることは否めない。

　小松氏（1992）らは，従来の滅失過程からのみ推計する手法の欠陥を指摘し[4]，家屋台帳から収集したデータを用いて人間の平均寿命を推計する手法であるカプラン・マイヤー法を適用して現存建物の寿命を推計している。それによると近年では50年程度であるとされる[5]〜[7]。この推計方法を支持する意見は多い[8]が，データの収集に多大な労力が必要なことと，個人情報保護法等により，家屋台帳の閲覧を制限されていること等から，推計値は局地的にならざるを得ないと指摘されている[9]。そうした批判に立って最近では5年ごとに把握できる住宅統計調査を使って住宅の残余曲線を描き，そこから住宅の寿命を割り出す手法が用いられている。この方法では35年程度とされている。

　カプラン・マイヤー法は人間の平均寿命を算出する方法であるが，ここで，住宅の寿命が人間の寿命と同じ手法で推計できるのだろうかという疑問が生じる。なぜならば，人間の寿命には「陳腐化したから，耐用性が終わる」という概念は原則的にないからである。ところが，住宅では耐久性が残っているにも関わらず，耐用性が消滅したという理由で取り壊される住宅は枚挙にいとまがない。人間の寿命とは違って，住宅の所有者の思惑で寿命が縮められている事情を把握する手法が必要だから，人間の平均寿命の推計手法を住宅に適用することが妥当なのか疑問である。さらに，人間の死亡届に比べて，住宅の滅失届率はあまり高くはないことも疑問の理由である。住宅に背番号

をつけない限り，着工も滅失もデータが厳密ではない。したがって，現在の段階では住宅の寿命を厳密に推定することはできないと考える。つまりいずれの手法を使っても，目下のところ，住宅の平均耐用年数は極めてアバウトにしか把握できないのである。厳密な手法を採用しても，データが曖昧である限り厳密な値が得られない。ならば，もっと簡便な方法で推計しても許されるのではないだろうか。

　本論は，住宅の滅失が耐久性よりも耐用性に左右される度合いが大きく，さらに耐用性の判断は所有者の意識にかかっている点こそが課題であると考えているので，居住者の予測態度に着目した。そして極めて単純に，居住者が当該住宅にどれぐらいの余命があると予測しているか，その値を基本データに用いることにし，その値を「予測余命」と名づけた。

　「予測余命」は未来に向かっての予測値で，過去から現在までの経過年数は含んでいない。そこで，「予測余命」に竣工後の経過年数を加算した変数を新たに作成した。この変数は，いわば居住者が当該住宅に，その年数は存在していてほしいと期待をかけている値であるといえる。そこでこの値を「期待耐用年数」と名づけた。

　日本の「期待耐用年数」は44年で，すでに滅失した住宅の耐用年数の約2倍である。早く建て替えられる住宅と，長く利用される住宅に二極分解しているのであろう。「期待耐用年数」はアメリカが日本よりも平均55年長く，両国の間に2倍以上の開きがある。日本でも，地方（滋賀県）の住宅はアメリカと日本の中間である。滋賀県の相続した住宅は，アメリカの中古住宅に匹敵した。

　次に，過去に滅失した住宅が竣工してから滅失するまでの耐用年数と，現存する住宅の「期待耐用年数」を合わせた値から「平均寿命」を推計した。なお，平均寿命とは「ある一群の家屋の残存率が50％となるまでの年数」[6]と定義されているので，ここでも値は平均値ではなく中央値を用いた。ここでは日米同一調査によるデータを採取しているので2国の比較は可能である。「平均寿命」の元データ行列を「寿命」と名づけておく。

(2) 住宅の更新実態

「平均寿命」を見る前に，住宅の更新の実態を把握しておこう。

中古住宅について，現在の居住者が取得した時点の建築後経過年数は，日本が平均10.8年（標準偏差8年），アメリカが平均37.2年（標準偏差24.5年）である。日米の間で約3.5倍の差があり，日本の中古住宅が極めて新しいことがわかる。

一方，本論の調査地（20～40年前に開発された関西の住宅地）において，すでに建て替えられた住宅は22.4％に達し，中古住宅の30％，相続した住宅の過半数が建て替えられていた（表2-8参照）。建て替えるために過去に滅失した住宅の耐用年数を表している。全部の48.6％が20年以下である。また従前の所有者が更地にして転売し新しい所有者が再建築した事例や，既存住宅がついている宅地を購入後，更地にしてから新築した場合など，土地所有者が変わることによって生じた建て替えもある。

これに対してアメリカにおける建て替えは1％しかなく，日本よりも明らかに古い住宅が多いにもかかわらず建て替えはまれにしか起こらない。同一居住者による建て替えはまれな行為である。本調査で見られた事例は火災で滅失したためであった。ただし，住宅付きの宅地を購入し，更地にした後に新築して入居した事例は日本ほどではないが，アメリカにも見られた。

表2-8 住宅の種類別建て替え率 ［単位：％，（　）内は母数］

	新築の場合	相続の場合	中古の場合	全体
USA	1.9　(52)	0	0.9　(235)	1.0　(297)
日本都市部	17.8　(667)	55.2　(67)	29.9　(107)	22.4　(841)
滋賀	19.8　(177)	66.1　(381)	17.6　(17)	50.4　(575)

表2-9 滅失住宅の種類別耐用年数 ［日本のみ，単位：％，（　）内は件数］

年	～10	11～	16～	21～	26～	31～	36～	41以上	合計
新築	10.0	21.8	22.7	18.2	10.0	10.0	3.6	3.6	100.0％ (111)
相続	8.6	11.4	11.4	11.4	14.3	11.4	14.3	17.1	100.0％ (35)
中古	12.5	18.8	15.6	18.8	21.9	-	3.1	9.4	100.0％ (29)
合計	10.2	19.2	19.2	16.9	13.0	8.5	5.6	7.3	100.0％ (175)

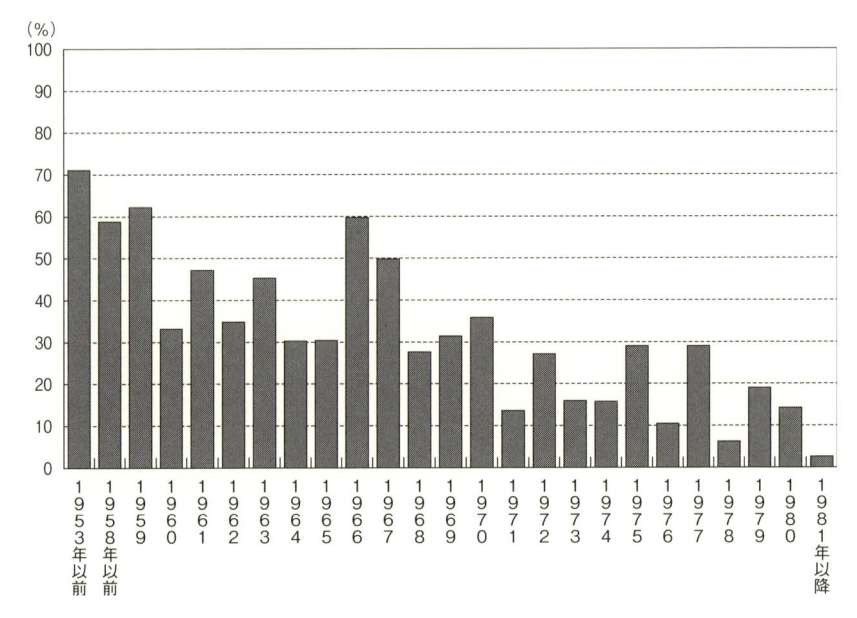

図2-21 建築時期別建て替え率（日本のみ）

(3) 建て替えの時期

日本の建て替えは建築の時期と相関する。1959年以前, すなわち建築後44年以上の住宅の建て替え率は60％以上に昇る（図2-21参照）。それ以後は上下の振幅が大きく, 明確なラインを引けないが建築後35年以上で少なくとも3分の1が建て替わる。「既存住宅撤去」と「中古から建て替え」は建て替えられる時期が早く, 開発されて10年以内で建て替えが生じる。これに比べると, 新築住宅や相続住宅で建て替えが始まる時期はやや遅い。

以上, 日本は建築後40年で半数近くが建て替わり, 既存住宅の売却が建て替えを加速することが確認できた。中古住宅を購入後, 建て替えるまでの年数は建て替え後の住宅の建築時期と現住地への入居時期の差から推測して, 平均9.3年である。

(4) 建て替えまでの経過年数

上記で, 日本では開発後10年以内から既存住宅付きの宅地が売却され始め,

既存住宅を撤去して建て替えが始まり、これに比べると、所有者が変わらずにそのまま住み続けている場合や相続した住宅を建て替える場合は、所有者が変わった住宅に比べて建て替えのスピードは遅くなることを指摘した。

そこで、本調査対象地で建て替えられたために減失した住宅の平均耐用年数をとり、住宅の種類別に比較した。全体では平均23年になったが、中古住宅では当該住宅を取得してから建て替えられるまでの経過年数は約12年で10年以上早いことがわかる（表2-10）。表にはないが、農村部を含む地方で過去に建て替えられた住宅の耐用年数は86年ある。都市住宅の耐用年数だけが、地方の4分の1程度、アメリカの2分の1以下にすぎず、短いのである。日本の住宅全体が短いわけではないのである。

では、住宅の平均寿命に話を進めよう。

図2-22は住宅の「寿命」の累積グラフである。

日本の都市住宅の「寿命」は他に比べて極端に短く、「平均寿命」は41年

表2-10　当該住宅を取得してから建て替えられるまでの経過年数　[（　）内は件数]

	相続住宅	新築住宅	中古住宅	合計
日本都市部	22.8年（35）	19.3年（111）	12.0年（29）	15.4年（175）

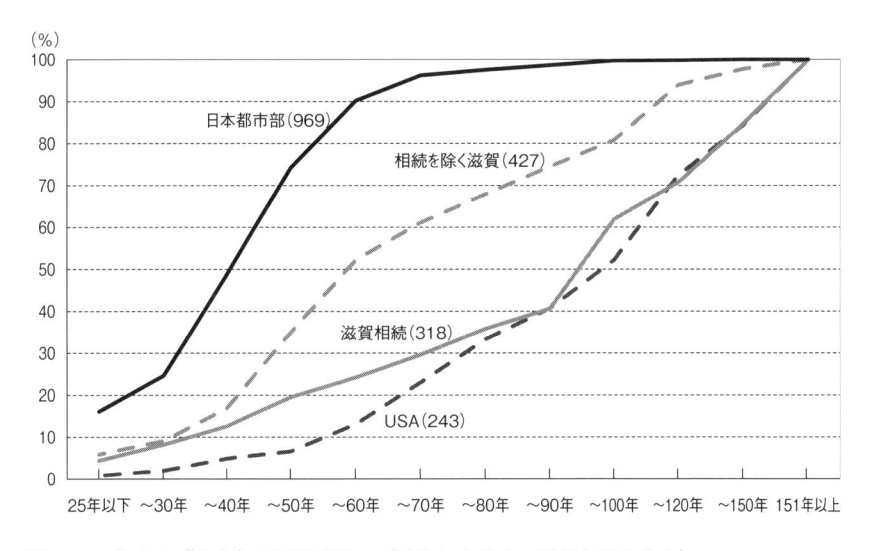

図2-22　住宅の「寿命」の累積グラフ（減失した住宅の耐用年数を含む）

である。アメリカの住宅の「平均寿命」は99年で2.2倍の差が見られる。日本住宅の「平均寿命」は既往研究が試算した値よりは長い。地方住宅の「平均寿命」は74年・都市住宅の約1.8倍になる。

次に、建築時期を揃えてアメリカと日本の都市住宅の「寿命」比を求めたところ、両国の差が最小の時期（1973～1992年）でも1.7倍の開きがあった。さらに中古だけを比較したところ両国の差は2.5倍になった。日本の中古の「平均寿命」は短く、アメリカとまったく対称的である。しかしながら、地方住宅における過去の滅失住宅の平均耐用年数はアメリカの都市住宅よりも長いし、「平均寿命」も長い。したがって、「平均寿命」が短いのは日本の住宅の特徴ではなく、都市住宅の特徴なのである。

というわけで、本論では、都市住宅と地方住宅がまったく異なる値を示していることに着目する。なぜならば地方や農村住宅が示した値は少なくともそこまで都市住宅の寿命を延長できる可能性を示している、逆説的に言えば都市住宅が短命であることの不合理を説明しているからである。

ところで、国交省の計算によれば都市住宅も農村住宅も合算した日本全国における2000～2005年の間に滅失した住宅の耐用年数は30年とされている。しかしながら、先ほど見たように都市と農村で住宅の耐用年数は大きく異なり、母体の特徴が明らかに異質である。さらに人口集中地区の住宅戸数が71％を占める都市住宅の方が明らかに多く、農村住宅の方が少ないので、両者をひとつの母数として扱うと明らかに都市住宅の影響が強くなる。さらに滅失住宅だけを取り出すと両者の耐用年数に3倍の開きがあるわけだから、該当住宅戸数の都市農村比は6倍以上に達する。これらの数字によって明らかなように、全国一律に平均値を出せば当然ながら都市住宅の値が強く作用し、農村住宅の値は埋没するのである。つまり、都市住宅の値でもって農村住宅の寿命まで説明することになるので、都市と農村は違う母体として分ける必要がある。

(5) 建て替え指向が「期待耐用年数」を縮めている

アメリカでは住宅の種類を問わず、建て替えは例外的である。しかし日本

では過去にたくさん建て替えられただけでなく，今後の建て替え指向も強い。図2-23によれば，日本都市部の中古住宅の4割以上，相続住宅の7割が現在の所有者によって建て替えられる運命にあるが，この値は新築の2割とは比べものにならない大きな値である。さらに日本では過去に建て替えた住宅の居住者（グラフで再築と表現したグループ）にも再度の建て替え指向がある。

表2-11によれば，1953年以前の住宅では建て替え指向が過半数に達し，相続や中古で既存住宅を取得した場合の建て替え指向が極端に高い。その結果，表2-12によれば日本の都市住宅居住者のうち，建て替え指向がある住宅の「期待耐用年数」が40年，永住指向のそれは47年である。これに対して，日本の地方（滋賀県）では永住指向者よりも建て替え指向者の値の方が長い。アメリカでも建て替え指向者が最長の値を示した。つまり，日本の都市部だけが永住指向者が最長の「期待耐用年数」を示すのである。アメリカや日本の地方住宅の建て替え指向は長い年数を経た長期ストック住宅において耐久

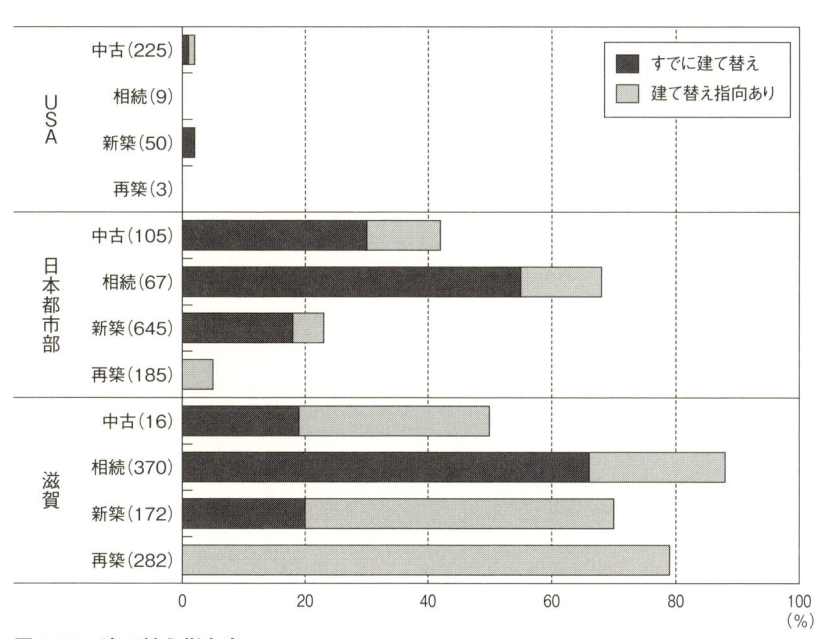

図2-23　建て替え指向率
注：滋賀の「再築」は各種類の「すでに建て替え」と重複。

表2-11 建築時期別建て替え指向率（単位：％）

USA						日本都市部					
1953年以前	1953～62年	1963～72年	1973～82年	1983～92年	1993年以降	1953年以前	1953～62年	1963～72年	1973～82年	1983～92年	1993年以降
13.0	2.5	－	5.0	6.5	－	84.6	51.3	40.4	24.0	12.0	5.4

表2-12 将来指向別現住宅の「期待耐用年数」（中央値）

USA			日本都市部			滋賀		
転居	建て替え	永住	転居	建て替え	永住	転居	建て替え	永住
91.0	117.5	102.0	38.0	40.0	47.0	51.0	77.5	61.5
105	2	120	82	64	558	24	358	94

上段が「期待耐用年数」の中央値、下段は件数。

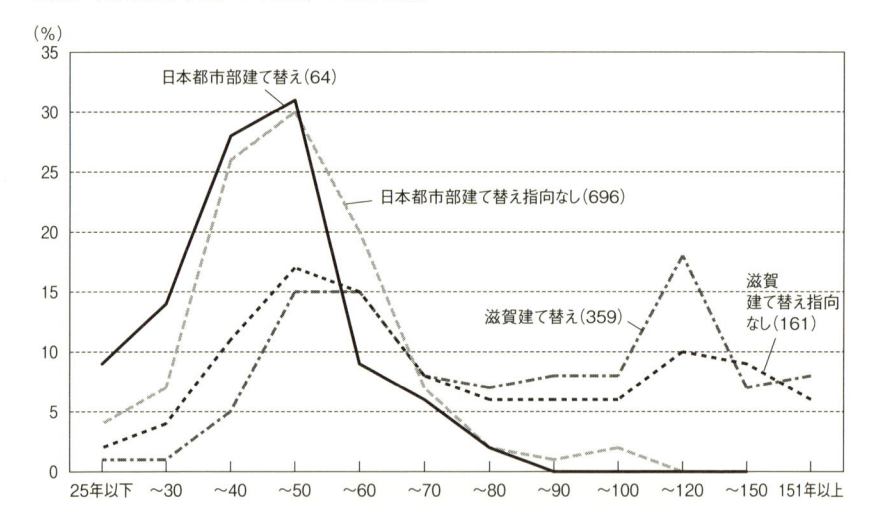

図2-24 建て替え指向の有無別「期待耐用年数」

的寿命（物理的な劣化によって住めなくなるまでの年数）に到達したと判断して発生するのに対して、日本の都市住宅の建て替え指向は劣化とは無関係で極めて特異である（図2-24）。日本の都市住宅の建て替え指向が、耐用年数を縮めている原因であると判断できるだろう。

アメリカでは「住宅選択の重視項目は1にも、2にも、3にもロケーション」といわれるほどに既存住宅地のロケーションの優位性が住宅の価格に反映している。この場合のロケーションとは交通上の立地性ではなく、「成熟し

た景観」,「居住者の階層性」,「校区」が3大要素である。ロケーションでは歴代居住者が蓄積してきた住宅地の階層性を重視されるのである。これは新興住宅地や更新率が高い地域では得られない価値である。

日本の建て替え指向は相続した住宅や中古住宅等の既存住宅を取得した人に特に多く,所有者が変わることが建て替えの引き金になる。日本では更新は個人の自由裁量が許されているので,せっかく周辺のロケーションを選んで転入しても,次々と景観が変化する状況に,抵抗するすべがない。残念ながら,日本は住宅地の成熟に伴って育つ価値が,中古住宅の経済的価値を形成するまでに至っていない。

2) 建て替えが進む原因
(1) 過去に住宅を建て替えた理由

日本の都市住宅において建て替え指向がなぜこのように高いのだろうか。そこで,視点を変えて資産観との相関から説明してみよう。中古を建て替えた住宅は「終の棲家」としてのみならず「遺産」としての資産観が高まることがわかった。それは当初から新築に住んでいた人以上である。つまり中古住宅を購入する時には,中古であるが故に躊躇なく取り壊して,再築できる期待があり,そして希望がかなって建て替えた住宅には中古の時とは打って変わって資産観が高まると考えられる。中古住宅にはこのような期待を実現できる機能が隠れているのである。

図2-25によると,過去の建て替えた理由で最も多かったのは「気に入った間取りに変更」である。中古住宅の建て替えはこの理由が最も多く,59％に達した。新築からの建て替えでは増床が過半数あり,中古からの建て替えと1％の危険率で有意な違いが認められた。ただし建て替えた住宅は従前住宅よりも規模が大きくなる事例が多いので,中古住宅を建て替えた後の変化は大きい。その他に「耐震性」,「低質」が多いのも中古住宅の特徴である。地方(滋賀県)では「間取りの変更」も半数近くを占めるが,同時に「家族の変化」に対応するために建て替えたものが過半数に達している。また都市住宅には少ない「老朽」を理由にすることも,農村部の特徴である。

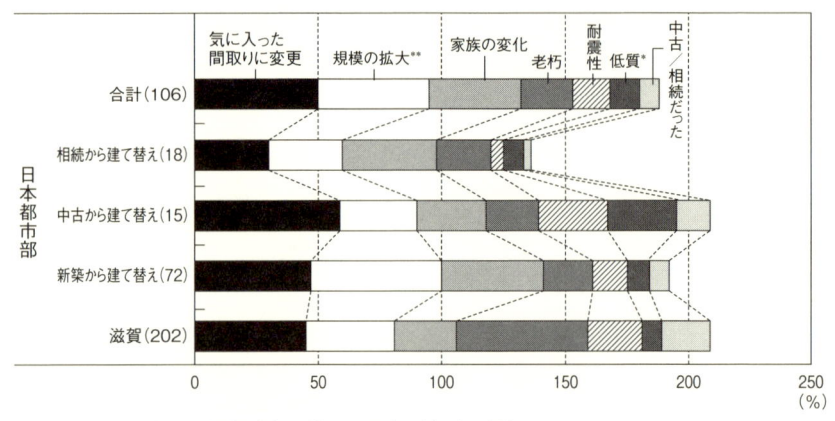

図2-25 建て替えの経緯別建て替えの理由（多重回答）
＊印は建て替えの経緯のカテゴリー間でχ^2検定した結果による有意水準を表す。＊5％，＊＊1％水準。

(2) 今後住宅を変えたい理由

次に図2-26は今後の住宅改善を希望する理由を表している。「気に入った間取りに変更」したいという理由は建て替え指向の70％弱に達した。また，「家族の変化に対応するため」も過半数に達する。過去に建て替えた理由と将来建て替えたい理由の違いは「規模の拡大」，「耐震強化」が減少し，「家族の変化」，「間取りの変更」，「老朽」が増えていることである。

将来転居したい理由に視点を移すと，日本の転居理由は家族に関するものが最も多く，間取りを変更したいという要求を転居で満足させようとする行動は極端に少ない。また規模を拡大する理由も少ない。アメリカにおける転居と建て替え指向の3大理由は同じで，建て替えと転居は居住条件を改善するための同質のオルタナティブである。

アメリカと違って，日本では建て替えと転居は異質の指向である。日本人は「自分で設計した間取り」に対するこだわりがいかに強いか，それを満たす手段は新築住宅を建てる以外にない。このような間取りに対するこだわりが住宅の耐用年数に影響を与えていることを理解してほしい。

今後建て替えたい理由は建設された時期と高い相関が見られた。規模を拡大するために建て替えたいのは1963～1972年をピークにして，急速に減少す

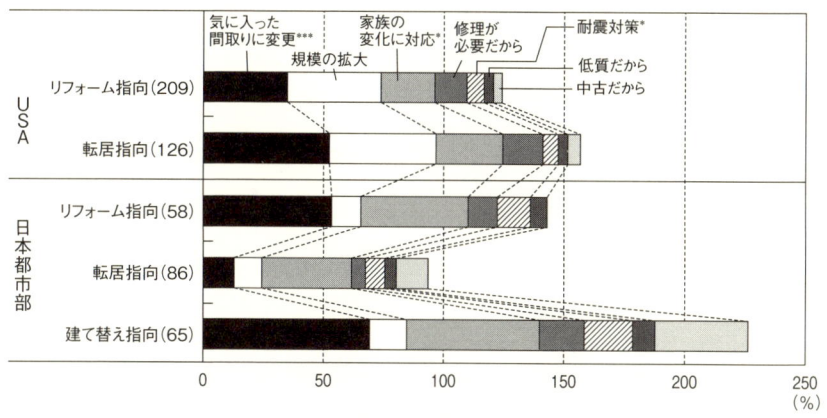

図2-26 建て替え・リフォーム指向とその理由の比較（多重回答）
＊印は日本都市部について，将来指向のカテゴリー間で，χ^2検定をした有意水準を表す。＊5％，＊＊1％，＊＊＊0.1％水準。

る。間取りを理由にする住宅は1983～1992年がピークで，規模の理由に比べて20年後に移動している。このように「規模」と「間取り」の分布の山は20年の平行移動が認められる。一方「家族の変更」は山がひとつではなく，1952年以前に建設された住宅と現在の住宅に最も回答が多い。

住宅の総合満足度と間取りの満足度を取り出して図2-27で将来指向を比較したところ，間取りも総合満足度も満足している人は永住指向が高い。しかし，総合満足度が低い人は転居指向が大きく，間取りの満足度が低い人は建て替え指向が強くなる傾向がある。建て替えと間取りの関係は極めて緊密である。

(3) 建て替えの効果

表2-13は現在の宅地を取得した当時の住宅の種類別に，敷地面積の中央値を求めたものである。中古と，「既存住宅撤去（既存住宅が着いていた土地を購入した後既存住宅を撤去して新築した）」は他のカテゴリーに比べて狭く，反対に相続は最も敷地面積が広いことが確認でき，売却される住宅と存続される住宅の質に差があることがわかる。この傾向は両国に共通していた。さらに建て替えが多い日本では「中古から建て替え」と，「既存住宅撤去」は中

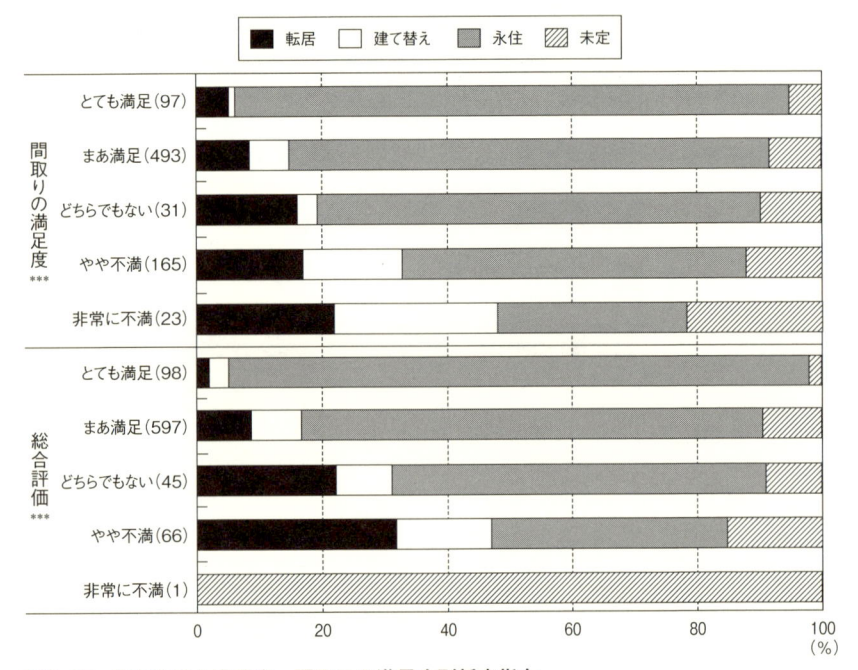

図2-27　住宅の総合満足度・間取りの満足度別将来指向
＊印は満足度のカテゴリーの間でχ^2検定をした結果による有意水準1％水準を表す。

古に比べて130㎡以下の狭い面積の割合が高いことも確認している。

　次に図2-28は住宅の種類別の延床面積をみているが、中古は敷地面積と同様に最も狭い。どのカテゴリーにおいても、当初のままの住宅よりも建て替えた（「既存住宅撤去」も含む）方が広くなっている。

　敷地面積と、延床面積の変移の結果を容積率に表してみると（表2-14）、「中古から建て替え」と「既存住宅撤去」の容積率が他より高い値を示している。特に中古と中古を建て替えた場合の間の差が大きい。

　既存住宅の売却後に容積率が上昇する傾向がある。容積率の変化は新築を建て替えた場合にも見られるが中古ほどではない。時代が下がると容積率が上がる現象が確認できた。中古が主流のアメリカでは景観の変化には厳しい目が向けられており、このようなことは原則としてありえないことである。

第2章　住宅の長寿命化に寄与できない日本の中古住宅市場 ── 95

表2-13　宅地を取得した時点の住宅種類別敷地面積の中央値（単位：㎡）

	アメリカ					日本				
	新築	相続	中古	既存住宅撤去	合計	新築	相続	中古	既存住宅撤去	合計
中央値	930	3162	698	902	767	198	231	168	165	198
ケース数	31	1	192	24	248	617	65	105	122	819

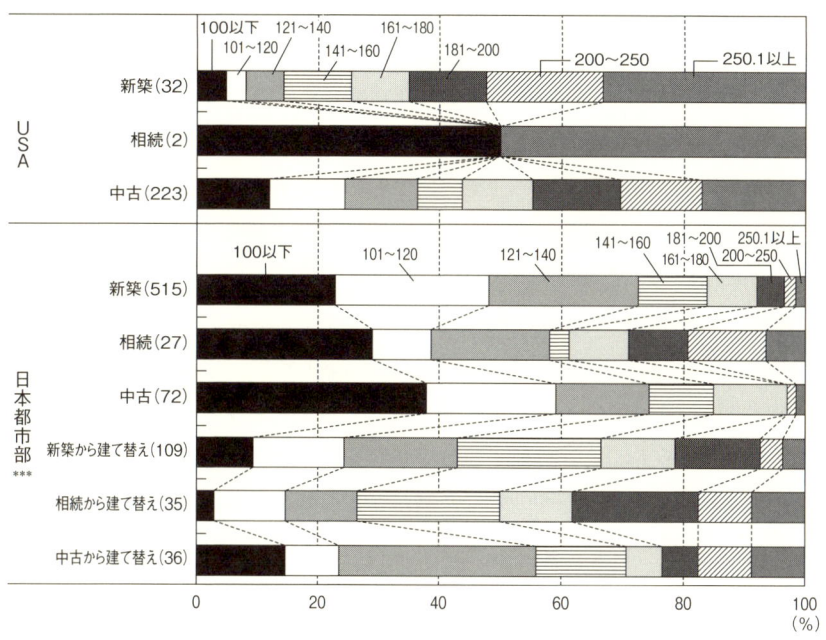

図2-28　住宅の種類別延床面積（単位：㎡）
＊印は日本都市部のカテゴリーの間でχ²検定をした結果による有意水準1％水準を表す。

表2-14　容積率の累積比率［日本のみ，単位：％，（　）内は件数］

	～40	41～	51～	61～	71～	81～	91～	101～	151～	合計
新築	8.1	21.1	43.3	63.4	77.4	87.2	95.0	97.5	100	100.0(508)
相続	20.0	36.7	50.0	60.0	80.0	83.3	90.0	96.7	100	100.0(29)
中古	7.7	16.9	29.2	49.2	66.2	72.3	84.6	96.9	100	100.0(66)
新築から建て替え	7.5	15.1	29.2	48.1	64.2	74.5	84.9	95.3	100	100.0(110)
相続から建て替え	17.6	23.5	32.4	50.0	58.8	67.6	85.3	94.1	100	100.0(34)
中古から建て替え	3.0	9.1	21.2	36.4	42.4	54.5	72.7	93.9	100	100.0(30)
既存住宅撤去		3.2	12.9	32.3	48.4	61.3	80.6	90.3	100	100.0(35)

中古から建て替えた回答者は「住宅にかける費用分を土地の増資にまわせる」など，中古住宅の方が新築よりも経済的に有利であることを認める一方，中古の短所に「永住できない」ことをあげている。これに対して中古に継続居住している回答者は中古の経済性もさることながら，既存住宅及び住宅地が保っている成熟性（「近隣が成熟」「庭木が成長」）を長所にあげている。
　表2-15によると，「間取り」，「安全性」はともに建築時期が古いほど不満が高い。日本の住宅の「期待耐用年数」が極めて短く，既存住宅に対して財産価値を認める度合いが低いことが認められたが，そこには住宅の劣化に対する意識の根強さがあり，古い住宅の建て替えを促す原因を示している。

(4) 期待耐用年数に影響を与える住宅の寿命観

　劣化による品質への不安が既存住宅の信頼を下げる要因である。アメリカでも劣化の懸念はあるが，寿命観を左右するほどの決定的な因子ではない。これに対し，日本ではその経年的財産の喪失観が中古住宅の普及を阻害する要因である。一方，同一敷地内での「予定居住年数」は長く，そのギャップが建て替え指向を形成している。これが日本の特徴である。次にアメリカではリフォームをして経済価値を上げることに熱心なのに日本ではそうならない。その理由について本書では，日本の住宅需要者には安全性とマイプランに強い嗜好があることに着目した。さらに中古住宅の価格が安すぎて，リフォームの費用が回収できないことも指摘しておく必要がある。
　需要者が好みの間取りの住宅をほしいと思い続ける限り他人が施したリフォームは嗜好に合わないだろう。だから，中古住宅の売り手が売るためにリフォームをしても，買い手は，中古住宅の付加価値として価格に反映することを容認できないだろう。日本では間取りやデザインに普遍的な評価を与えることに関心が薄い[10]という指摘があるが，それもリフォーム後の評価が定まらない原因である。ただし，中古住宅のリフォームが価格にまったく反映されないわけではない。リフォームが施されている物件は，清潔感を与えるので，既存のままよりは感情的には受け入れやすいし，また数年は住もうと思う人には割安感があるはずである。

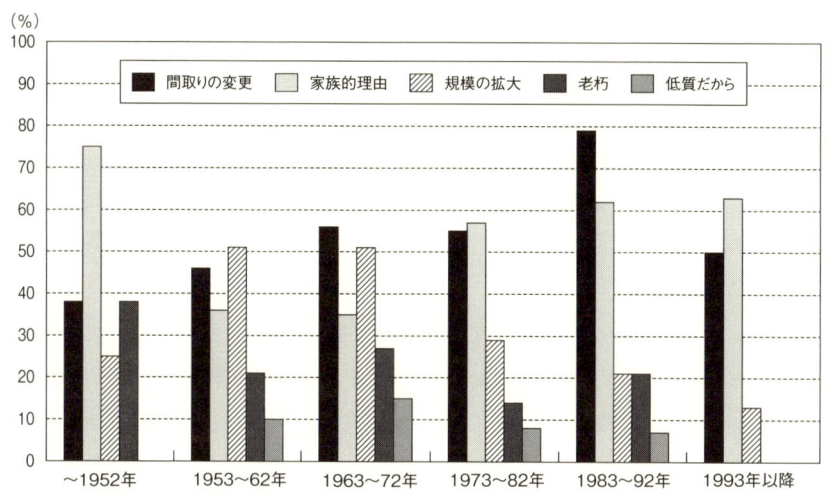

図2-29 建築時期別建て替え指向理由（日本のみ，多重回答）

凡例: ■ 間取りの変更　□ 家族的理由　▨ 規模の拡大　■ 老朽　▨ 低質だから

表2-15　建築時期別間取りと安全性の満足度　[日本のみ，単位：%，（　）内は件数]

		非常に不満	やや不満	まあ満足	大いに満足	合計
間取り*	1953年～	2.0	26.0	64.0	8.0	100.0（ 50）
	1963 ～	3.8	23.6	63.7	8.9	100.0（157）
	1973 ～	3.5	22.9	62.9	10.6	100.0（170）
	1983 ～	3.4	24.1	60.9	11.5	100.0（261）
	1993 ～	1.3	12.0	66.7	20.0	100.0（150）
	合計	3.0	21.6	63.2	12.2	100.0（788）
安全性***	1953 ～	8.3	22.9	62.5	6.3	100.0（ 48）
	1963 ～	4.7	22.0	58.7	14.7	100.0（150）
	1973 ～	3.8	18.1	61.3	16.9	100.0（160）
	1983 ～	3.0	15.6	62.3	19.0	100.0（231）
	1993 ～	0.7	10.4	54.8	34.1	100.0（135）
	合計	3.5	17.0	59.9	19.6	100.0（724）

＊印は安全性の満足度，間取りの満足度別に，住宅の建築時期間でχ^2検定をした結果の有意水準を表す。＊5％，＊＊＊0.1％水準。

とにかく，中古住宅に対する間取りの不満は建て替えることでしか解消できず，日本の住宅の耐用年数を短くしている大きな原因のひとつである。

3）まとめ

以上，日本の都市住宅の耐用年数の特徴と，建て替え指向およびその理由を明らかにし，建て替えの原因による日本の住宅の耐用年数への影響を考察してきた。

日本では建築後約40年で住宅の建て替えが加速する。日本で耐久性が残存しているにもかかわらず，早期に建て替えが多い最大の原因のひとつは中古化と相続等によって所有者が変わることである。なぜならば，日本人は「自分の好みの間取り」に対する嗜好が強く，他人の好みに合わせた既存住宅に価値を見出さないからである。また，「家族の変化に対応」することや，「規模の拡大」もやはり建て替えの原因となるが，過去に比べると，今後建て替える動機としては弱くなってきている。

日本の中古住宅はその他の住宅に比べて規模が小さい特徴がある。持家需要者は，中古戸建住宅を買えば当面住宅建設費がかからないので，その費用を生かして新築よりも有利に土地を取得することができる利点があることを認める反面，中古住宅に永住する価値を認める人が少ないのである。特に中古住宅を建て替えた経験を持つ回答者は当初から中古住宅を建て替えるまでの「仮の宿」と見なす傾向が強かった。その結果，中古の建て替え率は高く，建て替えられた事例では購入後平均9.3年で建て替えられていた。住宅の売却に伴う敷地の分割や建て替えによる容積率の上昇も認められた。

前述したように日本の中古住宅は当座の戸建持家取得の住要求を満たすものの，規模と間取りの満足度が最も低い。アメリカでは現住宅の不満に対応するためにリフォームを活用するか，より質の高い中古住宅に転居することによって対処するが，日本はリフォームによって中古住宅に恒久的な満足度を与える状況ではない。また，転居も間取りの指向には対応していない。したがって中古住宅への不満は建て替え指向を促す大きな要因となり，日本の住宅の耐用年数を短くしている主要な原因のひとつでもある。

ではなぜアメリカで普及しているリフォームが日本では普及しにくいのだろうか。その理由は日本では安全性と，間取りに対する嗜好の強さと，反対にリフォームの評価が中古住宅市場に反映されにくいこと，さらに中古住宅の価格の問題が横たわっていることを指摘できる。住宅の需要者が好みの住宅に建て替えることを前提に中古住宅を買うのであれば，売り手が施したリフォームは付加価値にはならない。だからリフォームが施されているからといって価格が上がることを好まない。リフォーム済みの中古住宅は過剰な付加価値で価格操作をしているとしてマイナスの評価が下されがちと考えられる。日本では間取りやデザインに普遍的な評価を与えることに関心が薄いという指摘があることを述べたが，それもリフォーム後の評価が一定しない事情でもある。今後解明する必要がある。建築年数によって安全性が減衰すると見る傾向があり，管理行動への指向よりも建て替え指向を促す。

　次に，本書では住宅の平均寿命の算定方法を工夫して算出したところ，従来いわれてきたよりも平均10年ほど長い結果が得られたが，日本住宅の耐用年数はアメリカに比べて半分以下で相対的に短いことに変化がなく，やはり住宅の寿命を延ばすことが課題であることが確認できた。日本の中古住宅の特徴は質が低いところに偏在している。これは日本の中古市場を支配している情報の非対称性が質の良い住宅の中古化を阻んでいることに起因することを既報で明らかにしたが，サスティナブルな住宅事情にするためには間取りやリフォームに対して普遍的な評価の方法も含めた中古住宅市場の整備が必須条件である。

第3章

軽んじられてきた住居管理技術

1．住宅の寿命を縮める効用維持回復費用の過分性

1）長寿命化に不可欠な住居管理

　住居管理は循環型ストック社会を実現するために欠くことができない。

　筆者はその住居管理を活発にするには，中古住宅市場を活性化して管理にインセンティブを与えることが効果的であるという仮説を立てたが，前章で分析する限り，日本では中古住宅市場が住宅の長寿命化に寄与するどころか住宅の短命化を加速させているのである。中古住宅市場を活性化すれば住宅の寿命が延びるといった単純な構図ではないことがわかった。中古市場が住宅の短命化を促進する現象は，不動産バブルによる地上げのひとつで，日本に限らず，韓国をはじめ急速な経済成長をしている多くの国にみられる。

　さらに日本の持家需要者は土地への終の棲家要求が強く，土地を手に入れた後はその土地への永住指向を強めるのが特徴である。こうした居住者を市場論によって転居型に駆り立てるのは，少々手法が違うのではないだろうか。したがって，住宅の長寿命化には日本の風土にあった政策が求められるのである。

　アメリカでは経年的に減価する意識が低く，古い住宅にも投資の期待をかける傾向があることを何度も指摘してきたが，その中で中古住宅市場は，住宅の生涯の間に何度もリユースを繰り返すことを認めており，かつ居住者の手仕事も評価している。居住者の「DIY」の習慣を住宅の投資的価値を増幅させる切り札と見ており，中古住宅市場のリピーターを生み出す基盤がある。

　日本での中古住宅市場論は，他の仕掛けと組み合わせなければますます住宅の短命化は加速するだけである。その効果的な仕掛けが住居の管理である。

　図3-1（飯塚1979）は多言を労せずに，住宅の長寿命化は管理を尽くすことにかかっているという原則を示している。ところが，飯塚氏は修繕は「何年位使用するか（本書のキー概念である「期待耐用年数」に相当する）を含めて最適保全のあり方が決まる。（中略）金利を含む経費との関係で修繕の最

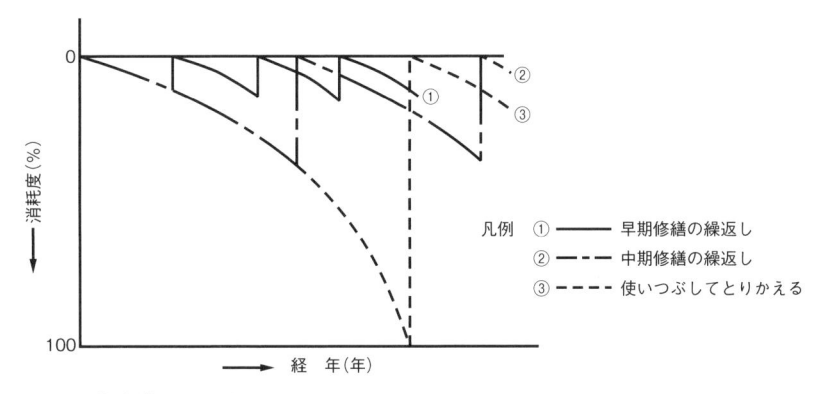

図3-1　早期修繕の説明図

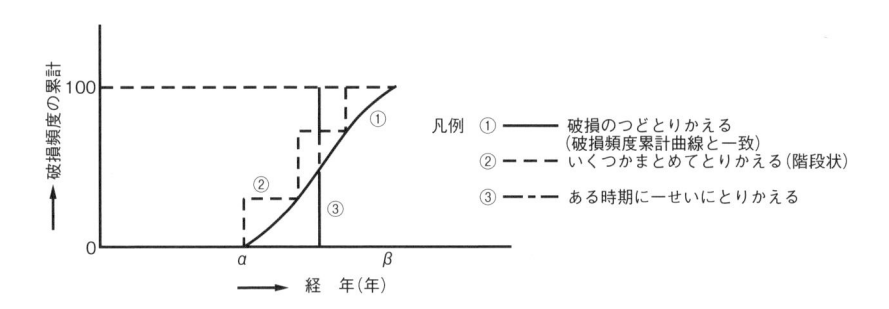

凡例　①ー　早期修繕の繰返し
　　　②--- 中期修繕の繰返し
　　　③-・- 使いつぶしてとりかえる

図3-2　取り替え修繕の説明図

凡例　①ー　破損のつどとりかえる
　　　　　　（破損頻度累計曲線と一致）
　　　②--- いくつかまとめてとりかえる（階段状）
　　　③-・- ある時期に一せいにとりかえる

出典：飯塚裕，建物の維持管理，鹿島出版会，1979，p.128

適頻度が成立する」[1)] と説明する。これは「過分の費用」と呼ばれる考え方に相当し[注1)]，住宅の長寿命化を論点の目標にするものではない。

注1）
老朽化と費用の過分性について（新千里桜ヶ丘住宅判例から）
法六二条の規定構造からすれば，『建物の価額その他の事情に照らし，建物がその効用を維持し，又は回復するのに過分の費用を要するに至った』ことが建て替え決議の要件であるが，その原因として例示される『老朽，損傷，一部の減失』を勘案すれば，建物の効用維持回復費用を要する原因が物理的な事由によることを要するというべきであり，参加者らが主張するような，損傷，一部減失と異なり，老朽については物理的事由に限定されず社会経済的な事由をも包含するとの主張はにわかに採用し難い。けだし，建築時と建て替え時の間に変化した建物の社会的要求水準の上昇（効用増）を所期する費用は改良費用であって六二条にいう費用に該当せず，いわば必然的に生ずる建物としての機能の陳腐化の内容，程度や，双方が主張する広く建て替えの相当性といった問題は，建物の価額その他の事情として費用の過分性判断に際して考慮されるべき事情というべきである。

「費用の過分性」については大阪府の新千里桜ヶ丘住宅（マンション）の建て替えの実質的要件を争った裁判や，阪神・淡路大震災における被災マンションの建て替えの是非を巡って一般の人々の関心を引いた。この2つの事例には老朽と被災度の違いはあるが，争点はいずれも回復にかかる費用が建て替えにかかる費用に比べて過分であるかどうかであった。

　判例では老朽とは建物の「主要部分，構造部分が朽ちて役に立たなくなる」場合に限定されず，「<u>費用の過分性は，当該建物価額その他の事情に照らし，建物の効用維持回復費用が合理的な範囲内にとどまるか否かの相対的な価値判断</u>であって，一定の絶対的な価額を前提とするものではもとよりあり得ない。（中略）およそ，建物は，ひとの社会生活の基本でありながら，改変の容易でない人為的構築物として，建築時の設計思想，技術水準は，<u>経年によりいずれは時代の要求に合わなくなる宿命を帯びるものであり，ここにいう効用維持回復費用は改良費用を含まないものであるから，補修時において算定される必要費用を投下しても，所詮は建築時における当該建物の住宅機能しか維持回復できないのであって，この点を捨象して相当性を論ずることはできない</u>と考えられる。」[2]として耐久性よりも耐用性によって判断することの妥当性を認めた。その結果新千里桜ヶ丘住宅は高層住宅に建て替えられたし，被災マンションでは将来発生するであろう売却利益という財産的価格の視点から判断が二分された。

2）「老朽」概念を占める30年の幻想

　話題がそれるがもうひとつの老朽を巡る議論を見ておきたい。改正建物等区分所有法は，旧法で建て替え決議の資料に求めていた老朽を客観的に示すための「過分の費用（建物が効用を維持し回復するために過分の費用を要す場合は建て替えることができる）」要件を撤廃した。これには過分の費用に関する客観的基準を得ることは難しく，大阪高裁が出した「過分の費用がかかるかどうかは計数的な比較のみから判断されるべきではなく，どの程度の補修工事をするか，どの程度の費用を投じるかについての大多数の区分所有者の主観的判断は，それが不合理といえない限り，これを十分尊重すべきであ

る」という判断をもとに，最高裁が築30年のマンションを「老朽化している」と認めたことが背景にある。

　これに対して梶浦氏は客観的な基準が必要であることを認めながらも，「現在の日本のハウジング全体がストック重視の方向に進むべき時に，70年ならともかく，わずか30年というきわめて短い年数の基準を採用することは一般住民がマンションというものは30年か，40年経つと建て替えを考えなければならないと考えるに至る，壊すことを煽ることになるのではないか。」と疑問を投げかけた。(2002年5月都市住宅学会関西支部シンポジウムの発言)

　ここで，「老朽」について約40年前の3つの出来事を紹介したい。ひとつ目は，友人がイスラエルで借家を借りた時のエピソードである。イスラエルに長期滞在することになった友人が賃貸住宅の契約を結ぶに当たって，家主から「契約時の状況にない変化はすべて借家人が弁済責任を負う」と告げられた。そこで友人は「自然に壊れたものはどうするのか」と質問をしたところ，家主は「自然に壊れることはありえない」と言って取り合ってくれなかったそうである。家主は，劣化は管理を怠たった結果で，経年のせいではないと言いたかったのであろう。

　2つ目は，総務省の住宅統計調査の調査員が，「住宅難の基準にある老朽の判定は，調査員が判断することになっているが，居住中の住宅を『老朽』に判定するのは忍びなく，見逃すことが多い。」と告白した記事である。日本の住宅難にあげられていた要件のうち①狭小，②非住宅居住，③同居の3つは客観的基準が設けられていたが，④老朽は調査員の主観に頼っていたようである。筆者は「老朽」が第三者のさじ加減であることに虚をつかれたような驚きを感じたとともにこの記事に強い関心を持ったことを覚えている。

　上記の文章に出会ってまもなく，筆者は3つ目の出来事に出会った。勤務していた大学のキャンパスを歩いていたある日，筆者の背後で「ドサッ」という鈍い大きな音がした。びっくりして振り向くと，なんと平屋の木造倉庫が土煙をあげて崩れているのであった。この倉庫は誰かが手をかけたわけでもないのに自然に壊れたが，イスラエル人は「放置された倉庫は壊れるほどに手入れを怠った結果，老朽したのであって，自然に壊れることはない」と

いうだろうが，まさにその通りである。倉庫に限らず，維持保全を怠れば老朽するが，この時代には老朽した住宅に住み続ける人もいたことも事実である。「老朽」，「劣化」については判断する人によって異なり，しかも広い幅がある。

　40年前といえば高度経済成長の中間期であったが，この時代は未だ耐久性が残っている建物を引き倒すことはそれほど当然のことではなかったし，アメリカのハウジングにおけるフィルタレーション効果（転居が頻繁な社会では，高所得階層から低所得階層に水が流れるように住宅が転移する，その流れは住宅ストックの質を向上させる効果がある）に関心を持つ研究者も多かった。40年前は住宅を長く使うことへの関心が強かったのである。

　しかし，その後の日本は，既存住宅の社会性に着目して中古住宅市場を育てる方向へは向かわず，「スクラップアンドビルド」を前提にした更地売り市場へと向かった。「住宅の寿命は30年」という世論はこうしてつくられていった。

　さて現在は，戸建住宅のみならずマンションにおいても「築後30年」を「老朽」と判定する実務家がいることを述べたが，世論はこの判断を支持しているのであろうか。では，図3-2を見ていただきたい。この図は開発後20年以上経過した住宅地で，住宅の購入時に，「現住宅はあと何年使えると思いますか」というアンケート調査をしたものである。アンケートの回答は区切りの良い数字になる傾向があるので，階段的に推移している。その上で，先ほどから問題にしている30年に注目してほしい。住宅の寿命を30年以下と予測した比率はマンションの35％弱，タウンハウスの27％，つまり，30年の短い寿命を期待する人は共同住宅居住者の3分の1しかいない。建て替えるための特別多数決に必要な5分の4にはほど遠い比率である。40年の値でやっと50％に達する。このグラフが区分所有法が建て替え決議に必要としている特別多数決5分の4と同率に達するのは，50年が経過した時点である。なお，この質問は購入時を基準にしているので，中古住宅を購入した場合はすでにある年数が経過している。したがって，それを加えればもっと長くなる。

　それにしても，老朽の基準がなぜ30年なのだろうか，客観的根拠があると

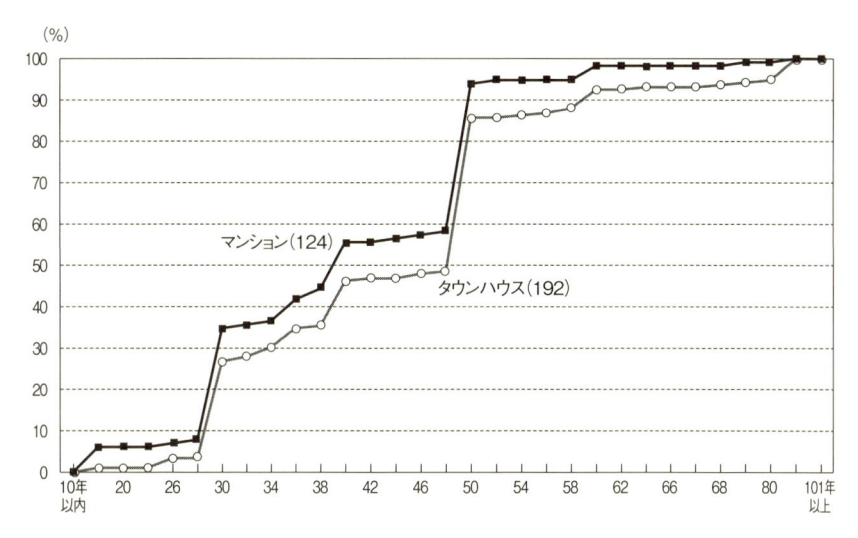

図3-2　分譲集合住宅の「予測余命」

は思えない。

　冒頭で出した図3-1によれば居住者自身が早期からこまめに修繕に努め，修理を外注しなくても済めば，費用を最小に抑えられ建物の適切な状態は維持されるはずである。さすれば効用維持回復費用は極めて軽微になるが，この場合には耐用性だけが過分性を判断する要因と見なせるのだろうか。あるいは欧米で建て替えよりも中古住宅を利用することによって，時代に適合した効用を維持していることについてはどのように評価するのだろうか。過分性の議論では，住居管理のプロセスに発生する文化的な意味合いがまったく顧みられていない。それを克服するためには過分の費用論を乗り越える理屈が必要になる。

　住居管理の出発点は，居住者自身が早期からこまめに修繕に努めることである。住居管理の効用については前著「住居の社会的管理に向けて」[3] でも紹介したが，阪神・淡路大震災ではそれまでの住宅の管理状態と被害の間に強い相関が見られたことで証明された[4]。にもかかわらず，現在の耐震診断法では依然として劣化度は建築年数に相関すると見なしたままで，1981年以前の古い住宅の耐震改修を短絡的に強調するばかりである。したがって現在

も依然として減災の重要なキーワードである管理は浸透せず，日本の住居管理はお世辞にも行き届いているとはいえない。

一方，転職とそれに伴う転居が頻繁な西欧諸国では，住宅は転売を繰り返す有価資本である．住宅の買い手は数年後の未来には売り手になることを視野に入れて住宅市場に参入する．したがって自分が所有する住宅資本の有価を維持することには関心が高く，住居管理に対するモチベーションも持続する．しかしながら同じ土地に棲み着くことを好む日本は住宅ストックのフロー化の規模が小さいばかりでなく，中古住宅の永続性を疑問視し，かえって短命化を促進するという反語的ともいえる現象がある．日本のストック市場は住宅を延命する効果がなく，住居管理のインセンティブにならない．したがって日本における住居管理の目標またはモチベーションを中古住宅市場に求めるためには，管理を評価する仕組みを考えなければならない．

日本にストック型管理政策が生まれなかった原因は戦後の住宅政策がフローのみを対象としたことに起因していると考えるのが妥当だろう．とはいえ，フロー中心の使い捨て政策は住宅政策に限らずあらゆる産業政策，たとえば自動車や設備（エレベータ）においても然りであるから，高度経済成長期に経済政策全般の底流にあった思想である．たとえば定期点検を義務づけている車検制度もエレベータの点検制度も機械の寿命を延ばすためのストック政策ではなく，運転の継続を認めるか否かというフロー政策でしかない．その証拠には車検制度は自動車の買い換え需要に大きな影響を及ぼした．

ストック政策が無策の日本では耐震性を強調すればするほど建て替え需要が大きくなり，その結果，効用維持を期待しない既存住宅に対して効用維持を回復するための労力や費用をつぎ込むモチベーションが上がらないのである．もうそろそろ経済政策から自立したストック政策を確立する必要があるだろう．それは居住者の居住能力を抜きにしては考えられない．

そこで，本章では実態調査研究に基づいて居住者と住居との関わりを分析し，劣化の原因を建築年数のみに求める考え方を改め，住宅の寿命が延びる可能性を追求することにする．

2. 住居の保全状態を左右する居住者の管理能力

1）はじめに

　本論は，既述した日米比較研究（初出論文1）と，1997～1999年コープこうべ生協研究機構助成「住宅の維持管理とその技術の普及に関する実態調査研究」（初出論文2，3）のデータ（表3-1）を用いている。

表3-1　調査の配票・回収状況

世帯配票数	743票	回収世帯数	444票	回収率	59.8%

1997年コープこうべ住まいの協力の下で，コープ受注者と同FAXでモニター登録者を対象にして実施した郵送調査（詳細は巻末の調査リストを参照のこと）。

2）住居管理と住宅の長寿命化

(1) 維持管理を促進するファクターである「DIY」

　前章で住宅の長寿命化は耐久性ではなく，耐用性にかかっており，耐用性は居住者の判断次第であると述べてきた。

　そこで，図3-3をみていただきたい。住居の手入れをしながら子孫まで住居を伝えていきたいと思っているグループの「期待耐用年数」は61年あるが，長寿命化に対する関心が低くなるにしたがって「期待耐用年数」は短くなり，最短の手入れに無関心グループと最長の間に約17年の差がある。住居管理と耐用性意識は効果を及ぼしあっていることがわかる。

　では，住居管理に予測される費用と労力の面ではどうか。残念ながら積極的に大型修繕経費を積み立てている居住者は少ない。ローンを払うのが精一杯というところだろうか。計画的費用が予定されていないのであれば，経費の少なくて済む管理を定着させなければならない。それに最も効果的な管理は定期点検→早期発見→早期修繕で昔から変わらない。早期の修理は経費が少なくて済むだけでなく，居住者でも可能である。居住者が手がければさらに経費を抑えられる。同じ思いでイギリスから普及した「DIY[注2]」の概念が

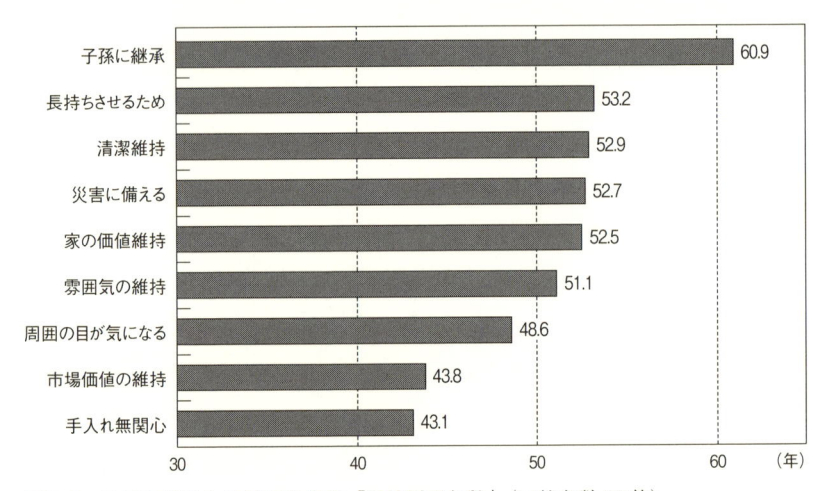

図3-3 住居の手入れ目的別の平均「期待耐用年数」(回答者数423件)

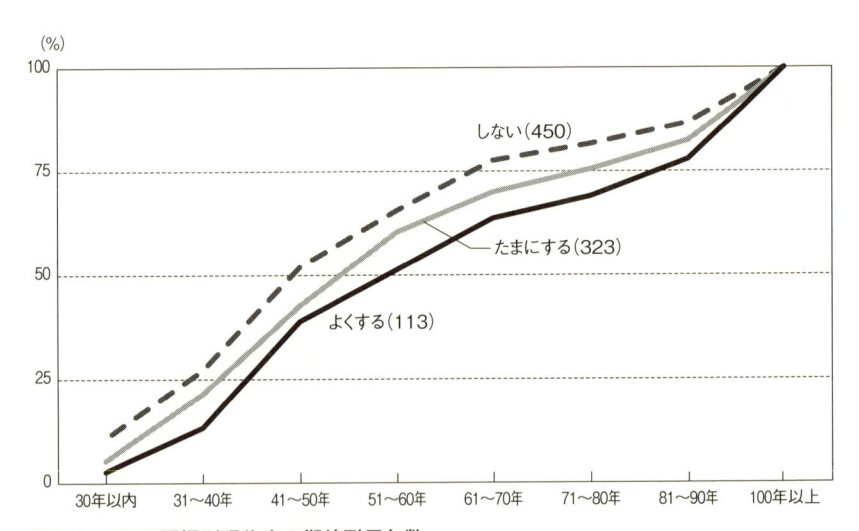

- 子孫に継承 60.9
- 長持ちさせるため 53.2
- 清潔維持 52.9
- 災害に備える 52.7
- 家の価値維持 52.5
- 雰囲気の維持 51.1
- 周囲の目が気になる 48.6
- 市場価値の維持 43.8
- 手入れ無関心 43.1

図3-4 DIYの習慣別現住宅の期待耐用年数

しない(450)、たまにする(323)、よくする(113)

注2)
DIYとは, do-it-yourselfの略。「第二次世界大戦後のロンドンで, 職人の人件費を節約するニーズが実現させた戦災復興運動から広まった」とされる。日本では日本ドゥ・イット・ユアセルフ協会が「住まいと暮らしをよりよいものにするために, 自らの手で快適な生活空間を創造すること」[5]と定義している。

有効である。

　図3-4のように「DIY」に関する習慣が違う3つのグループの「期待耐用年数」を比較したところ，「DIY」の頻度が高いグループから低いグループまではっきりと3層に分かれた。最も頻度が高いグループの50％ライン（中央値）は50年である。反対に「DIY」をしないグループが50％ラインに到達するのは40年である。両者の差は10年以上にもなる。「DIY」の習慣と「期待耐用年数」との間には高い相関が認められるのである。

　「DIY」の習慣をつけることが，住宅の寿命を延ばす上で極めて有効であることをおわかりいただけるだろう。

(2) 中古住宅の安定的供給に欠かせない「DIY」の習慣

　調査によれば，アメリカでは居住者の90％以上が「DIY」をする。日本とアメリカの「DIY」習慣の違いは歴然としている（図3-5参照）。ところが図3-6，図3-7を見ていただきたい。とても興味あることに「DIY」は中古住宅の需要パターンと相関している。中古住宅を購入後そのまま継続して住み続

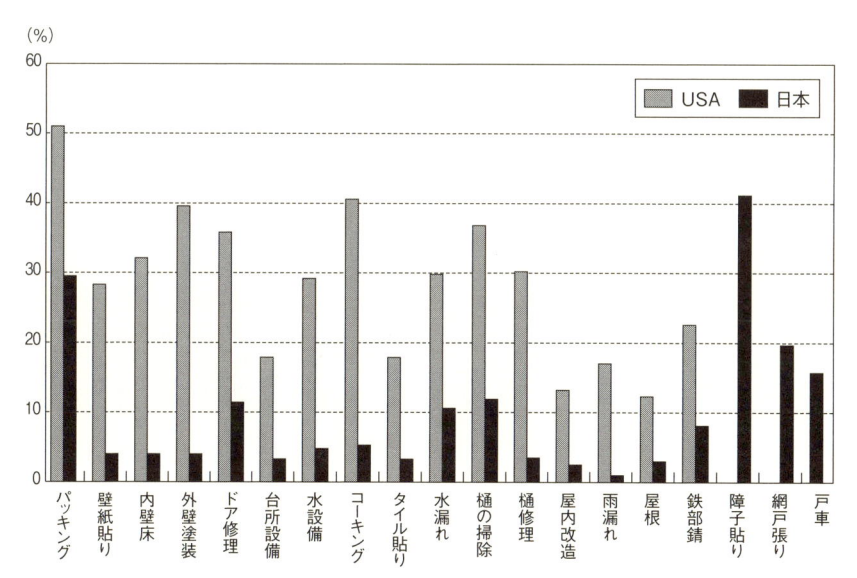

図3-5　家族ができる修理の日米比較

けている人は他の住居歴の人よりも明らかに「DIY」をする人が多く，反対に中古住宅を建て替えた人は「DIY」をする人が少ないことがわかる。また地方の方が都市部よりも「DIY」ができる人が多いが，地方の中でも中古住宅の居住者の方が新築住宅よりも居住者自身でできる事柄が多いのである。

さらに今後身につけたい技術についても，中古住宅に継続して居住している人の方が明らかに多い。

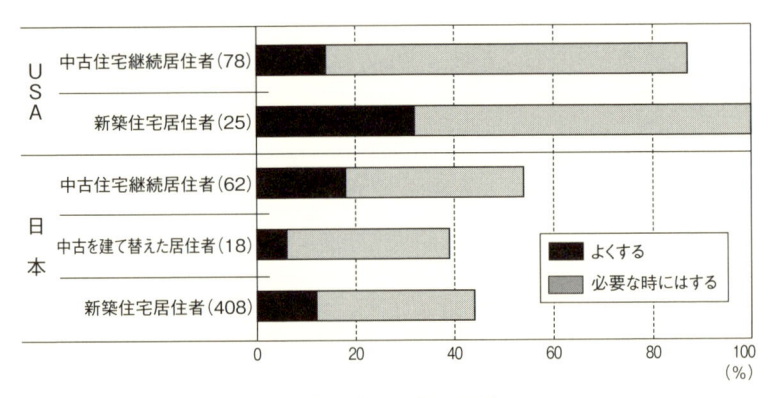

図3-6 中古住宅需要の違いと「DIY」の習慣の関係

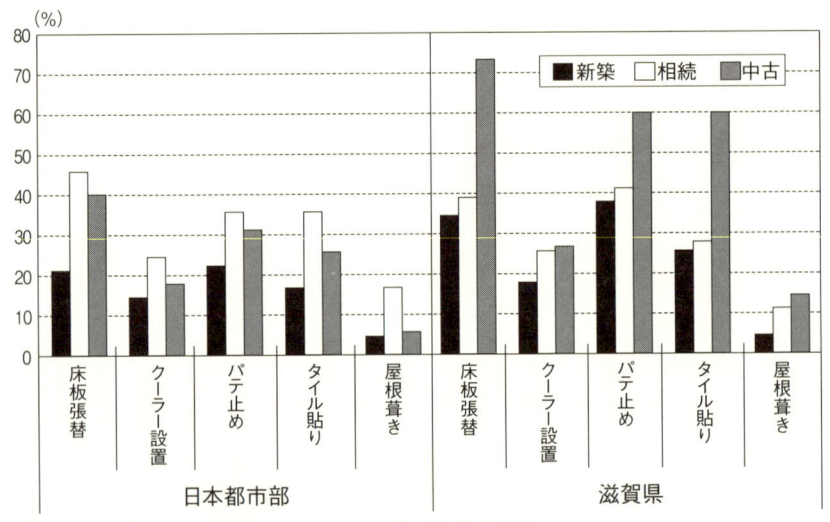

図3-7 地域別住宅の種類と家族でできる修繕行為の関係

このように中古戸建住宅の安定的需要者と,「仮の宿」的需要者の間を「DIY」技術が隔てており,安定的需要者は居住能力が高いことが示された。

以上から「DIY」指向と住宅の点検・修繕との間の相関性ばかりか,「DIY」が住宅の寿命を左右する因子であることも明らかにできた。このような結果から住宅の長寿命化を目指して中古住宅市場を育てるためにはまず,居住者の管理能力を高めておくことが前提になることを指摘したい。これは誰もまったく触れてこなかった論点である。

今日の居住者が持っている管理技術のレベルや,行動はよく知られていないので,以後は管理技術と住居管理行動の実態に迫ってみることにする。

3）居住者の管理技術・関心と住居管理の相関
(1) 日本人の「DIY」技術のレベルと,住居の管理状態の関係

図3-8は凡例に示した13項目の作業について,家族の誰かができる技術と今後できるようになりたい技術として回答した結果である。現在できる技術

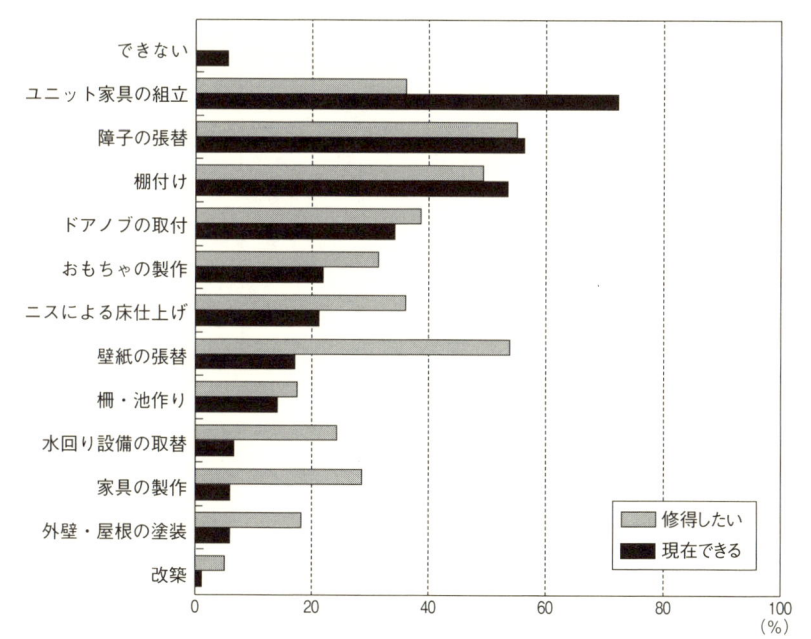

図3-8 できる「DIY」と,習得したい「DIY」（回答者数433件）

表3-2 「DIY」の技術段階の分類と,現在の技術水準と目標技術段階の比率(回答者数433件)

n=433	段階	分類概念	現在の技術水準(%)	目標技術段階(%)	備考
まったくできない/不要	0	できない	5.5	3.4	「目標技術段階」が0は,「DIY」技術がいらないことを意味する
ユニット家具の組立	1	技術不要	10.5	5.5	
障子の張替,棚付	2	単一技術	23.9	11.6	
ドアノブの取付,ニスによる床の仕上げ	3	単一部位・複合技術	28.0	18.9	
壁紙の張替,柵・池作り	4	複合部位	17.3	18.0	
家具の製作,設備の取替	5	企画が必要	8.2	25.7	
壁・屋根の塗装,改築	6	大規模技術	6.6	16.9	

の回答率が高い項目は容易な技術で,回答率が低い項目は難しい技術と見なせる。それを利用して表3-2のように技術水準を分類した。「現在の技術水準」は3以下の低い段階にいる人が68%を占めるが,習得したい段階(これを「目標技術段階」とする)は4以上の高い段階が61%に達した。多くの回答者が,現在よりも1段階高い技術を目標にしている。

次に現在の技術を上達させたいと思っている人は若い人に多く,32歳以下の年齢層の77.4%に達した。これは60歳以上の人の約2倍に当たる。もちろん高齢者は若い人よりも現在の技術水準が高いことも意欲の違いにある。

「現在の技術水準」や「目標技術段階」は居住者の属性や建築年数と関係が見られ,建築年数の10年と11年の間と,世帯主年齢の50歳と51歳の間に境界があった。つまり,新しい住宅の若い居住者の方が「現在の技術水準」に比べて目標にする段階が高く,以下「古・若年」→「新・高年」→「古・高年」の順に差が縮まる。住居管理技術を伝承されないまま持家の所有者になる人々が,住んでみて必要と感じている様子が浮かんでくる。

そういえば,筆者は40年ほど前に,知人の結婚祝いに大工道具一式を送ったことを思い出した。独身時代には家の修理に無縁だった2人でも,一家を構えれば大工道具は必需品だろうと思ったからである。今では結婚祝いといえば金銭を送ることが常識になっているが,あの時代には若き2人の新婚生活を想像しながら品定めをするのも楽しみのひとつであった。

(2) 居住者の管理行動に及ぼす「DIY」の影響

　調査では24の修理項目を示し，各項目ごとに，①日頃注意していること，②これまで家族で修理したこと，③業者が修理をしたこと，④点検が修理をするきっかけになったことについて回答を求めた。修理をしたことがない回答が過半数に達する項目は18項目ある。

　図3-9はそのうち16項目について家族の修理の様子を示している。「鴨居のたわみ」，「敷居のすり減り」，「便所の床の状態」，「部材の損傷」「窓枠の雨しみ」など，現状の保全状態が悪いにも関わらず，修理をしていない。

　当然であるが建築年数が長くなるほど業者が修理した部位の数と早期に発見した部位の数は増える。しかし日頃の注意数は修理数と相関するが，建築年数と相関しない。これは，日頃注意していることが修理の必要な箇所を見つけることに役立っていることを物語っている。さらに「早期発見数」は「修理数」と相関し，中でも「家族の修理数」と「早期発見数」との間で相

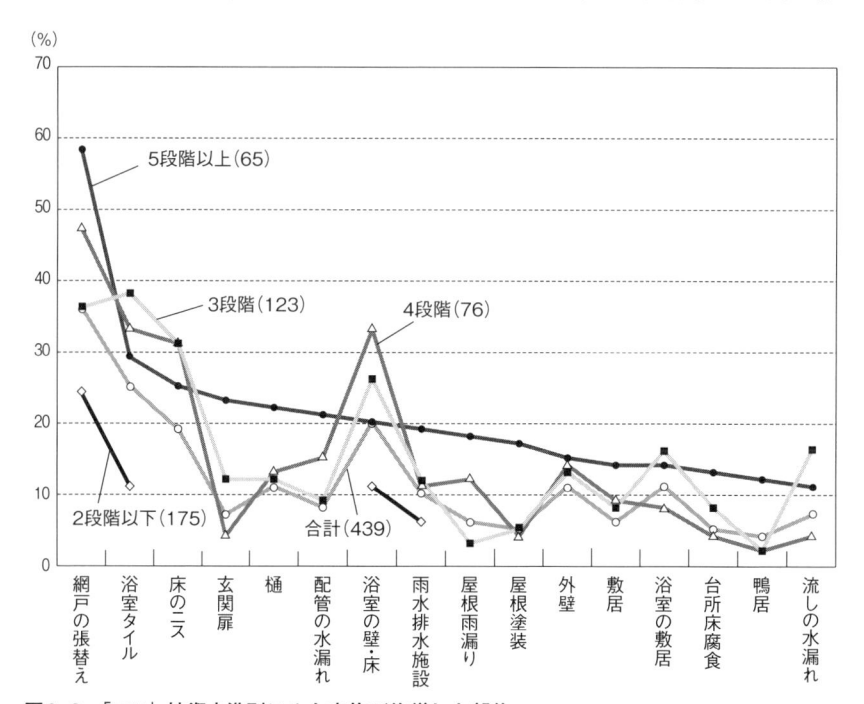

図3-9　「DIY」技術水準別にみた家族が修繕した部位

関係数0.5の相関が見られた。この値は「業者の修理数」と「早期発見数」の関係よりも強い。また,「現在の技術水準」は家族が修理した項目数と正の相関が,逆に業者が修理した数との間では負の相関がみられた。

以上からいえることは,「DIY」の技術が高ければ家族の手で修理する傾向が,「DIY」技術が低いと業者に依頼する傾向があることを示しており,居住者の管理技術が高いほど日頃の注意が行き届き,損傷の早期発見につながっているということである(図3-10,図3-11参照)。したがって,「DIY」技術を向上させることは住宅の維持管理を促進させる効果を期待できる。

この効果を生む技術の境界レベルは,第2段階と3段階の間にある。以上を図3-12の相関図にまとめた。

「DIY」技術を向上させることは日頃の注意に目を向け,そのことが家族の修理行為を促し,住宅の維持管理の促進に有効である。居住者は住宅の各部位に注意を払ってはいるが,居住者自身の手で修理を施す事例は少ない。しかし,居住者の住居管理行動と複数の指標を関連づけて分析したところ,「DIY」技術が高い→日頃の注意が多い→点検が多い→点検中に損傷の早期発見をする機会が多い→家族で小修理を施す→計画管理への移行ができるとい

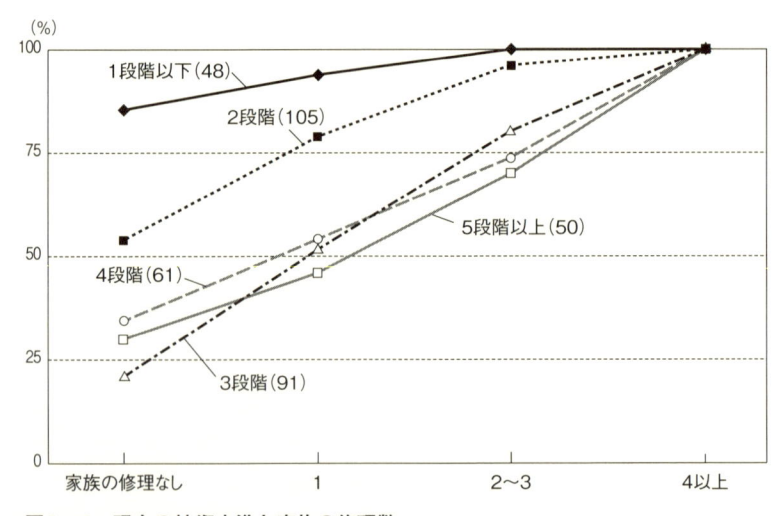

図3-10 現在の技術水準と家族の修理数

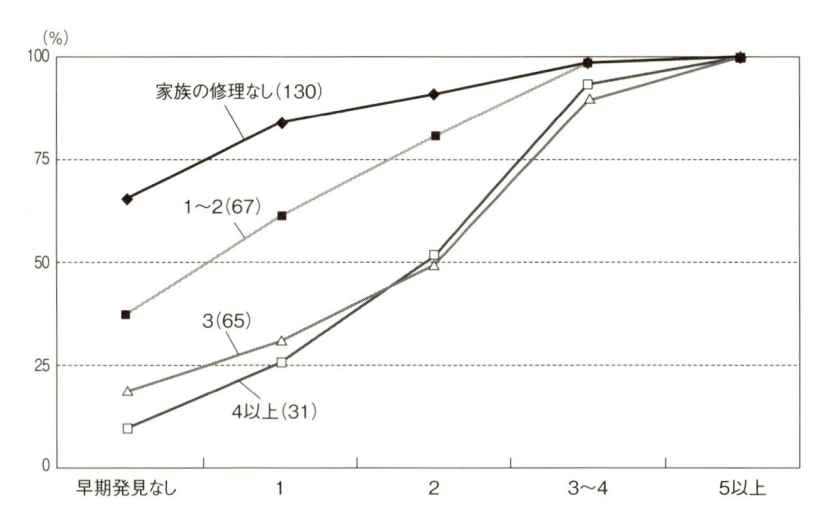

図3-11　家族の修理数と早期発見数

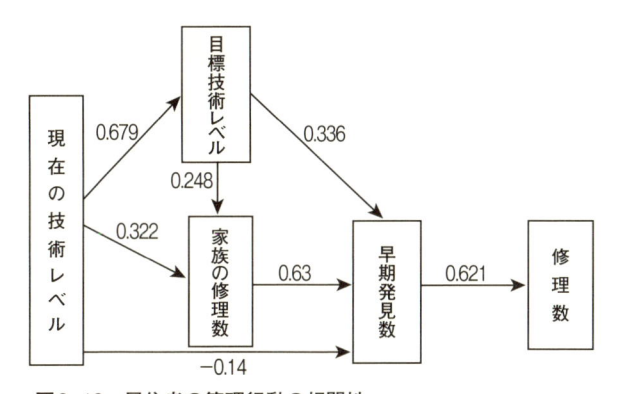

図3-12　居住者の管理行動の相関性

う関連が認められる。つまり居住者の「DIY」技術は，住宅の維持管理行動に有効に働いているのである。居住者は修理のために「DIY」技術の上達を希望しているから，技術を向上させて住居管理も促進できる。

4）生活技術教育の経路から外れた家庭

(1) 家事労働技術の習得経路

今日の居住者が「DIY」技術を習得した経路は義務教育からが最も多い。習得経路は年齢とも関連があるが、「現在の技術水準」との相関が強く、技術が高くなる人ほど多くの経路を持っている（図3-13）。その中で親または身内からの経路に着目すると、技術水準が3以下の人に比べて4以上の人の方が多く、この間で明らかに差があった。

今日では多くの人が学校教育に頼るが、現在の学校に生活技術教育を期待するのは時間数からみても、その他諸条件からみても無理である。一方、今日では親からの伝達経路は次第に先細りしていく。それでも、自分が親から

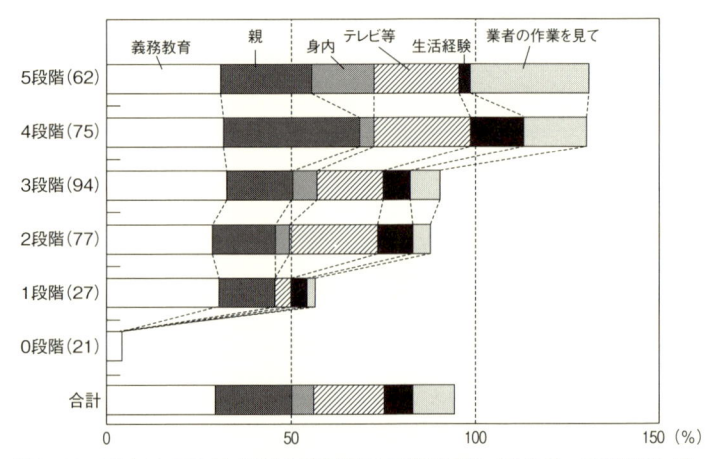

図3-13 現在の「DIY」技術水準別技術の習得経路（その他・不明を除く）

表3-3 子どもに「DIY」技術を伝達する努力 ［単位：%、（ ）内は件数］

	上達意欲***		親からの技術習得***	
	あり	なし	あり	なし
伝達の努力をした	21.3	5.0	27.9	12.2
伝達していない	76.7	95.0	72.1	87.8
合計	100.0 (268)	100.0 (140)	100.0 (86)	100.0 (327)

＊印はχ^2検定による有意水準を表す。＊＊＊0.1％水準の危険率で有意性がある。

身につけたと自覚している人や現在の技術を上達させたいと思っている人は，他の人に比べて子どもに伝える努力をしている人が多いという結果（表3-3）は，親からの経路が成人後の技術力や技術教育への関心に大きく関わっていることを示している。やはり親からの経路を太くする方法を開発する必要があるだろう。

2）住居管理技術教育の日米比較

　親が子どもに住居管理技術をどのように伝えたか（または伝えようとしているか）について日米比較をしたところ（図3-14），日本は父母とも「不必要」と回答した人が70％以上に達した。中には「伝えるほどの技術を持っていない」という自由記述も見られた。この回答傾向は父母の間であまり差がない。アメリカは「不必要」という回答は13％しか見られず，日本に比べて明らかに家庭技術教育に積極的である。中でもアメリカは父親の方が母親よりも高い目標を設定している。両国の父親の家庭教育態度は決定的に異なり，日本の親は生活技術教育に消極的である。

　親の「DIY」の習慣と技術教育の態度は両国とも相関する。アメリカは「DIY」の頻度が高い人は「親と同等以上」に目標を置き，頻度が少ない人は「不必要」と考えている人が多い。日本はそもそも技術教育は不要と回答している人が多いが，中でも「DIY」の習慣がない人の80％がそう思っている。

　かつての日本の親は生活技術を教えるのは親の義務だと心得，生活実務が

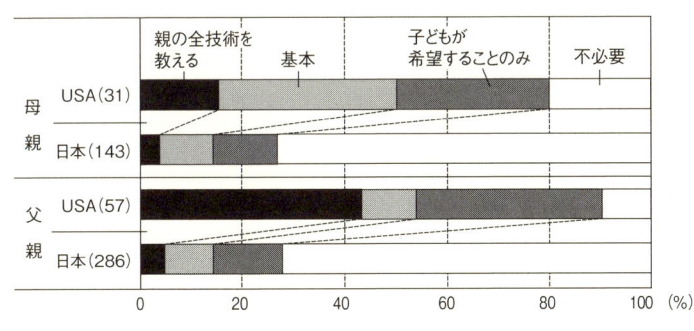

図3-14　生活技術教育の水準

できないまま育つことを「親の恥だ」と強く認識していたから,「自分が学んだ技術は伝えなければ」という責任感をもっていたが,時代が下がるにしたがって家庭技術教育を軽視する傾向が強まり,極めて消極的になってきた。

ところで,図3-15は中古住宅の需要パターンと家庭技術教育の関係を表しているが,両国とも中古住宅の居住者は新築よりも技術教育に積極的である。日本はどの住居歴をとってもアメリカよりは消極的であるとはいえ,中古戸建住宅しか所有したことがない人は,他の住居歴に比べて管理技術教育に積極的である。中古戸建住宅の需要者が技術教育に積極的であるということは,技術が中古住宅を住みこなす力になっているといえるだろう。

(3) 生活技術教育の必要性に対する親子のずれ

調査によると親が示す生活技術教育態度は世代によって大きく異なり,特に60歳代以上と,50歳代以下の間で決定的な差が認められた。たとえば生活技術は家庭教育の重要な柱で「大人になるまでに身につけなければ親の恥」であると認識していた昔の親に比べて,時代が下がるにつれて無関心な親が増えていく。現在子どもの生活力に責任を感じる親はどれほどいるだろうか。いまどき生活技術を持たないまま結婚する子どもを親の恥と考える親はほとんどいない。上記のように育てられた高齢者でさえ,「今は時代が違うから教えなくても良い」と遠慮がちに言う。

一方,「女の子には家事をさせるが,男の子にはほとんどさせない」と思っている親は女性の方が多く,男女共同参画社会が叫ばれる現在でも,「家事は女性がするもの」という認識が残っている。

親を軸にして,親が受けた生活技術教育と,我が子にしている教育の関係を見てみよう(図3-18)。子どもの教育レベルは親が受けた教育レベルに依存するが,次第に安易な方へ移行していく。

現在,親が与える教育目標と,子どもが受けたい教育のレベルには大きなギャップがある。親は自分の水準よりも低い位置に目標を設定するが,子どもは親と同等以上の教育をしてほしいと思っている。この親子の認識のギャップは中学生も大学生も同様である。子どもたちは自分の要求に親が応

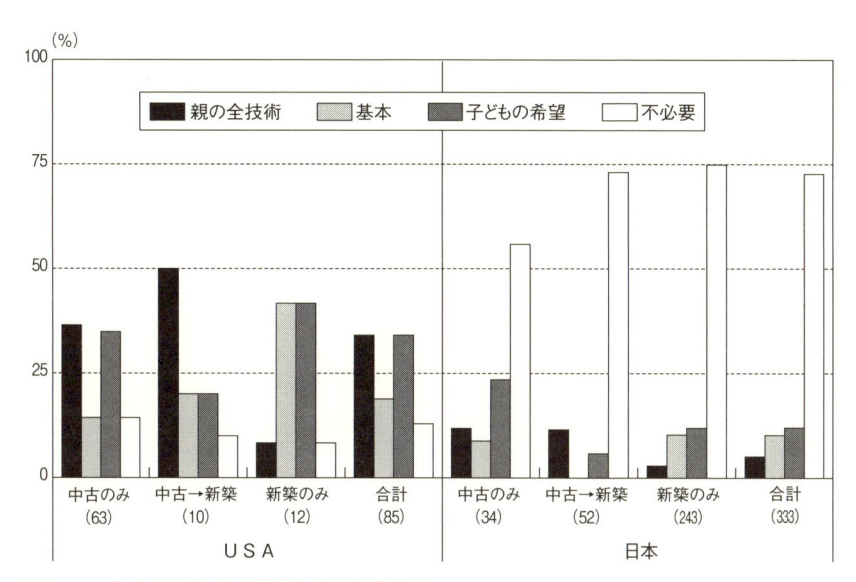

第3章 軽んじられてきた住居管理技術 —— 121

図3-15 中古戸建住宅の需要と管理技術教育

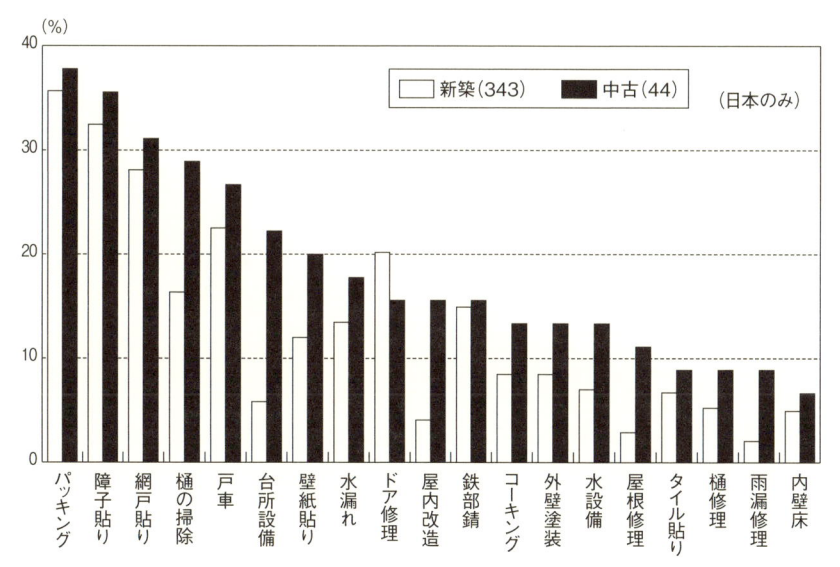

図3-16 今後身につけたい技術

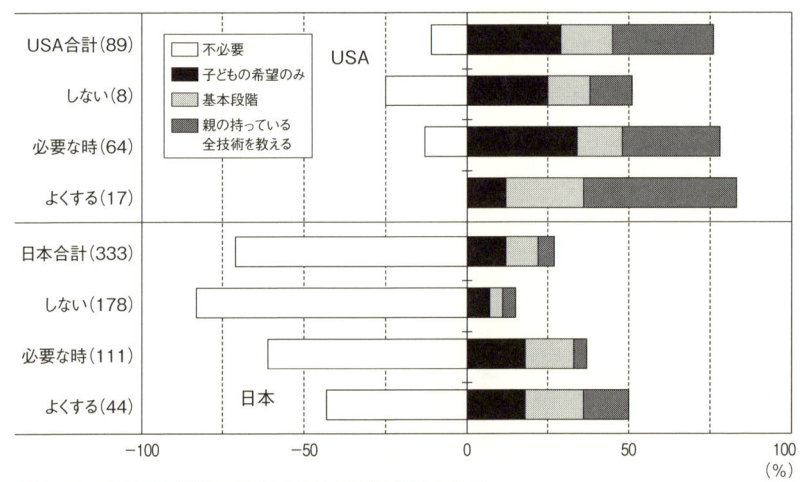

図3-17 DIYの習慣と家庭における技術教育の方針

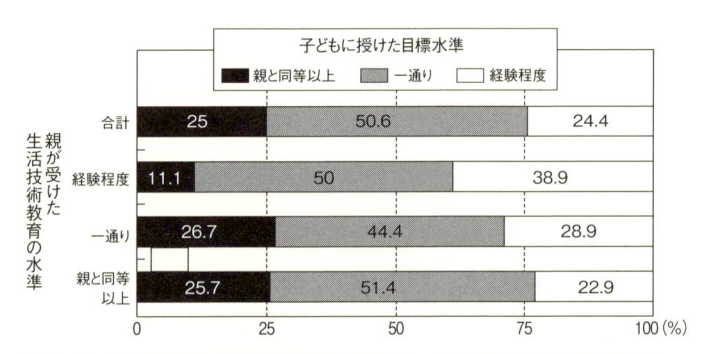

図3-18 親が受けた生活技術教育の水準と，子どもに与える目標水準

えていないと感じており，今後親になった時にはもっと高い水準の教育をしたいと思っている。

では彼らが親になって後，子どもの頃に感じた親子間のギャップを埋める努力をしているのかといえばそうではない。子が親になると，立場が変わり自分の親よりももっと生活技術教育の関心が弱まるのである。家庭教育の目標に横たわる親子間のギャップは開く一方である。

3. 家事労働のジェンダーバイアスと住居管理の衰退の相関性

　今日の社会で，一旦薄れてしまった住居管理に対する関心と習慣を回復することは極めて困難である。かつて当然に居住者の手で行われていた住居の維持保全がどうして衰えたのか，家事教育はどうなったのか，本論では，その手がかりが家事労働が内包するジェンダーバイアスにあるという仮説を立て，居住者の管理能力を低下させている原因を解明しようと思う。

1）はじめに

　本論のデータは，2008年10月に滋賀県高島市及び大津市で，25歳以上を対象に実施した減災に関する居住者調査に基づいている（表3-4，初出論文4参照）。質問紙法によるアンケート調査票の配票・回収は郵送による。

表3-4　2008年調査の配票・回収状況

高島市，大津市			
世帯配票数	回収世帯数（率）	借家を除く有効票	個人票
2,997票	612票（20.4%）	595票	1,061票

2）家事労働のジェンダーバイアスと住居管理の責任

(1) 従来の家事労働論とジェンダー

　従来，家事労働はジェンダー論の餌食になってきた。女性の職業・社会参加との関係から，「家事労働の有用性と経済的価値」に論点が置かれ，女性が職場進出することの正当性の如何や，「職業労働」VS「家事労働」の評価を巡った対立が続いた。つまり，従来の家事労働のジェンダー性は，女性の職場進出に対する問題認識に立脚しており，その焦点は家事労働が「成長した女性」が担う労働に値するかどうかの評価にあった。

　筆者はこの二分論に異論がある。日本の場合，上記の二分論が当てはまる

家族の割合はごく一部しかなく，大半を占めた零細な「家業型」産業では名目の職業従事者はともかくとして，実質的には一家を挙げて「家業」を支える家族従業員であった。このような労働形態の人口は，人類歴史上極めて広範にある。「猫の手も借りたい」という表現があるが，「私の子ども時代に，家族全員で食卓を囲んで夕食をした思い出がない。代わる代わる食卓に着き，そそくさと食事を掻き込んで，次の人と店番を代わらなければならなかった」とは八百屋で育った女性の言葉である。家族のためとか社会のためとか考えている閑もないほどにあわただしい零細産業の食卓の様子が見事に語られている。

鬼頭宏氏（2011）は1879年の『甲斐の国現在人別調』によって，15〜49歳女性の95％が有業者だったと指摘しており[6]，二分論に口角泡をとばして激論された家事労働専従の女性がいかに少なかったかがわかる。これまで唱えられてきた「夫と主婦の分業論」はあくまで「労働市場」が対象で，生きるための労働全般に目を向けたものではない。分業論に参加していた圧倒的な識者は，分業論が描いた特別な社会階層に含まれる人たちだったのであろう。

筆者は従来の論点からは距離をおいて，家事労働の論点を自己の生命を維持するために獲得する基本的生活技術にすえている[7]。その上で最も注目しているのは，幸田文著『父・こんなこと』[8]に記述されている家事教育の伝承者が男性（父親）であることである。幸田氏は庭木の施肥用の肥たごの担ぎ方まで伝授され，「何で女性の私が」と不満を漏らしている。つまり，家事（非職業的労働）は主婦だけではなく夫（男）も担う労働であったことを意味する。

ところが，後年「市場主義」が生活の中に波及した結果，文字通り「夫は家庭外で職業労働に従事して所得を持ち帰り，妻は家庭内にいて家事労働に就き・財産の保存に責任を持つ」分業が一般家庭に浸透していった。そして「専業主婦」という用語が誕生した。しかし，「専業主婦」人口が過半数を占めるのは長く見積もっても1960年代から1990年代までのせいぜい30年である。1970年代でも，内職する女性も含めれば産業労働に従事していた女性は半数以上を占めていた。1980年代以降はパート労働といわれる非正規短時間労働

従事者が増え続け，常に6割以上の既婚女性が雇用労働に従事している。

本論は，過去のジェンダー論がこの事実を無視して，家事労働を経済的ジェンダー論にすり替えたことに，住居管理の放棄を容認させた原因があるのではないかと注目した次第である。

(2) 家事の性役割

まずは家事労働の種類ごとの性役割を明らかにするために，表3-5に示す衣食住の家事35項目について，男女どちらの仕事であると思うかをたずねた。なお，分担と責任の推移を見るために，現在の家庭から姿を消したような「すす払い」，「餅つき」，「鰹節を削る」，「布団の製作」なども含んでいる。

さて，35項目中「男性の仕事」の回答が多い項目は住居の補修に関する8項目である。また「共通の仕事」の回答が多い9項目も住居に関する項目が多い。これに対して「女性の仕事」の回答が多いのは18項目にのぼり，衣・食に加えて，住居の家事に属する日常的な掃除も含まれる。

次に，衣食住の総括的管理責任に絞ってそれぞれの性役割を尋ねた。その結果を示したのが図3-19である。この図を見ると，回答に性差がなく，男女の回答者ともに，衣食の管理は圧倒的に「女性の責任」，住居管理は6割以上が「男性の責任」を選び，家事の種類により性役割があることを認めている。

では，実際に家事労働への参加状況はどうなっているのだろうか。表3-6によれば，女性は「女性の仕事」18項目のうち8.86項目（49.2％）に参加しているが，男性は「男性の仕事」8項目のうち2.3項目（28.8％）にしか参加していない。異性の仕事には，女性は「男性の仕事」の1.8項目，男性は「女性の仕事」の3.4項目に参加している。

図3-20は家庭における家事の状況を示したものである。棒グラフの長さは現在行われている比率を表し，そのうち回答者本人が行っている比率（凡例：回答者が参加）と，回答者の異性（主に配偶者）が行っている比率（凡例：まかせている）を男女それぞれで表示した。衣食の家事労働は責任も実務も女性にシフトしているのに対して，住居の家事労働については，その責

表3-5　家事の種類と性役割（単位：%，回答者合計数　1,061件）

	男性	共通	女性		男性	共通	女性
部材の手入れ	68.4	25.8	5.8	換気扇手入れ	26.6	29.7	43.7
縁下の点検	67.3	25.4	7.3	自室掃除	6.3	42.3	51.4
抜けた釘を補修	66.6	22.7	10.8	浴室掃除	7.7	40.7	51.5
樋の掃除	62.2	23.8	14.0	布団を日光浴	7.9	38.6	53.6
網戸の修理	57.1	32.9	9.9	魚をさばく	15.4	28.9	55.7
台風への備え	50.1	42.3	7.6	玄関掃除	6.2	37.5	56.3
蜘蛛鳥巣を撤去	46.3	38.3	15.4	かつお節削	11.1	31.6	57.3
包丁を研ぐ	43.4	23.0	33.6	皿洗い	4.5	29.4	66.2
大掃除	41.2	53.6	5.3	調理台手入れ	6.1	25.6	68.3
すす払い	37.6	47.8	14.6	衣類をたたむ	3.8	26.5	69.8
植木の手入れ	31.1	44.7	24.2	衣類を干す	4.3	25.3	70.4
床修理	30.1	39.9	30.0	便所掃除	4.1	24.6	71.3
餅つき	26.9	53.7	19.4	得意料理	2.5	24.6	73.0
障子の張替	24.4	48.4	27.2	夕食炊事	4.0	19.1	76.9
雨戸の開閉	14.0	68.4	17.6	下着洗濯	4.2	17.9	77.9
居間の模様替え	8.7	57.6	33.7	布団製作	2.2	18.6	79.2
草花の手入れ	11.5	45.1	43.4	シーツ洗濯	3.6	15.5	80.9
				弁当作り	1.4	11.4	87.2

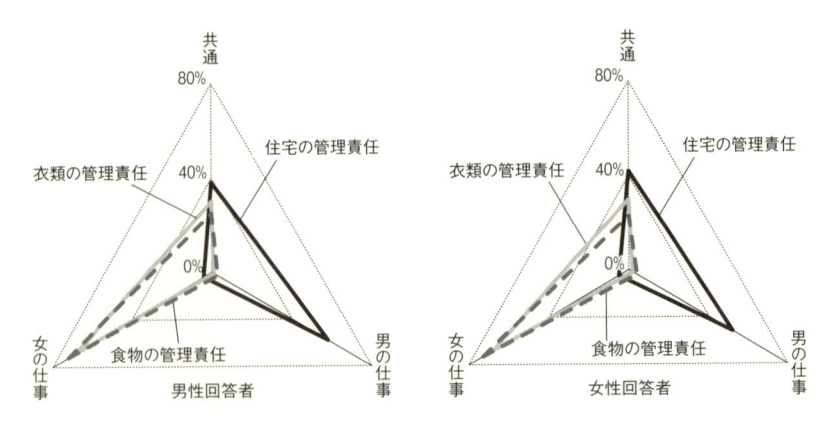

図3-19　衣食住管理責任におけるジェンダー性

第3章　軽んじられてきた住居管理技術 —— 127

表3-6　現在参加している家事項目数の平均値

	回答者数	共通の仕事（9項目）	女性の仕事（18項目）	男性の仕事（8項目）
男性	561人	2.3項目	3.42項目	2.3項目
女性	489人	3.21	8.86	1.76

男性回答者 n=561

女性回答者 n=489

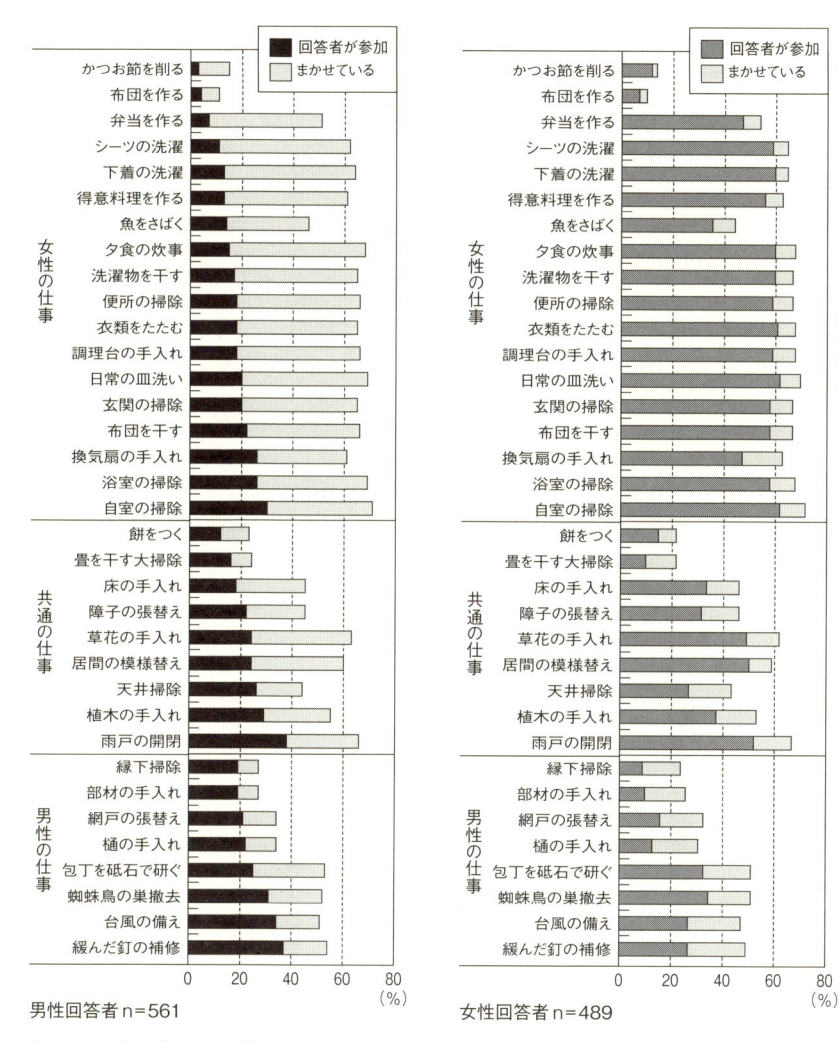

図3-20　家事参加の実態
左図は男性回答者，右図は女性回答者
図注：棒グラフの全体長さは現在居住者の家庭で行われている比率を表す。

任は男性に属することを認めながら，男性は責任を果たしておらず，かつ女性の参加はそれ以上に少ないことがわかった。また，男女の参画は食物に関する家事参加が最も進んでいることも明らかになった。

　女性は異性の仕事に手を出ししぶり，男性は自分の責任を果たすよりも異性の仕事の協力をしていることになる。

(3) 近年のジェンダーバイアス

　図3-21は住居の家事4項目だけを抽出して性役割意識と実務の有無を見たものである。男性回答者の場合，浴室，便所の掃除は「男性の仕事」であると回答した者の実務率が非常に高く，「共通の仕事」であると回答した者の実務率も半数近くに達する。しかし，樋の掃除，縁下の掃除においては「男性の仕事」と回答した人の実務率は3割程度しかない。女性の場合は浴室，便所の掃除は「男性の仕事」と回答した人も含めて実務率は前者21％，後者は50％以上に達し，性役割意識に関係なく参加率が高い。しかし，樋の掃除，縁下の掃除においては「男性の仕事」と回答した者の参加率は5％程度しかなく，「女性の仕事」と回答した者でも半数に達しなかった。

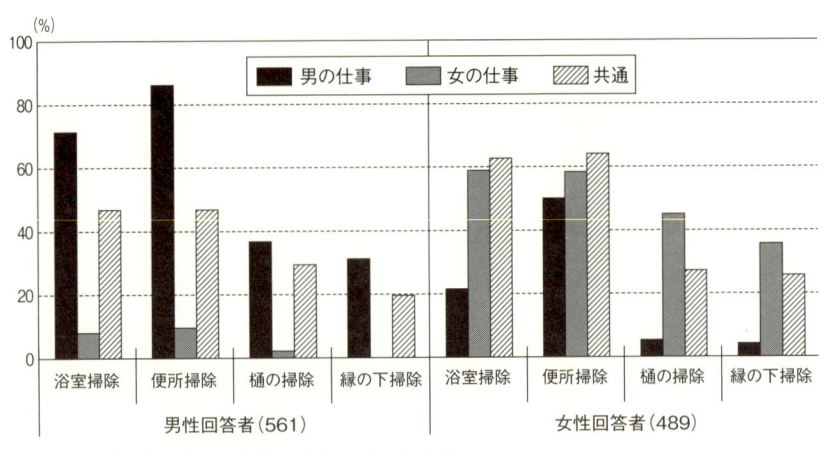

図3-21　回答者の仕事の性役割意識別家事参加比率

(4)「DIY」の性差

図3-22によれば,「DIY」の習慣には性差が見られる。住居管理を「男性の仕事」と回答した男性は,他の人に比べて「DIY」の習慣がずば抜けて高い。反対に,住居管理を「女性の仕事」と回答した男性は「DIY」の習慣がない者の割合が多く,女性の習慣に近い反応である。恐らくこの人たちの住居管理のイメージは狭く,掃除などかなり軽い作業を指しているのであろう。

以上,家事労働の視点から住居管理の責任を考察してきた。

住居の適切な維持・管理は長寿命化と減災の決め手である。常日頃から安全性を点検し,必要に応じて補修をしている住居と,劣化していても放置されている住居では,被災の度合いが違うことが明らかになっている。にもかかわらず,居住者の住居管理能力の低下に歯止めがかからない。数世代前までは,住居の日常的な手入れ,点検,修理は当然の家事労働であったのに,なぜ現代に至ってその習慣が失われていったのであろうか。本論はこの手がかりを家事労働の性役割と,社会化の中に見いだした。

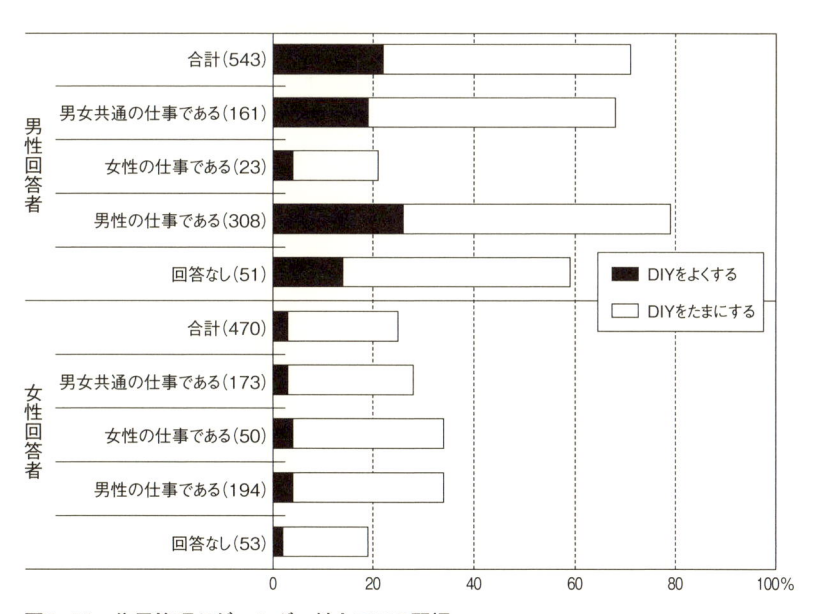

図3-22 住居管理のジェンダー性とDIYの習慣

家事労働には家事の種目ごとにジェンダー的特徴があり，衣食の管理は女性に，住居管理は男性に属している。女性は衣食に関する管理責任の自覚も実務も高いのに対して，住居管理は責任の所在は男性にあると自覚しながら，男性は実務責任を果たしておらず，かつ女性が代行する比率も少ない実態が明らかになった。そして，住居管理に関する家事労働のほとんどが商品化（リフォーム市場の拡大）を完了し，それに伴って「DIY」は疎外され住居管理を減衰させる結果を招いた。

　家事労働の役割意識は，この20年間に大きく変化した。たとえば筆者は1986年と20年後の2006年に中学生とその家族を対象に家事労働に関する比較調査を行ったが，それによれば，1986年には大人も中学生も3割が男女役割分業を支持していたが，20年後の2006年には性役割分業を支持する中学生は1割前後に減り，圧倒的に協働を支持している。また，食の家事労働は家族の中に残るとしながらも住生活の合理化志向が20年間で倍増し，将来家事労働が減少することを予測する比率は20年間で増加した。つまり省力化を前提にして家事労働の協働志向が成り立っているのである。

3）住居管理を阻害する消費社会から循環型住居管理社会への道

(1) 家事労働のシャドウワーク化と住居管理の衰退

　図3-23は，家事労働と市場の棲み分けからストックの循環のあり方を表したものである。上半分は高度経済成長以後，住居管理能力が経済的評価の側面からも，生活労働の側面からも軽んじられて行く過程を表し，住居のストックが消失していく構図として「現代の片道社会」と名づけた。下半分は循環型社会に向けて，市場と生活の棲み分けと連携が成立する構図を表した。

　これまで多くの人が日本の都市住宅の寿命が短い原因は中古住宅市場が小さいことにあると唱えてきたが，それは原因のひとつに過ぎない。そして，中古住宅市場規模が小さいこと自体，質を判定する制度の開発を怠り，商品の評価基準に一律に経過年数だけを当てはめる市場の未熟性に負うものである。市場の評価は中古住宅を手に入れた人たちにも伝搬し，使い捨てるために購入している事例がとても多い。つまり，日本では市場が住宅寿命の延長を阻

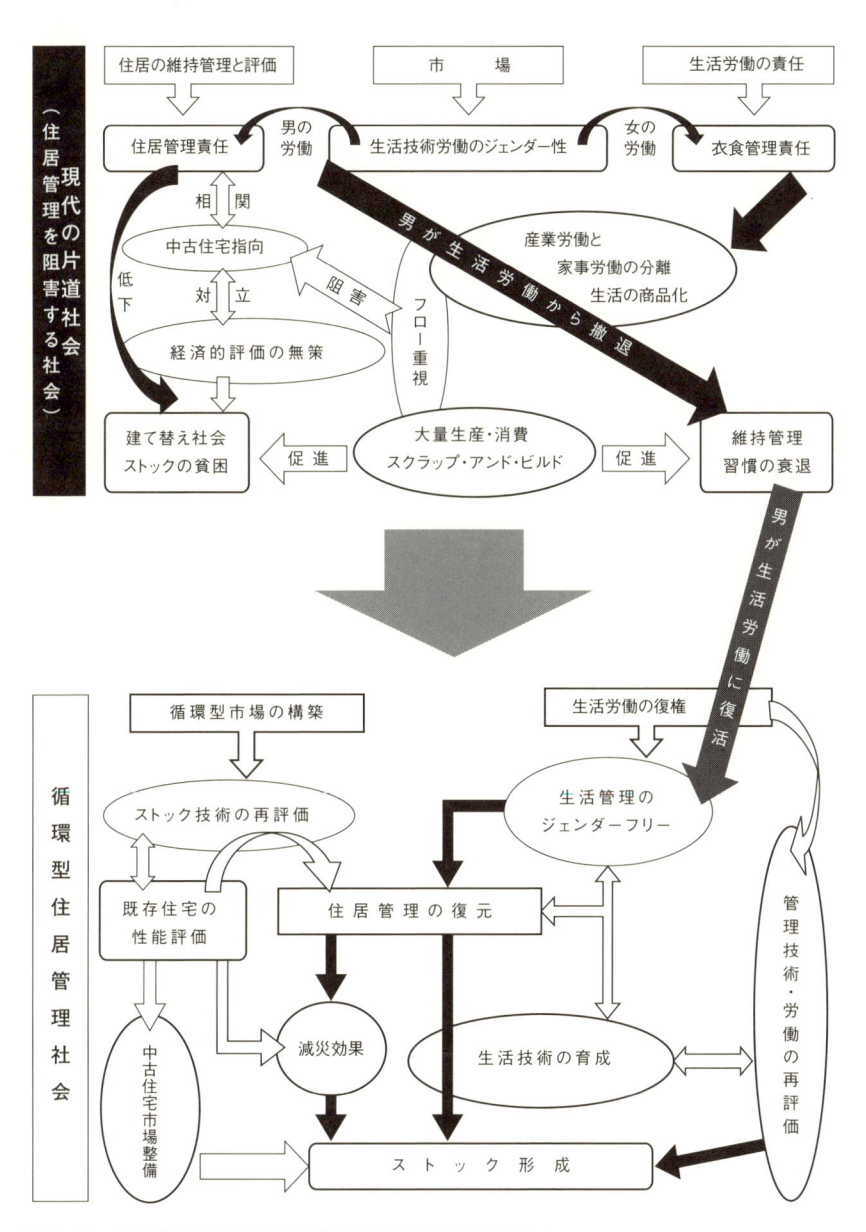

図3-23 住居管理を阻害する社会から循環型住居管理社会へ

んでしまう性格を持っているのである。

しかしながら，日本の既存住宅の価値が低い原因を住宅市場にのみ押しつけるのは不公平である。その背景として管理を無視する今日の社会があり，市場はそれを反映しているに過ぎないともいえる。本章で見てきたように現代日本において居住者の住居管理能力が低下していることは明らかである。住居の管理責任を自覚している居住者は親から子へと過去の技術を伝承しながら，住居の寿命を伸長することに尽くしてきたが，多くの居住者はもともと短命な商品のごとくに住居を使い捨ててきた。その背景にあるのが生活技術を軽視する価値体系である。ところが欧米でも類似の社会変化の中にいたにもかかわらず，中古住宅市場はまさに，居住者の生活技術能力に支えられた循環市場を保っている。

それに対して，日本は過去に構築した高度な生活技術を捨ててしまい，中古住宅市場を循環型に変革する力を失っている。だから日本では中古住宅の需要が皆無ではないが，中古住宅が購入後の早期に建て替えられる傾向を生み，優れた住み手を除いては中古住宅市場が住宅の長寿命化に寄与できない状況にあるのである。この事実を注視する必要がある。阪神・淡路大震災において管理状態の差が被害を左右し，堅実な居住者（所有者）の生活態度が表面化して注目された。幸いにも現在の日本において高い住居管理能力を有する中古住宅の居住者がマイナーではあるが存在している。彼らは手を加えながら既存住宅を住みこなし，住宅の長寿命化に貢献している。

本書ではストックの形成を阻害している要因に家事労働のジェンダー性の存在と，高度経済成長期以後に強くなった家事労働の社会化および生活労働軽視，「現代の片道社会」における家事労働のシャドウワーク化を加えた。

そもそも生活労働は昔からジェンダー性が強く，衣食の管理責任は女性に，住居の管理責任は男性に属してきた。ところが，今日の社会では女性は衣食の管理については責任を意識し，実務もこなしているのに比べて，住居管理については，男性は責任の所在は男性にあることを自覚しながらも，男性が実務を引き受けていない。それはなぜか。それは男性が家事労働を離脱する際に女性に頼んでいくことを忘れたからであり，男性が放棄した実務を女性

は代行することもなかったからである。住居管理は両性から実務従事者を失い，管理能力を廃れさせている原因になっている。

なぜこのような状況が生じたのだろうか。それは次のように説明できる。

かつて，第一次産業・家業従事者が大多数の時代における家族は，男も女も職業労働と家事労働の両方にそれぞれ役割を持っていた。つまり家事労働の中には，女性向き・男性向きがあり，家業・家事の両方にジェンダー的内容が含まれていると理解した上で両性の分担が成立していた。たとえば家族向けの炊事や裁縫は女性が，力仕事や大工仕事が多い住居の管理は男性が担っていたのである。おもしろいのは水くみは女性の仕事で，柴刈り・薪割りは男性の仕事という役割分担になっていたことである。つまり，厳密には「力仕事」かどうかで分類されていたわけではない。

その後，家業から企業へ，家内労働から雇用労働へ産業構造と就業形態が変化していく中で，産業労働と家事労働の性役割意識が強化された。その結果，男性は家事を主婦に任せて，家事労働から離脱していき，女性は家事労働に専従することを余儀なくされ「専業主婦」になった。では果たして，「専業主婦」はすべての家事労働の専従になったのだろうか。違うのではないか。少なくとも男性が長い間男性の家事労働として従事してきた分野については，「専業主婦」は手を出さなかったのではないだろうか。残念なことに，住居管理は男性に帰属していたために，「専業主婦」はその担当者としての当事者意識が弱く，役割の移譲は成立しなかったのである。

現代においても，いまだに「家事は女性の仕事である」と考えている人は少なくない。その範疇で考えると，男性の雇用労働化・長時間勤務化にしたがって，住居に関する家事労働は誰からも見放された労働として家庭内から消滅し，産業労働の下に吸収されていったのは当然のことかもしれない。そして，住居管理はリフォーム市場を拡大したい業者の手に委ねられるようになったのである。

(2) **家事労働におけるジェンダー性の克服**

図3-23の下半分は家事労働のジェンダー性を克服し，循環型社会に向かう

構図である。

　居住者なら誰にでも，適切に住居を管理する義務がある。単身者が増加している現代社会では女性だけの世帯は珍しいことではない。だから，居住者の住居管理能力を回復するためには家事技術のジェンダー性を2つの側面から払拭する必要がある。第1は私的であれ，業者であれ，住居管理技術のジェンダー性を払拭することである。つまり住居あるいは建物に関する（大工）技術は男に帰属するという既成観念（思いこみ）の払拭である。今やクレーンの操縦も電車の運転手も女性が携わる時代に，住居管理技術は男性に帰属するという意識は時代錯誤もはなはだしい。

　第2は家事労働のジェンダー性の払拭である。男女共同参画社会といわれ男性の家事回帰が強まる中で，男女共同参画政策において男性から女性への協力が強調されればされるほど，家事の内容が「衣食・保育」に矮小化されていく。家事労働の場では相変わらず男性は女性の介添え役でしかない。あるいは育メン，食文化といわれるような家事労働の特化が流行しているが，いずれも家事労働は自立した人間が当然するものという扱いではない。この生活認識を乗り越えることが居住者側からの条件である。このままでは現代の男女共同参画政策の下で，やがて居住者の住居管理主体は永久に失われることが懸念される。

　家庭の責任を負うのは家族員しかいない。だから，家族は家庭を維持・管理する能力をつけ実践することに目を向けるべきである。

(3) まとめ

　住居の維持管理には，居住者の主体的な関与が必須条件である。なぜならば，管理は時機を失せず適切に行うことが劣化を抑える鉄則であり，居住者は住宅の劣化を空間的・時間的距離に短く，最も随時に，早期に知る立場にいるからである。ところが，個人の自由な意思決定の領域に立ち入って，どのように住居管理への関心や行為を促すことができるのだろうか。それが住居管理の社会化を構想する上での難関である。

　本書は居住者が住居・住宅地に積極的に関わることに注目した。住居への

関わりは愛着を育む。愛着のある住居からは住み続けたいというニーズが芽生え，それが管理を誘発し，住居への関わりと愛着を深めるという循環系ができあがる。調査を重ねた結果，この仮説はすべての調査において実証できた。特に，日本とアメリカの比較調査では，アメリカでは歴史のある住居に住むことができるという喜びを持つ代々の居住者が愛着やこだわりを伝承するのに対して，日本では同一居住者の中で昇華される。したがって，日本人には欧米人にない独自の住意識があるので，中古住宅市場だけでなく，住居管理市場も日本の独自性を尊重した形態をつくらなければならない。

　本章では，アメリカを比較対象として日本人の生活技術観を指摘してきた。日本人はそもそも中古住宅を需要する比率がアメリカに比べて極端に低い。このことは市場や，戦後の住宅事情など諸々の社会的背景があるが，ここでは中古住宅の需要と生活技術の関係にのみ焦点を当ててみたところ，極めて興味深い結果となった。つまり，中古住宅を積極的に選んだ人は生活技術への関心が強く，かつ日常生活の上で「DIY」を手がけていることである。またその技術を今以上習得することへのニーズも強いことがわかった。しかしながら残念なことに，この層は極めて薄い。反対に中古住宅を「仮の宿」として選んだ人は「DIY」が苦手である。圧倒的に多い新築住宅を取得した居住者も技術に対する関心が低いことも合わせて明らかになったことである。

　「DIY」の頻度及び内容には男女の性差がある。男性が手がける「DIY」は大工左官仕事に類する項目が多く，女性は小規模な項目が多い。また住居管理の技術は男性のものとする意識が強い。ところが，日本の男性はアメリカの男性に比べて住居管理及びその技術に関心が薄いのである。日本の男性は生活実務への参加意識が希薄であることから，かつて男性の役割とされてきた住居管理をなおざりにしてきたのである。

　以上のことは次世代への住居管理技術の継承意識にも反映している。アメリカの居住者は次世代への住居管理技術の継承に積極的であり，特に男性にその意識が強い。日本は極めて消極的で，特に男性の消極性が目立つなど日米で大差が出て，家庭教育の考え方の異質性が浮かび上がった。

　北米で「DIY」が普及している理由は，まずその方がローコストだからで

ある。「DIY」とはそもそも「あなたの頭脳と労働を提供すれば一段高い生活を手に入れることができる」という思想で，庶民が優れた生活財を手に入れる手法である。また，「DIY」作業によって父親は力強く労働する姿を子どもと妻に見せることができるので，夫婦関係や家庭教育のためにもよい機会である（家族は頼もしい！と感激する）。父親モデルが明確に示されている。そのような背景があるから，手先が不器用な父親の復権のために，企業による「DIY」技術教育が盛んである。たとえば I 家具メーカーの商品はすべて組み立てキット型家具であるが，このメーカーの販売哲学は「失敗を恐れず（失敗したら商品を交換できる）」である。つまりうまくつくらなければという呪縛から解き放たれれば，「DIY」が楽しくなると謳っている。

　日本において少なくとも国民にまだ管理の能力が残存している現代において，居住者の管理能力の開発促進のために真っ先にしなければならないことは，居住者が記憶の底にしまい込んだ技術力を顕在化することである。人生のライフスパンを20年ごとのステージに分けた場合の最終ステージにいる世代は，子どもの頃から毎日手仕事を手がけてきた世代である。この世代は「もったいない」を口癖にして繕う技術を磨いてきたではないか。貴重な技術の持ち主が元気な間に，無形生活文化財の引き継ぎを終えておかなければならない。これは生活習慣の回復と，教育にかかっている。今ならまだ回復する時間がある。

　ある時代まで，傘の骨接ぎ，桶屋，靴の修理，時計のオーバーホール，ズボンの掛け接ぎはどこの街角でも見られた業種であった。この当たり前だった社会をリペア社会と名づけたい。リペア社会こそ，循環型社会の蓄財の方法だと考える。

第4章

既存住宅の検査の効用と日本の課題

1. 放置されてきた住宅検査

1）はじめに

　本論は，前章までで用いた日米比較調査研究（調査リスト１）と，琵琶湖西岸断層帯に並行する滋賀県高島市・大津市の戸建持家住宅居住者およびその家族（25歳以上）を対象に実施した減災に関する居住者調査（2008）（2009）（調査リスト５）を使用している。2008，2009年の調査の概要は，表4-1に示した。

表4-1　調査の配票・回収状況

2008年調査				2009年	
高島市，大津市				大津市	
世帯配票数	回収世帯数(率)	借家を除く有効票	個人票	世帯配票数	回収数(率)
2997票	612（20.4％）	595	1061	1063票	366（34.4％）

2）住宅の保全と耐震意識

(1) 住宅の保全状態

　図4-1は居住者による住宅の保全状態の自己評価を日米で比較したものである。日米両国とも建築後10年以内の住宅は良好な状態が保たれているが，建築後11年を経過した頃から修理が必要な住宅が飛躍的に増加し，建築年数が長くなるほど増える。さらに日本は21年以上経過した住宅の40％以上に修理が必要で，アメリカに比べて悪い状態の住宅が明らかに多い。

　そこで，保全状態の調査に用いたカテゴリーを「大修理が必要」，「小修理が必要」，「良好」，「非常に良好」の順に１～４の得点で表し，その値と建築経過年数との順位相関をとったところ，図4-2のようになった。スタートは日本が3.25から始まり，アメリカとの間に0.5点以上の差がある。その違いはあるが，両国とも建築経過年数30年まではつるべ落としのように低下し，非常によく似た経過をたどる。ところが，アメリカは３「良好な状態」の段階

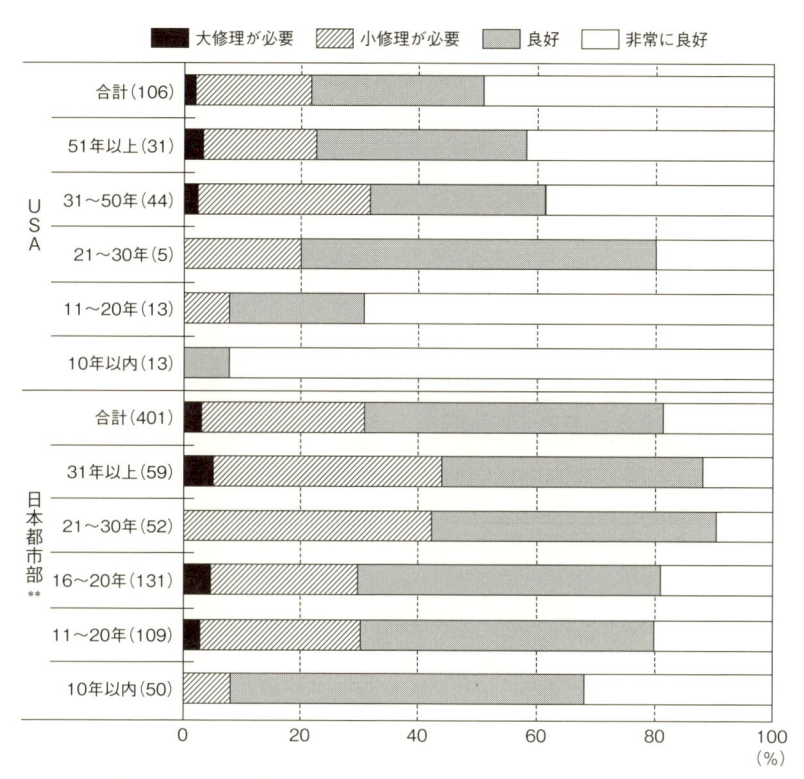

第4章　既存住宅の検査の効用と日本の課題 ── 139

図4-1　建築年数別住宅の保全状態評価（2000年調査）

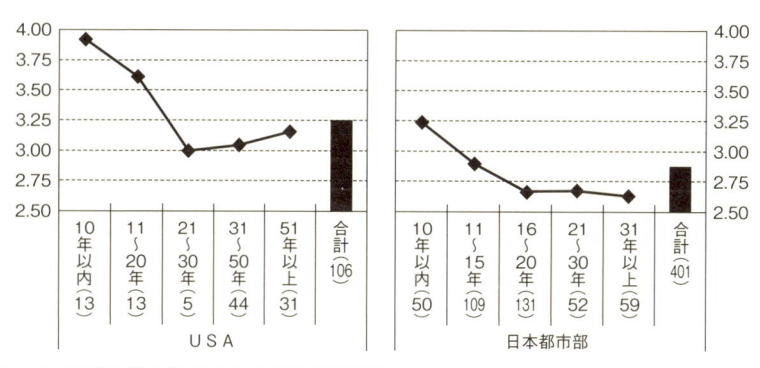

図4-2　建築年数と住宅の保全状態の線形性

表4-2 住宅の保全状態 [重複回答，単位：%，（ ）内は件数]

軟弱地盤＋地盤沈下	地盤湿＋縁下通風＋床沈下＋床腐食	柱の腐食＋シロアリ	壁量＋筋交い量	外壁の傷＋鴨居の垂れ＋柱の傾き	排水管の水漏れ＋排水不良	金属のサビ	樋の詰・損傷＋雨漏＋塗装＋屋根	合計
17.7	23.8	18.0	21.2	27.9	8.3	13.2	33.2	100.0(627)

写真4-1 軒が深い伝統的和風住宅

写真4-2 阪神・淡路大震災後の住宅

で底を打ち，30年以上を過ぎると上向きに好転する。これに対して日本は，30年経過した後も低下して「修理が必要」な領界内に達する。

　この図からアメリカは質が低下した後に回復期があり，建築年数と劣化の間に相関がないのに対して，日本は建築年数と老朽が併走するという違いが明らかである。

　表4-2によれば，特に通風・雨仕舞いの保全状態が芳しくない。高温多湿な日本では湿度・雨漏り対策は住宅を守る初歩的な原則で，かつての日本の住宅は湿度・雨漏り対策にずいぶんと気を配ったものである。たとえば第1章で一斉大掃除を義務づけて家中を点検する法律が存在していたことを紹介したが，近年までその習慣を続けて，山間の多湿な風土から住居を守ってきた村があった（既著[1] 参照）。

　本ページの伝統的和風住宅と，阪神・淡路大震災後の住宅の写真を見比べてもわかるように，最近の住宅は軒の出が極端に浅くなっている。アルミサッシや外壁に人工材を使うことが普及したから雨仕舞いに気を配る必要がないということかもしれないが，住宅の材料や施工が変わったとしても，風土が変わったわけではない。いつか風土との齟齬が起きる心配から，日本の

高温多湿な風土の中で育てられた住居への関心を取り戻す必要を感じる。

(2) 住宅の「予測余命」と住宅の保全状態の関係

　日本では修理が必要な住宅の居住者は建て替え指向が強い。その結果，修理が必要な住宅の「予測余命」が短く，住宅の保全状態は「予測余命」と相関する。つまり，建て替え指向→余命の予測が短い→劣化の順に，玉突き状態が見られる。日本は当事者が継続して居住するかどうかが保全状態評価を左右しているのである。一見当たり前のように見えるが，アメリカではその関係が見られない。修理やリフォームを繰り返すアメリカでは時間の経過だけでは劣化が起きたとは見なさず，建築年数が寿命意識と直接に相関しないのである。

　「予測余命」と住宅保全状態との間に見られる相関性は「予定居住年数」と住宅保全状態においても見られた。日本は住み続ける意思がない住宅の修繕に無関心であるが，アメリカは転居を計画している住宅も修繕する。この傾向はリフォームにも同じように見られる。アメリカでは転居を予定している人の75.4％がリフォームをすると答えている。これは永住を予定している人の68.5％を上回る。日本のリフォームは圧倒的に永住指向を持つ場合に限られ，転居を予定している人は転居前にリフォームをすることに極めて消極的である。

　このような両国の修繕への関心，リフォーム指向の違いは両国の住宅市場が背景にある。アメリカの循環型中古住宅市場は住宅履歴を評価するので，リフォームが大きな付加価値を生む。これに対して日本の中古市場では建て替えを前提にしているのでリフォームは評価に反映しないのである。

　リフォームに限らずアメリカの住居管理は売却時の利益に関心があり，中古市場を強く意識している。本調査結果からアメリカでは中古住宅市場の評価が住居管理にインセンティブを与えていることを指摘できる。しかしながら，日本では中古住宅を使い回していく発想がなく，したがって，中古住宅市場が住居管理にインセンティブを与えていないのである。この状況を打開する手法を追求する必要がある。

(3) 現住宅の耐震評価

　地震発生調査本部は，琵琶湖西岸に我が国の主な活断層の中では高い被害が予想されるグループに属する断層帯があり，今後30年以内に1〜3％の確率で地震が発生すると発表している。滋賀県内の関係自治体から住民に情宣活動が行われており，本調査の回答者の83％が西岸断層帯が原因となる地震の情報を知っていると答えていた。

　ところが，震度6強以上の地震が起きたら，現住宅は半壊以上の損害を被る恐れがあると想定している居住者が約5割いる。1981年以前の木造住宅に限れば半壊以上を想定した人が66％に達する。にもかかわらず，耐震対策については建て替えれば解決すると楽観的である（表4-3，1981年以前に建築された住宅において，老朽と耐震強化を理由にした建て替え計画が2割あった）。地震が頻発している現在において，建て替えるまで地震に待ってもらうつもりだろうか。楽観的であれ，悲観的であれ，そして建て替えるか否かにかかわらず，検査をして現状を正確に知るべきであると考える。

　次に，半壊以上の被害が出ることを想定している人でも3分の2以上が「調べるまでもない」，あるいは「無関心・予定がない」と今後耐震診断を受検する予定に対して消極的である（図4-3）。他人に指摘されるまでもなく居住者が一番危険性を知っているのだから，わざわざ診断を受ける必要がないということだろう。これはすこぶるまっとうな回答であるともいえる。ならば，あなた方は自覚に匹敵するようなリスク管理をしているのかと問いたい。残念ながら半壊以上の被害を予測しているにもかかわらず耐震改修率は悪く，リスク管理が行き届いているとはとても思えない。筆者は阪神・淡路大震災で被災した経験から，古い田の字型伝統住宅で寝起きしている高齢家族に，「そこは危ないから新しい離れに寝室を移した方がよいのでは」と勧めたが，聞き捨てられた経験がある。当該住宅は5年後に建て替えられたことを考えると，恐らくは言外に「他人から心配されなくても，自分が一番良く考えている」と言われたのであろう。しかし，「災害は居住者の事情を斟酌してはくれない」ので，たとえ5年間といえども命だけでも助かる減災行動をとってほしかったと今でも思っている。

表4-3 半壊以上の損害を被ると予測する住宅の耐震改修状況 ［単位：％，（　）内は件数］

1981年以前に建築した住宅	すでに終了	予定がある	予定なし	合計
木造半壊以上と予測	3.6	18.6	77.9	100.0（140）
非木造半壊以上と予測	0.0	16.7	83.3	100.0　（6）

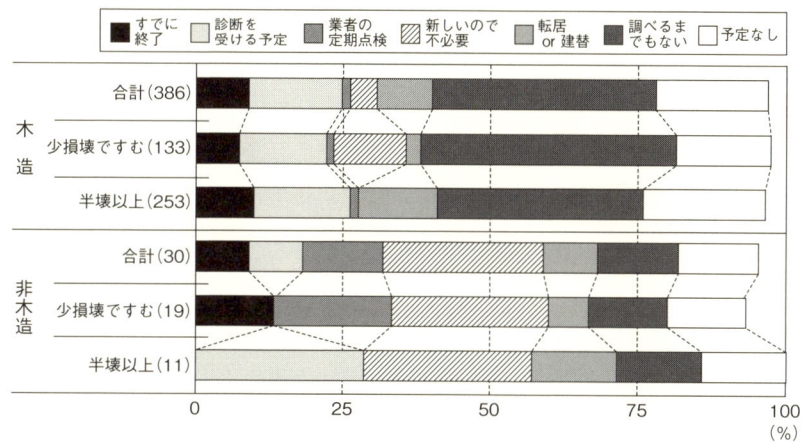

図4-3　木造・非木造別耐震の度合い別診断の予定（1981年以前建築のみ）

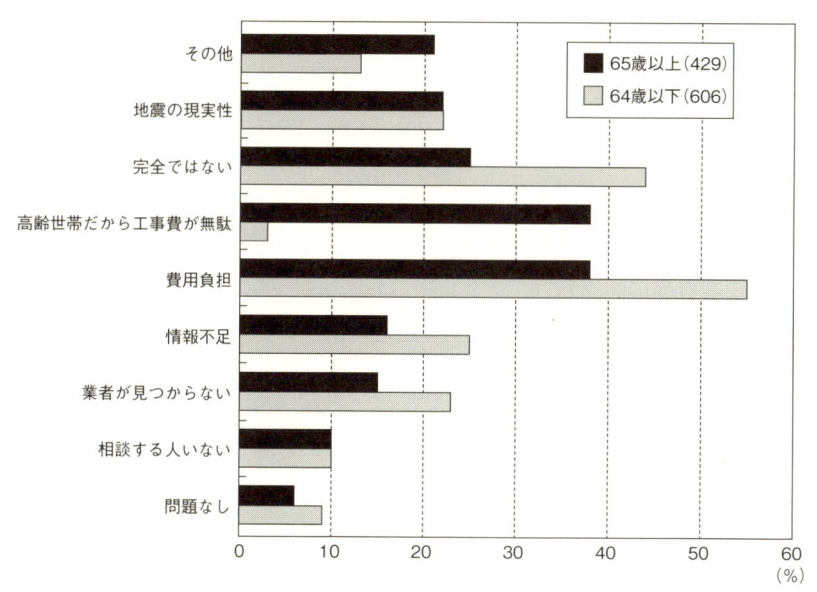

図4-4　半壊以上の被害を予測した回答者の問題点

居住者が住宅の安全性の強化に消極的な最大の理由は，やはり経済的負担である。さらに，65歳以上の回答者では，64歳以下に比べて「高齢世帯だから工事費が無駄」と思う人が圧倒的に多く，あきらめの意識が強い（図4-4参照）。高齢者住宅のリスクを下げるための耐震改修が，高齢者の遠慮によって進まない。

　したがって減災を推進するためには経済性のみならず，加齢に伴い管理能力が低下する所有者に対して人的サポートも求められるところである。（終章の図1　日本の住宅の長寿命化を取り巻く住居の社会的管理システム参照）

　ところで，耐震不足の問題は，短絡的に古い住宅に長期居住している高齢者問題として片づけられがちであるが，高齢者住宅に突然耐震不足が現れるわけではない。それは積年の結果である。原因は住宅が誕生する時の施工の良し悪しに始まって，居住過程で住宅に向けた気配りに至るまでの無作為管理が原因である。経過年数が長い高齢者の住宅が被害に遭いやすいことは統計的にいえるが，高齢者に限らず誰の住宅でも管理を怠れば災害リスクは発生する。耐震性を維持する上での課題は，リスクが高まらないように日頃からの手入れを継続できるかどうかである。

　居住者が普段からできることをする。これが減災における「自助」であるが，問題は現在の居住者が有する自助能力の差違である。残念ながら本調査回答者の中には自助能力が低い居住者が多く見られた。したがって，自助に対する社会的支援を早急に作らなければならない。震災発災後に多大な被災者に物心両面の救援をし，破壊された都市の復旧・復興のために支払われるさまざまな費用に比べれば，それ以前に行う減災支援の方がはるかに少ないのだからあきらめないで支援が求められる。「費用対効果」とはこのような場面に使うべき言葉であろう。

(4) 自助を促す支援

　既存住宅の耐震性の強化における最大の課題は居住者の費用負担である。そのため，高齢者には「もったいない」という感情とともにあきらめ感が漂うことを指摘し，減災を推進するためには経済性のみならず，年齢的に管理

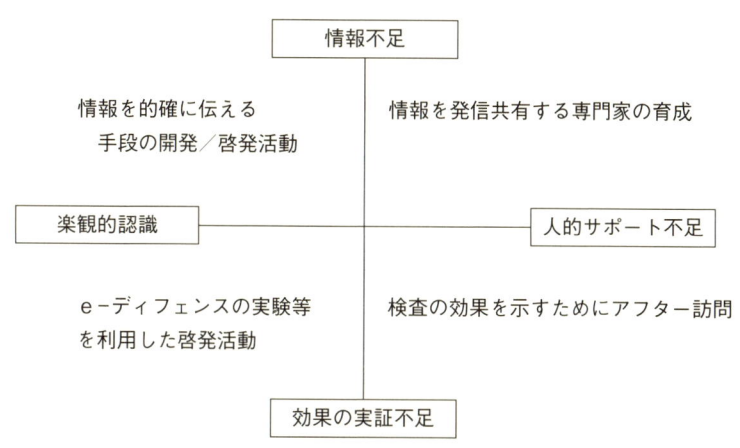

第4章　既存住宅の検査の効用と日本の課題 —— 145

```
                    ┌─────────┐
                    │ 情報不足 │
                    └─────────┘
   情報を的確に伝える         情報を発信共有する専門家の育成
   手段の開発／啓発活動

┌───────────┐                        ┌──────────────┐
│ 楽観的認識 │────────────────────────│ 人的サポート不足 │
└───────────┘                        └──────────────┘

   e-ディフェンスの実験等      検査の効果を示すためにアフター訪問
   を利用した啓発活動

                   ┌───────────┐
                   │ 効果の実証不足 │
                   └───────────┘
```

図4-5　安全性を共有するための課題

能力が低下する所有者に対する人的サポートについて言及した。

　そこでコレスポンデンス分析法を使って耐震性強化における居住者の課題を分類し，課題と対応を図4-5のように整理した。第1の課題は住宅検査や修繕の技術的情報が的確に伝わらないことである。その背景には情報を発信，または共有する専門家の強化や業者の育成・指導の不足を指摘できる。第2の課題は，「減災行動」は所有者の責務であることの情報が伝わっていないことである。的確な情報を伝えて，市民に対する啓蒙活動を強化する必要がある。第3の課題は，住宅の検査や修繕によって誰の目にも明らかな効果を示すことが難しいことである。そこでたとえばe-ディフェンス（兵庫県耐震工学研究センター）による実験を啓発活動に利用することが考えられる。第4の課題は，現状の耐震診断改修では結果に応じて居住者に利用可能なサポートシステムを示すようなサービスがなされていないことである。たとえば北米ではインスペクター（建物検査士）が当該物件の改修を請け負ってはならない制度になっている。その他いわば製造物責任法に近い制度で固め，消費者の権利を保護している。日本では基準について公的お墨付きに関心が集中するけれども，それが消費者の保護になっているかどうかの検証に無関心である。

　以上の課題にどう答えるかが，耐震性強化を進める鍵になる。

3）住宅検査の社会的効用に対する関心

(1) 住宅検査の実態

次に耐震診断に限らず，一般的な検査にも目を向けてみよう。

図4-6をご覧いただきたい。住宅検査の実施率は，アメリカに比べて日本の低さが一目瞭然である。なかでも目を引くのは，アメリカの中古住宅は新築以上に検査実施率が高いが，反対に日本の中古住宅の検査実施率は他のカテゴリーに比べて最低であることである。図にはないが相続した住宅で同じ傾向がみられ，既存住宅を取得した場合の検査実施率に両国の差が目立つ。また今後の予定，すなわち既存住宅についても同じで，検査をした方が良いと思っている比率は日本の75％に対して，アメリカは95％に達する。95％という数字は過去に関係なくほぼ全員が今後の検査が必要だと感じていると理解してもよい値である。日本の住宅需要者は安全性に関心が高いゆえに中古住宅の購入を避ける傾向があるにもかかわらず，自己所有の住宅に関する安全性確保への関心が低いのである。

次に検査の種類については，中古住宅が多いアメリカは居住者が自発的に行った自覚的検査が6割以上と圧倒的に多い。これに対して日本では居住者が自発的に行った自覚的検査は2割程度にとどまり，竣工検査が多い。

日本国内だけで新築と中古を比較すると，自覚的検査は新築・中古ほぼ同率であるが，竣工検査には差がある。これは恐らく実際の検査を反映しているのではなく，中古住宅の売買において竣工検査済み証の受け渡しが行われていないということでもあるのだろう。

図4-7は検査をした時期を表しているが，これも日米で違いが大きい。アメリカは入居前後の検査が多い。特に中古住宅では約7割に達する。そして，中古住宅の売買が繰り返されることで，同一住宅が何度も検査されるのである。

上記の両国における検査の違いはどこから生まれてくるのだろうか。その原因のひとつがアメリカにおいて検査済み証が住宅売買の重要書類であることを指摘したい。アメリカの売買当事者は勿論，双方のリアルター，インス

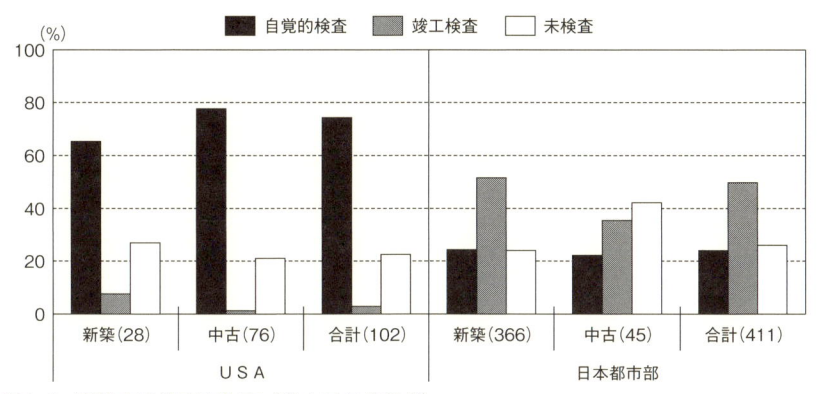

図4-6 現住宅の検査実施率（第1回日米調査）

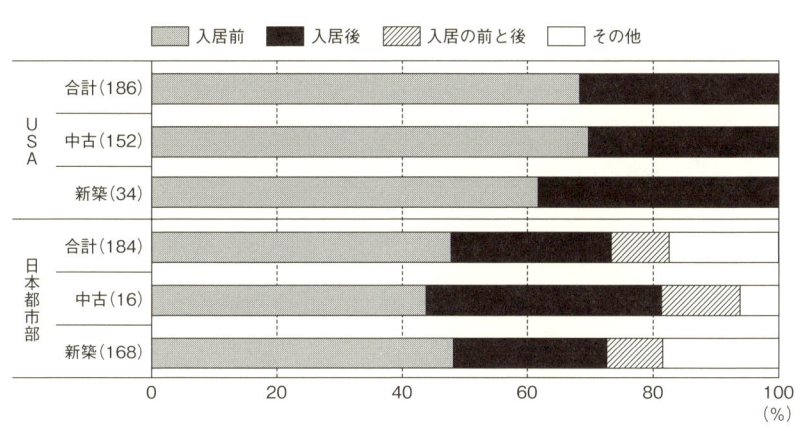

図4-7 検査の時期（第1回日米調査）

ペクター，そしてエスクロー[注1)]機関，銀行，登記，不動産取得税関連等多くの機関との間に書類が交わされ情報が透明に公表されている。特に住宅検査レポートの共有は重視してよい。これは売買価格の客観的根拠を知る手がかりになる。実成価格は固定資産税に跳ね返り，近隣が知るところとなる。

注1）
エスクロー…不動産の売買を目的に関係書類を第三者（エスクロー会社）に寄託し，一定の条件が成立した場合に寄託した金銭や証書類などを相手方に引き渡すこと。住宅新報社『現代不動産用語辞典』から引用。

他にも多くの情報開示書類が売買当事者の間で交わされ、微に入り細に入り、極めて多項目にわたる非常に詳細な内容が開示される。また、買い手の質問に対する売り手の回答書も添付される。だから、投資を目的にして現住宅を購入した人は永住目的の人よりも検査済み証を取得する割合が約3倍高いのである。

後述するが、欧米では検査が居住者本人の安心感を得るだけでなく、中古市場における品質保証や、銀行の融資条件の根拠になる、つまり第三者（買い手、銀行など）に対して十分な説得力を持つ材料になるのである。

現住宅を取得した時に、専門家による検査を実施した割合はアメリカでは75％に達した。アメリカでは、中古住宅の購入契約中にインスペクターによる有料の検査をすることが常識である。この場合、売り手は買い手が検査をする権利を認めている。これに対して、日本の住宅取得者で取得した時に検査をした人はわずか22％にすぎない。日本は安全性や災害への関心が高いこととは裏腹に当事者の自覚が不足していると言わざるを得ない。商品として市場に出入りする頻度が高く、その都度検査をしているアメリカの住宅に対して、日本の住宅は初歩的な責任も果たしていないということになる。

日本の中古住宅の売り手は契約中の検査を嫌がる傾向が強い。そうした売り手の態度を買い手側も受忍してしまっている。安全性に関心が高いとされる日本人だが、中古住宅にもともと低い価値しか与えていないため、品質保証がなおざりになってしまっているのである。

(2) 住宅検査の普及

筆者は過去に何度も住宅市場に参加してきたが、その経験からすると、契約を結ぶ前に検査を要求することは極めて難しいことを実感した。新築でも素人の施主が施工の不具合を指摘することは相当に勇気がいる。弱い立場の施主を応援するために請負契約に検査を義務づけようと新築住宅に対する住宅の品質確保の促進等に関する法律（「品確法」）が施行され、その主要柱に住宅の性能評価制度が導入された。しかし、利用実績は芳しくないということである。風聞によれば、中小施工会社による利用が極めて少なく、大手ハ

ウスメーカーや，マンション業者がブランド化，差別化をするための手段になっているだけ，消費者を守る機能が果たされていないのが実情だという。

一方，この制度を知っている施主が制度を使いたいと思っていても，その理由をよほど強く主張しない限り施工業者のみならず，建築士にまで無駄だと押し切られる。消費者の権利を守るために作られた制度であるにもかかわらず実際には生産者が難色を示しているのが実情である。その最大の理由は「そもそも契約に至ったのは施主が施工業者を信用した」からであるという理屈である。それでも制度を使うことにこだわれば，「施主には多額の費用負担が発生するし，施工業者にとっては多大な事務手続きの負担がのしかかってくるだけで，デメリットしかない」と説得される。競争が働かない請負社会では制度と実態が見合っていない。実際問題として性能保証の効果がどんなものであるかは定かではなく，業者との間に軋轢を生んでまでがんばる必要があるのかとすら考えてしまう。

では，中古住宅の場合は売買時の制約前に検査を要求することは現実に可能だろうか。筆者の経験からいえばゼロとはいわないが，例外と考えた方がいい。検査を要求する消費者には，「あなた以外にもほしい人が待っている」とか，「不具合も含めて現状有姿の価格である」といった回答が返ってくる。それでも検査をしたいと申し出ても売り手が応じることはまれで，難癖をつける「クレーマー消費者」のレッテルを貼られるだけで終わることも多い。買い手は不具合が生じても我慢するか，購入をあきらめるかの選択しかないのが，中古住宅市場の現状である。そこをさらに進むことは当該物件がほしい買い手には現実的ではない。

したがって，日本の中古住宅の検査はほとんど購入後に実施されることになる。しかしながら，購入後に実施した検査の結果は不動産市場に反映されない。検査が市場の改善には繋がらないし，客観的な評価を受けられないのである。

以上のように，日本の中古住宅市場は消費者の選ぶ権利を保護しているとはとてもいえない状況にある。経年だけのパラメーターで既存住宅を評価する現行のいい加減な制度を改めて，既存住宅を検査するのは当然であるとい

うコンセンサスを作るべきである。

　日本では，中古住宅の性能を正当に評価するためには検査が必要条件であるいうコンセンサスがなぜ得られないのだろうか。その原因は中古住宅市場が狭いために売り手，買い手と不動産仲介業者および，その他の業種・関連組織が対等関係を構築できないからである。また中古住宅需要者をリピーターとして育てることに関心が薄い市場の非循環性も原因にあげられる。そして仲介業者が売りに傾き，その点で競争が止まってしまうのである。

　日本で住宅検査といえば圧倒的に竣工検査である（図4-8）。もちろん竣工検査の実施率を100％に近づけることは言うまでもないが，竣工検査はフローにしか有効でないことも理解しておかなければならない。安全性と居住性の不具合は居住中に蓄積していくものであり，住宅ストックの性能不良は多様である。だから一律に係数をかけて済ませるのではなく，個別の検査が必要である。検査の目的は商品管理のみにあるのではなく，居住者の安全と財産の保全のためでもある。したがって生涯住み続ける人にも，転売したい人にも既存住宅の検査の必要性を理解してもらうことが重要である。

　現行制度では住居の管理責任は所有者または占有者が負うことになっている。分譲マンションは同じ持家ではあるが，管理状態による社会的リスクが高いという認識が共有されるようになり，建築基準法第12条および，建物の区分所有等に関する法律で定めを作り，さらに国土交通省が標準管理規約も作って公的な関心が高い。ところが，戸建持家住宅は所有者本人の裁量に任せ，同じ居住施設であるにもかかわらず戸建住宅の管理は野放しである。

　このような状況を打開するために，住宅ストックに対する検査を義務化することが注目され始めている。自動車に車検の義務があるように住宅の検査を義務化するというものである。現状の自動車の車検が決してうまく機能しているといえず，本当の目的（徴税）を隠した隠れ蓑だという批判があることは承知しているが，実際，部品交換などによってトラブルの発生を未然に防ぐことに役立っている。制度設計や，運用には改善すべき課題があることを承知の上で申し上げれば，車検は自動車の所有者が社会の安全を維持する責任を自覚する機会になっているので，安全な道路交通状況を作る最低条件

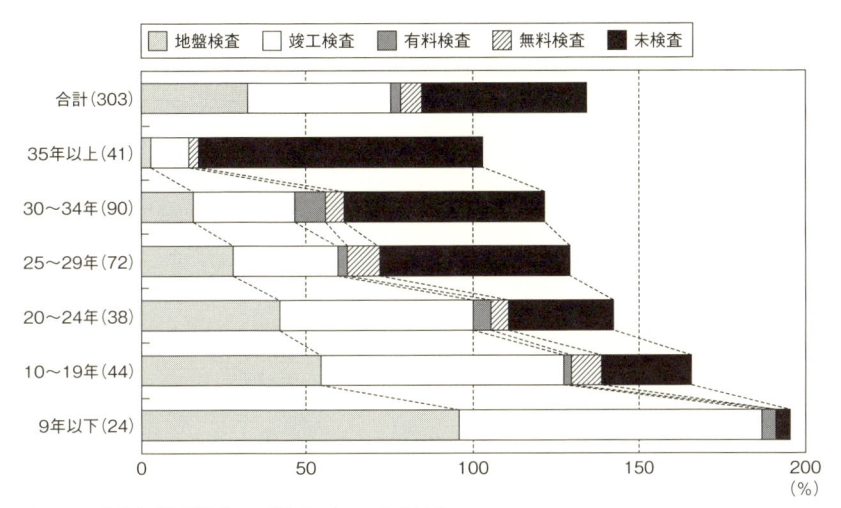

図4-8 建築年数別検査の受検率（2009年調査）

写真4-3 阪神・淡路大震災で1階がつぶれ2階が下に落ちた家

写真4-4 阪神・淡路大震災で道を塞いだ倒壊家屋

として車検制度を支持できる。

　では住宅についてはどうだろうか。当然のこととして住宅の検査を義務化する根拠が問われるだろう。なぜならば住宅検査の直接的な効果は住宅の所有者の命と財産を守るために他ならないからである。個人の判断から生まれたリスクを当人が負うのは，自己責任の原則であると思われるだろう。

　しかし，そればかりとはいえない。当該住宅が他人の命と財産の安全を脅かす凶器になる事例は，さまざまな局面で発生している。一戸の家屋の崩壊は近隣の人々の不安と悲しみを生み，道を塞げばコミュニティが混乱する。被災住宅が多ければ多いほど都市機能や行政が麻痺する。決して住宅災害の影響は個人の範囲に留まらないのである。これは整備不良の自動車が街を走る危険とまったく同じといっていい。それ以上に強い理由は，救出，復旧・復興過程で払われる犠牲と費用，エネルギー等あらゆる分野で支払われる代償は明らかに個人的嗜好性の範疇に収まらないことである。大事故が発生した後の賠償金や，インフラ整備に使われる費用を踏まえれば，自動車には車検が義務化されているのに，住宅に家検制度を導入しないのは理屈に合わない。住宅検査を義務化する根拠は耐震診断は誰のために，何の目的でするのかを問えば明らかであろう。さらに減災の立場からも，住宅を社会財と見なすべきである。今後リスクの緩和の手法について議論を尽くすべきである。以上の理屈に立って，家検制度は持家の管理責任を明確にするものである。

　筆者の調査によれば，家検制度に積極的に賛同する人は8％弱しかいないが，考え方に賛同する人は66％あり，両者をあわせて75％が一応理解を示した。この制度の賛同者の特徴は，地域への関心が強い人，現住宅の耐震性に関心が強い人である（図4-9）。興味を引くのは女性の方が男性よりも賛同者が多いことである。

　残念ながら現実の住宅の検査実施率・頻度は極めて少なかったが，住宅の所有者の義務を規定した建築基準法第8条を知っている住宅の所有者が専門家を除けば皆無に近いことを改善する所から始めるのはいかがだろう。

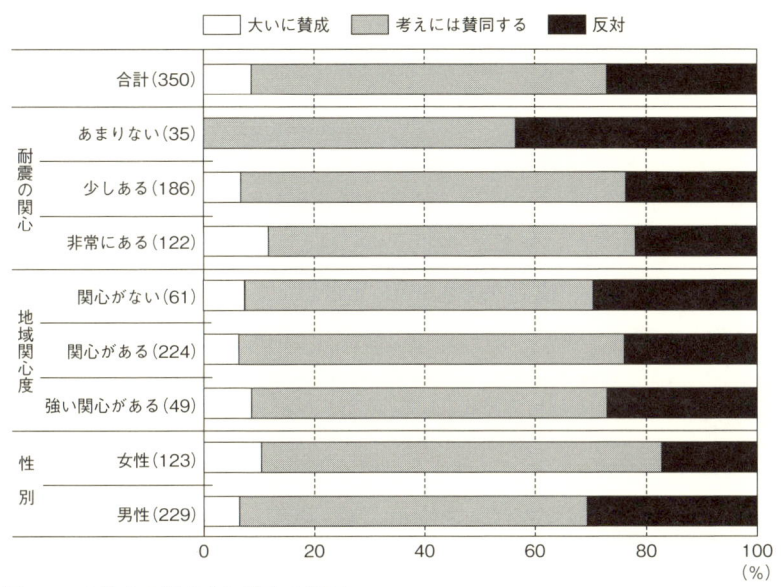

図4-9　家検査の制度化に対する賛否

> **コラム：江戸時代の大工**
>
> 　幸田露伴は小説『五重塔』の中で，主人公の大工十兵衛に，自分の腕を世間に認めさせるために「板一枚の吹きめくられ釘一本の抜かるゝとも，味気なき世に未練はもたねば物の見事に死んで退けく覚悟で嵐の中を五重塔に向かい」，釘一本すら抜けることがないことを見届けさせている。これはかつての日本において，大工のプロ意識を，第三者の目を介入して育てていたことを語っている。この時代には住宅を建てることを「普請」と呼んでおり，現代のように「買う」物ではなかった。

4）海外の住宅検査の事例

　アメリカでのヒアリング調査の際，中古住宅の売買関係の重要書類に間取り図が含まれていないことに驚いた。1週間に一度発売される不動産新聞はリアルターと，物件の正面写真入りの広告が多い反面，間取り図を載せている事例は極めて少ない。アメリカで実施したヒアリング対象者の15件中，間

取り図を入手したのは数件であった。そのうちの1件は購入後に偶然に入手したそうである。なぜ彼らは間取り図を要求しないのだろうか。この問いに対して，「間取りは，見ればわかるから必要がない」という答えが返ってきた。では何を決め手に選んだのかという問いには「雰囲気が気に入ったから」という予期せぬ回答であった。また，彼らは間取りをさほど重視していないが，「校区とコミュニティ」の重要度が強いことは回答者の全員に共通していた。

しかし，雰囲気だけで高価な住宅を買うとは思えない。「では，あなたたちは何を信用しているのか」と再度尋ねた結果，主観的な好みとは別に「物理的，建築的評価は腕の良いインスペクターに任せた。家歴書に何が書かれていても，インスペクターが現物を見て判断したこと以上のことは伝えていない。」という回答があり，インスペクターのレポートは買い手の最も強い拠り所となっていることがわかった。その他にも，欧米では売買に伴って，経済的評価の客観的根拠が示されるなど，居住者以外の第三者に対する説得材料として多様な手段が用意されており，そのことが住宅の質を保つ役割を果たしている。

そこで信頼が高いインスペクターが行う検査とはどのようなものか，筆者の手元にイギリスのサーベイヤーレポートと，カナダのインスペクターレポートがあるので，その一部を紹介することにする。

(1) イギリスのサーベイヤーレポート

このレポート（構造上の調査レポート）は，1991年にロンドンの住宅の購入予定者が売買契約を結ぶ前に，有資格者のサーベイヤーに依頼して，購入予定物件を検査した結果の報告である。調査レポートの原本は依頼者に，コピーが弁護士に送られており，弁護士からも問い合わせができることになっている。

イギリスのサーベイヤー（検査業者）は検査費用によって有資格者の割合が異なり，それによって検査の質も異なる。したがって，依頼主はどの程度の検査を依頼するか選択することになる。ちなみに本レポートは当時の日本円にして65万円ほどであった。依頼者はこの金額は高いけれども，それだけ

の値打ちがあると評価していた。

　ここで紹介するレポートの住戸は，1890年代に開発されたロンドン郊外のテラス型住宅地にある。当該住戸は何回かの売買で，内部が極めて大胆に改造された履歴がある。

　筆者は本レポートの中で次の点に注目した。

　①過去の改造がしばしば構造上，雨仕舞上の欠陥の原因になっていることを指摘していること，②検査内容は軀体等の安全上の検査はもちろん，断熱性能，飾り物の損傷程度まで，多方面にわたっていること，③しばしば修繕を勧告しているが，決して建て替えに言及していないこと，④検査が不動産の評価に関わることにも踏み込んでおり，その評価の観点に地域の成熟性に対する評価が含まれていること，⑥物件の参考購入価格を提示していること，以上である。さらに，修理に必要な工事費の概算を提示すると同時に，居住者がDIYをすれば改修費の負担を軽減できるとアドバイスをしていることにも注目した。

　以下はサーベイヤーレポートの抜粋の一部である。

　検査はいかにも微に入り細に入り，丁寧に報告されており，居住者がとるべき対処方法を親切に提案していることに着目してほしい。

[環境と位置]　省略
[物件]
　この物件は３階建てで，1890年頃に建てられた中庭付きのテラスハウスである。そして道路境界から階段まで８フィート６インチある。物件内部の施設は以下のようである。
[要約]
　この建物のオリジナルは，竣工当時の標準仕様で施工されており，構造は基本的にはしっかりしている。しかし，長い間維持管理を放置してきたツケがたまって，近い将来にたくさんの小規模の修理が必要になる（修理が必要な箇所のリストは後出の表4-4に整理してあるので参照していただきたい）。その修理費用の見積もりは，工務店にたのめば，税金抜きでおおよそ7,000ポン

写真4-5 レポートと同じテラスのファサード（レポートの物件ではない）

ド台になる。しかし居住者が「DIY」で直せば，軽費で済むだろう。

[家屋の評価]

調査の結果から，本物件の土地・不動産の正当な市価は，現状のところ180,000ポンド程度と見なされる[注2]。

[主屋根]

主屋根はマンサードデザインで，おもてからは屋根に囲まれた最上階が使える。1階からは天然スレート材の屋根が見えるが，その正面上半分はコンクリートタイルが併用されており，下半分は人工スレートである。

主屋根後部に葺かれているスレート状態があまり良くない。スレートは劣化を防ぐために瀝青質でコーティングされているが，天窓の下のスレートが2枚ずれているし，右側壁に接した屋根勾配には3枚のスレートが欠落している。これらのすべては急いで取り替える必要がある。また，スレートに使われている釘がさび始めており，このままにしておくと悪化が進み，スレー

注2）
同じテラスハウスの別の住戸が1998年に売りに出されているが，その売値は425,000ポンドであった。この住戸はレポートの対象住戸とは違って，1階の台所部分を増築している以外ほとんど1890年代のオリジナルなままであった。

トが滑り落ちる危険性がある。長い目で見ると，このスロープを完全に取り除き，人工のスレートを使って葺き替える予算を立てた方がよい。

屋根を支えている梁は内部の漆喰細工で隠れていることと，また，主屋根中央部の真下に小さな屋根裏があるために建物の内部から接近できないことから，調査することができなかった。

[2階後方の増築部分の屋根]

この屋根は下屋構造（lean-to roof）で，天然スレート葺きである。屋根には階段の踊り場へ自然光が入るように天窓が設置されている。屋根スレートの状況は広範囲にわたって表面のラミネートが剥がれているが，すぐに取り替えを必要とする段階ではない。しかし，5年以内を目処に屋根を葺き替える予算を立てておいた方がよい。

このスレートとレンガ造りの壁との連結部には，アルミニウム製の雨仕舞いで繋がっているが，小屋裏をみると，スロープの付け根の連結部と母屋の後壁に雨漏りの形跡がある。これは，新しい雨仕舞いに完全に取り替えるのを急いだ方がよい。天井内部には湿気の痕跡はない。

玄関の屋根はソフトウッド製である。垂木はおおよそ50×100mm（2×4インチ）のサイズで，母屋桁（棟木）で支えている。この母屋桁の断面は75×100mm（3×4インチ）しかないが，浴室と寝室の間仕切り壁の上にある束が補助的な支えをしている。これらの母屋桁と束は非常に短い年数しか経っていないが反ってきている。これは母屋桁の厚さが少なくとも6インチか7インチ必要なことから考えて，厚み不足であり，かつ支える位置が悪く，屋根の重さが下の構造に負担をかけていることが原因である。

表面的には屋根材に虫喰いは見つかっていないが，内部が屋根の構造で隠れているために深部まで調べられなかった。したがって保証はできない。

天井は建物の正面から後部まで張られているが，この間に垂木の支えや，屋根の重さを支える間仕切り壁がない。横方向の構造材が皆無であることは驚くべきことである。垂木を支えるために側面に構造材を増やすことが賢明である。

プラスチック製の冷水貯蔵タンクが屋根の中程に設置されて，台状の板で

固定されている。このタンクはおおよそ40ガロンの容量がある。カバーはあるが，断熱性がないので，断熱材を設置するべきである。屋根内部にも断熱されているパイプは1本もなく，同じく断熱工事をするべきである。

本建物には構造的な挙動（movement）が見られるが，これは母屋のレンガ造りの隔壁内で発生している割れ目の原因である。割れ目は約12mmに広がっている。

天井の梁は，合板でカバーされているので軽い物の収納台に使われている。屋根に断熱財が入っていないために，熱損失が大きいので，ガラス繊維（キルト一層が4インチほど）を天井の梁から屋根全体に渡って設置した方がよい。

［正面の出窓の屋根］

出窓の屋根はフラットで，トタンで覆われている。後部がすり減ってきているが，内部の防水状態に影響していない。屋根の底部が直接固定されているために，梁の調査，断熱の有無，その他の調査ができていない。

［樋と地下管（down pipes）］

軒樋は鋳鉄製の材料が使われているが，正面の出窓と，主屋根の裏の軒にはプラスチック製に取り替えられた部分がある。地下埋設管も鉄とプラスチックが混在している。

正面の樋は，外見は使える状態であるが，雨水管の修理が必要である。地下埋設管の下部で，縦樋との接合部に亀裂がある。右隣家と共有している部分にも亀裂があり，漏水が見られ，完全に改修が必要である。

後部増築部分の鋳鉄製の樋は泥が詰まっているので，完全に除去すべきである。ほとんどの連結部に漏れた痕跡があり新たにふたをするよう勧める。裏の樋と雨水管の表面の腐食がひどく，完全に葺き替えることを勧める。また，バスルームの擦り切れたパイプの鋳鉄部にもいくつかの腐食があり，即刻改修する必要がある。

［煙突］

隣家と共有の煙突が3本ある。煙突は全部素焼きのれんが製の壁構造である。左側壁の両用煙突は使用可能な状態に見えるが，ベースのセメントにひ

び割れがあり劣化していると思われる。

　暖炉がすべて取り去られており，入り口はふさいである。元通りに戻さないのなら通風用の煙出しとふたを除去し，換気扇をつける。

　増築部分の煙突の後部表面に，過去に修繕されたことがある亀裂が再度開いてきている。

［パラペットの壁］

　正面のパラペットは状態が悪い。このパラペットへの右側装飾用の窓間壁両方は，右側立面にわずかに傾いている。壁は使い古されており，レンガとレンガの間にからまっている植物を除去した後，完全にリニューアルが必要である。切妻の右側スロープにあるコンクリート製の覆いも修理が必要である。

［外壁］

　外壁の調査は基礎の地固めの様子を含めて慎重に行った。当該建物の外壁は約350mm（1フィート2インチ）厚のしっかりしたレンガ造りである。レンガは後立面（裏）が黄色いロンドン製で，正面は赤い物が使われている。

　正面から見たところ，玄関ポーチの柱及び上部が左（出窓方向）に傾斜し，出窓の上のレンガの壁がわずかに歪みが発見された。前出の2階左側に見られる傾斜は，出窓の上のレンガを支えている梁がたわんでいることが原因である。この年代（1890年代）の住宅にはチンバー構造が取り入れられているが，木材の厚みが構造上不足していることが考えられる。その影響を受けて床根太の接合部が弱っている。この損傷はおそらく建築後早期に起こったと考えられるが，内部まで続いている兆候はない。

　正面1階の出窓のレンガ壁にはリフォームの跡がある。また，右手角の窓の間壁がわずかに傾き，それが原因で窓枠にひび割れが発生して，拡大している。

　後立面（裏）に廻って，まず3階が増築されていることを指摘しておく。増築工事の際に，母屋に裂け目ができた痕が後部の屋根構内にある。外側にも，母屋につながっている後部増築屋根のひさしから4つの方向に裂け目が走っている。これらの裂け目はすべてかなりの年数経過していることを指摘

しておく。

　裏の増築部分の入り口上の壁は再築されている。これらは下からスチール製のまぐさで支えられている。窓の上の壁に1階の台所から，2階の浴室へ，非常に細い亀裂が伸びている。他にも裏の窓の右手端から台所，寝室の窓の敷居に向けて亀裂が走っており，2つのレンガが砕けている。さらに非常に細い裂け目が，パラペット壁の底から後部増築部分の下へ伸びている。これらの損傷は深刻な状態ではないが，基礎の保証はできない。

　本調査は地盤を掘っていないので，基礎の深さに関する正否を判断できないが，住宅の沈下，地滑り，隆起に対する予防対策についてはアドバイスできる。損害保険は上記のリスクをカバーしているので，同じ保険業者を利用して加入するのが有利である。

　次に，リビングルーム，および主寝室については窓の敷居や，腰壁に，右下へ向かって傾斜しているが，レンガの壁には裂け目が見られないので，大きな損傷にまでは至っていないと思う。

　建物に使われているレンガについては，正面のレンガが崩れ始め，表面が砕けていること，玄関ポーチの左側の壁にある13個のレンガが縦に割いたように劣化していること，1階出窓のレンガ，3階の窓間壁の4つのレンガも崩れていること，等の損傷が見られる。このようなレンガの損傷部分は切り取って，交換しなければならないが，応急的に残存レンガと同色に着色したセメントモルタルで補修しておくこともできる。（以下省略）

表4-4　修理が必要な箇所のリスト

①屋根前面スロープの結合部と，左手の一部にあるパラペット壁のセメント・フィレを修理する。
②屋根の後部スロープの，落下して見あたらないスレートを取り替える。
③１階と２階の床への木食い虫を根絶する。
④後ろの追加屋根，タンク，およびパイプを断熱する。
⑤前面と後部の雨水パイプを取り替える。
⑥閉じこめているジョイントを含む溝のついた後ろの追加軒を分解検査する。
⑦組み合わせ煙突への旧式の送気管のふたをとって，換気装置をつける。
⑧一部のパラペット壁を，破砕無石セメント・フィレで修繕する。
⑨天窓の上前面のパラペット壁のポイントを一新して，破風の境い目右手スロープの笠石を修理する。
⑩正面の剥離したレンガを，切り取って交換する。
⑪外壁の亀裂を直す。
⑫腐朽したエリアを一新する。
⑬増築壁の基盤にある，セメント製幅木の砕けた部分を取り替える。
⑭浴室のしきりに支えを追加する。
⑮２階後部の寝室内の炉胸（暖炉の部屋に突き出た部分）に追加の支えをする。
⑯腐朽している浴室の戸枠を調査する。
⑰内部の出入り口は四角に歪んでいる。
⑱窓のサブ敷居の喉部分を元に戻す。
⑲外部の塗りを一新する。
⑳１階の湿気を改善する。
㉑壁漆喰の無石部分，また湿っているセクションを一新する。
㉒左手に炉胸正面のくぼみがある床の腐朽している部分を修繕する。
㉓排水装置の漏れを直す。
㉔サブ・フロアの通風を増やす。
㉕サニタリー設備を分解検査する。
㉖電気系統の欠陥を改める。
㉗基礎は均質でないが，その広がりから重大な欠陥であるとは考えない。しかし，この建物が沈下，地滑り，隆起の予防上，損害保険を契約することを勧める。同じ会社でカバーを続ける方が利点があるかもしれない。

注：本調査は，露出していない部分や近づくことができなくて注意深く調べられない部品については報告していないことをつけ加えておく。

(2) バンクーバーのインスペクターレポート

次に，バンクーバーにある中古住宅のインスペクターレポートについても紹介する。このレポートには「インスペクターには特別の資格はいらないので玉石混淆である。だから失敗しないようにするためには施工業（Contractor）の有資格者に頼むべきである。検査は偶発事故に付随する瑕疵は売り手が負う義務があるという契約のルールに従っている。買い手は売り手を信用していないので，独自に利用することが多い。最初インスペクターにざっと見てもらい，悪い箇所について，部位ごとに専門家に検査してもらうのがよい。（中略）売り手にとって"Inspection is the most difficult time."である。買い手側の検査の内容は値下げの資料に使われるから，売り手も交渉が有利なようにインスペクターを利用する方がよい。なお，買い手が不当な要求をしてきたときは売り手は契約を取り消すことができる」と記載されている。

レポートには，注意書きや提案という形で詳細な検査を受けることを促している箇所が多い。しかし検査同意書では検査の範囲と，調査会社の責任範囲を具体的に線引きし，明らかにしている。そして，カナダおよびアメリカ家屋検査協会の実施基準と倫理規定を遵守しているので，修理や下請け業者の紹介はできないと明記している。

以下はレポートの一部である。

[検査の範囲]

　当該家屋は一家族用住宅，平屋根である。築後80年～90年と推定される。検査時の天候は涼しく，曇りであった。

　本調査は弊社の高度な訓練を受けた検査員が，目の届く範囲内での徹底した目視による検査である。その上で建築，資材，大工仕事の技術が，対象家屋竣工時点での業界水準に達していたかどうかを判断する。本調査の検査員はすべての工作や作業の専門家ではない。したがって，ここで実施する「一般」家屋検査は専門技術検査ではなく，本報告は技術的徹底検査による評価ではない。そのような評価を行う調査はさらに時間

がかかる。徹底した検査を行っても，所有者が重要と思う状況のすべてを明らかにすることは不可能である。

　さらに，建築物を所有することには，多少のリスクが伴うものである。

　「一般」家屋検査は構造や壁内部には及ばない，カナダ家屋検査協会［CAHI］が規定した家屋検査の基準と範囲内で，立ち入りが容易な範囲内での作りつけの機器系，機械系，電気系，配水管系統と，住宅の主要な室内設備と室外構造物に関する目視による物理的検査である。

　本検査で請求する料金は専門技術検査に比べて相当低価である。

　一般家屋検査費用は325カナダドルである。

　報告書は検査済みの各系，住宅構造，建造物，即刻修理を要する材料の欠陥の発見，観察済みの状況に対する推薦，適格者によるさらなる評価の勧告などを記述している。したがって，建築様式，美観，設計上の欠陥，瑕疵は各系，構造，建造物が欠陥品であるかどうかは対象外である。本検査で除外されている項目については「具体的除外項目」（表4-5）を参照されたい。また報告書は検査時点での，一覧表に列挙された本不動産の特定項目の観察を反映しており，修理必要項目のリストではないし，不動産の販売価格を再交渉する際に指針として利用するべく作成されたものではない。したがって本報告において売り主の行為を指示してはいない。売り主が修理をするべきか否かなどの決定は買い主・売り主・不動産業者・ソリシター（事務弁護士），または取引関係者との間でなされるべきである。

表4-5　一般調査から除外される項目

経年	家屋は経年的に磨耗するので，外観上の特徴
検査員に見えないもの	床のカーペット，壁はがし，床，天井，の取りはずしが必要な事項。 家具の移動が必要な事項。 各系や表面の破壊検査，設備機器の取りはずしが必要な事項。 土，植物，水，氷，雪，その他検査員に危険な事項。 ガスの種火の点火，パイロットランプの点火，シロアリ，菌による乾燥腐敗，カビ，その他木材破壊昆虫・組織検査など，ライセンスが必要な事項。 土，地質学的検査，排水管かつ／または敷地内の廃棄物処理施設，軟水化設備，インターコム，セキュリティ，電話およびテレビのケーブル，低電圧点火システム，時間計測システム，浄水システム，井戸（地上設備で見えるもの以外），太陽電池システム，プール，スパプール設備の逆流，簡易給湯設備，セントラルエアコンシステムの圧力テスト，ボイラー，熱交換機，放射暖房システム，自立固定構造機器，その他個人財産等。 動物，害虫，げっ歯類に関する事項。 外観上の特徴，すなわちペンキ，芝生および景観。 検査時点で稼動していない主要システム。
製品の瑕疵と環境への害	建築資材には有害な物質，例えば，アスベスト，鉛，ホルムアルデヒドなどを含んでいる可能性がある。化学分析，欠陥製品，環境被害，アスベスト，鉛，鉛入りペンキ，一酸化炭素，UFFI，その他有害可能性のある素材を，検査から除外する。 ただし，添付の書面による同意書で修正された規定は例外とする。
追加料金が必要になる検査	その他，本項に記載したサービスの工事を希望する場合は，各項目の横の四角い箱の中に，名前の頭文字を記入し，かつその項規定の追加検査料金を支払わなければならない。
追加料金が必要になる検査	［一酸化炭素］ 家屋の化石燃料を使用したヒーティング，排気ガス換気システムは，時として致死量の一酸化炭素を排出する。甲は一酸化炭素探知メーターを使用して，ガスの存在をppm単位で検出できる。 ［水質分析］ 清浄水は，新しく家屋の所有者となった多くの人の主要な関心事である。環境保護局の許可を受けた研究所の分析によるさまざまな水質検査を提供できる。他社は水の硬度のみの報告が多いが，本社は水中の鉛，銅，硝酸塩，多様なバクテリアを検査できる。 ［基本的エネルギー評価報告］ 本不動産の周辺で，エネルギー効率に最大の影響力をもつ最重要地10カ所の追加情報を提供できる。その報告は，家屋の快適レベルを向上する対策と技術，エネルギー費用節約の機会とともに提供される。 ［ラドンガス］（略） ［木材破壊害虫と菌による乾燥腐敗］ 免許取得者の検査員が，家屋の近づきうる範囲での目視検査を行うので，追加料金が必要である。

表4-6 検査リストの一部抜粋

400		主要システム
配管の充分な流水量，空気の流れ，強制暖房システムの暖房効率などは，正常以下であると判断される。主要部の撤去の前にこれらのシステムの評価をしてもらうことを提案する。 暖房機，熱交換機も含む内部機器各部の詳細検査・解体は本報告の範囲外である。有資格の業者に依頼すれば，実施できる。		
401	暖房	ボイラーによる温水ラジエーターが上部にある。ガス暖炉寝室の右後部下辺にあり。テスト時稼動。ガス閉栓，電気断線されている。当設備にさび，湯あか，その他のゴミがあるため，正しく稼動するかどうか，検査することを勧める。暖房システムの稼動は，資格ある暖房業者に年1回安全と正しく稼動しているかどうかを確認してもらうことを勧める。一酸化炭素探知機を設置して安全検査を勧める。
401a	通気孔	未検査。安全性を高めるため，コンセントやスイッチにキャップをかぶせることを提案する。
403	サーモスタット	壁上部でゆるみ，別途発注して修理をするべきである。
404	排気ダクト／パイプ	アスベスト等の化学物質検査は除外事項であるが，暖房配管穿孔テープはアスベストを含んでいる可能性が高い。アスベスト材料を扱う際は正当な手続きに従うよう勧める。
405	配水管	公共水道に主たる断線はない。可視できるパイプは銅製。壁の後ろのパイプのタイプは不明。水漏れをした可能性がある。台所，浴場・浴槽，トイレ，各下のバルブは開栓は未検査。
406	排水／ゴミ管	ゴミ廃棄システムは下水。ゴミ管は見える部分はプラスチックと鋳鉄。ゴミ管は外部では凍結するだろう。
406a	排水溜め	倉庫にあり，個人動産につき検査・検査不可。
407	給湯	約33.3ガロンの1986年製ガス給湯がボイラー室にある。ユニットは使用期限に近づいている。冷水は閉管されている。圧力・温度調整バルブが安全のため設置されている。圧力・温度調整，バルブの放出パイプは設置されていない。放出パイプを小さいものにしないで，タンクの横にまっすぐ下ろすことを勧める。年に一度，タンクからバケツ1杯分排水してタンク底の残渣を廃棄するよう勧める。それによりタンクの寿命が延びる。
407a	通風孔	手をつけず。

408	電気	電気供給量は約100A，120／240V。配線口は頭上。主パネルは居間付き寝室。副パネルはメイン階。主導線はアルミ。断線ブレーカーあり。過剰電力保護はブレーカーによって行われる。電力使用量の増加に備えて予備ブレーカーあり。低アンペア小回路導線は銅で，安全のためにはこの方が望ましい。地下埋設システムあり。 ノックアウトがカバーから欠如している。ノックアウトはパネルの電圧通電中にアクセスを可能にする。電気の安全のために取り替えるか取りつけるよう勧める。 開口接続部，開口接合ボックスがある。安全上懸念あり。電線が切断した後再結合した所は，どこも接合部を接合ボックス内で封印するべき。接合部からのはずれや，ショックを防ぐため，有資格の電気技師に相談することを助言する。 本家屋では照明が窪みに設置されており，絶縁が心配。安全上照明の設置状態が懸念される。内部各照明の正しい設置の仕方を建設業者に確かめるべきである。
409	煙探知器	地下障害断続器は建設時に家屋内に設置された安全装置である。水まわり，例えば台所，浴場，車庫，外部コンセント等のコンセントとすべてのGFI（注：漏電を防ぐためのブレーカー）を高級化するよう提案する。

(以下省略)

注
S＝サービス：資材と大工仕事の技術は納得できるものであり，全般的に満足のいく状況である。
　細かい指摘と，調査会社にて提供可能なサービス，たとえば，電球切れにつき補充可能を示す。
N＝該当項目がない。
　特定の部分やシステムについて簡明に状況の記述のみ提供している場合がある。欠陥や維持管理・安全システムは，可能な限り記載している。部屋の配置や室内の各項目は，後部，前部，中央，左，右，と記述する。
　レポートの方向は正面玄関側から家屋全体を見たものである。

　　謝辞　本論では個人情報の保護に配慮するために，資料提供者を特定できるすべての事項を削除している。改めてイギリスやカナダの資料を提供していただいた関係者に感謝する次第である。

2. 求められる公正な住宅市場情報の開示

1）中古住宅情報の信頼性
(1) 日米における住宅情報の収集の違い

　住宅をほしいと思い立ってから取得するまでに費やす情報収集行動は，日米で傾向が非常に異なる（図4-10参照）。たとえば，アメリカ人の過半数は不動産仲介業者に委託する以外にもオープンハウスを見に行く習慣がある。家族の中で，住宅の購入が話題に上がり始める頃からドライブを兼ねたオープンハウス巡りが週末のレクリエーションになっている。まず，冷やかし程度にたくさんの物件を見ることから始めて，順次目を肥やしながら仲介業者を訪れるケースが多い。オープンハウスの看板は売却物件の敷地内に立っており，内部を見学できる物件も多い。アメリカでも建売住宅地にはモデルルームや展示場があり新築住宅を現場で見ることができるが，新築住宅の需要が小さいので日本ほどモデルルームが普及しているとはいえない。

　これに対して新築住宅が大半を占める日本では，住宅メーカーの展示場や新築マンションのモデルルームが多く，誰でも見学する機会がある。しかし，中古住宅が少ない関係からオープンハウスを見る機会は未だ少ない。またオープンハウスにも，仲介業者が同伴しなければ見学できない物件が多く，誰でも自由に見て回る雰囲気ではない。

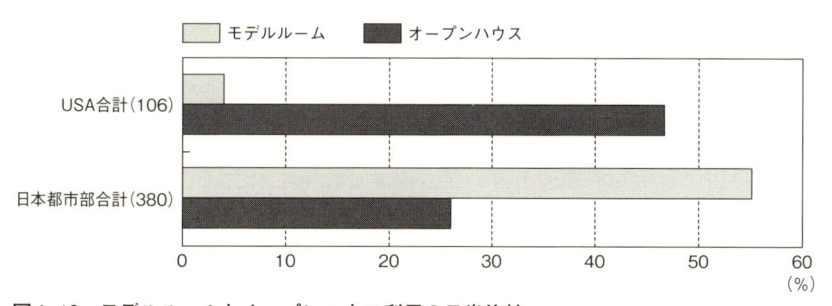

図4-10　モデルルームとオープンハウス利用の日米比較

オープンハウスとモデルルームを比較すると，前者は現場の周辺環境，費用，物理的条件などを具体的に比べられる。それに対して，後者はすべての情報が例示的である。特にハウジング公園に設置されているモデルルームは実際よりも美化されているなど，デパートのマネキンが着ているオートクチュールに似ており，消費者は自分の容姿を顧みず魅力に誘われる。このモデルルームの欺瞞性に着目した『砂の上のロビンソン』（すずきじゅんいち監督，1989年）という映画があった。映画の主題は持家を念願する家族の奮闘記であるが，そもそもの発端はハウスメーカーがガラスケースの中の陳列品のようなモデルルームに生活臭を付加しようと1年間モデルルームに住む家族を募集したことから始まる。そして当選者はバーチャルな生活に疲れ果てて幕は引かれた。モデルルームは実生活を入れる器ではなかったのである。

このような違いを比較すると，日本の住宅市場の情報発信は外的基準に力点が置かれ，アメリカは現場で獲得する内的基準を重視しているといえる。住宅展示場とオープンハウスの役割は同じでも，消費者が獲得する情報は根本的に違うといえるだろう。

(2) 中古住宅市場の信頼性

日本で「仮の宿」として中古住宅を選ぶ人の意識と，反対に「長期的に見れば不経済」だから中古住宅を選ばない人の意識は同じ経済評価の表裏を成し，どちらの意識にも中古住宅は一時しのぎにしか役に立たないという評価が働いている。これは住宅市場における既存住宅の商品情報のあり方，中古住宅情報に対する信頼性と関係がある。

図4-11は中古住宅を購入する場合の不安を見ているが，日米で不安に思う内容が異なる。日本人はアメリカ人に比べて，安全性，設備など物件情報の不安に加えて仲介業者に対する不安が大きい。これに対してアメリカ人は情報や，契約に対する不安が大きいが，業者に対する不安は小さい。

図4-12は不動産仲介業者を選ぶに当たって重視する項目を日米で比較したものである。日本人の44％が公的な信用をあげた。ところがアメリカ人で公的信用をあげた人はわずか6％しかない。同じく不動産業の登録免許を確認

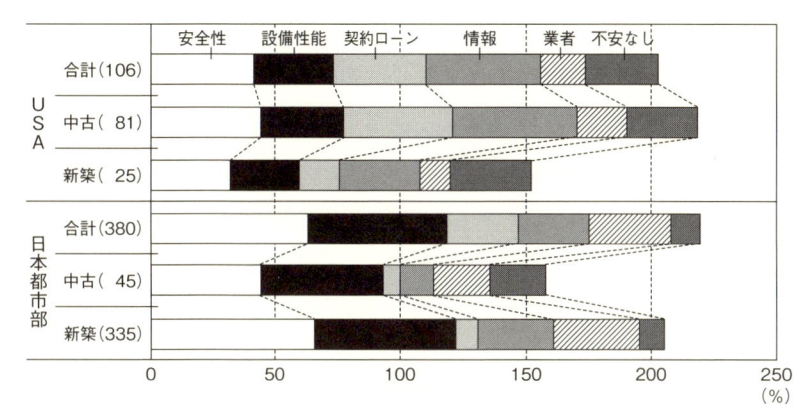

図4-11　中古住宅市場の不安

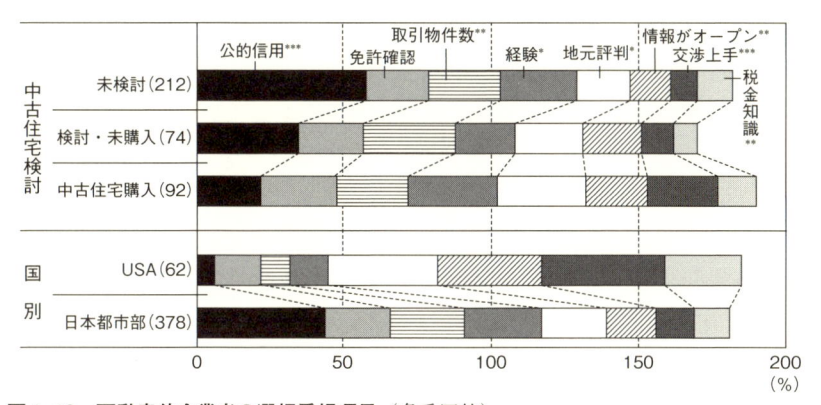

図4-12　不動産仲介業者の選択重視項目（多重回答）
＊印は国別のχ²検定の結果の有意水準を表す．＊5％，＊＊1％，＊＊＊0.1％水準．

するという項目も明らかに日本の方が多い。「公」に依存しがちな日本人に対して，生産者と消費者間で作り上げてきたアメリカの消費風土では無免許業者は考えられないという違いを表しているのだろう。

次に日本では「取扱物件数が多い」ことも仲介業者を見分けるポイントであるが，アメリカでは特段に重要なことではない。なぜならば北米ではMLS（Multiple Listing Service）注3)が整備されていて，データの共有を徹底して市

注3)
MLSは、地元の不動産協会が運営する不動産物件情報システム。協会加入者が閲覧できる。

場の解放性を高めているからである。日本の回答には，業者が物件を抱え込み，あるいは選択的情報を提供する市場の閉鎖性が反映されている。

経験がない人は不動産仲介業者の公的信用を重視する。

アメリカで不動産仲介業を選ぶに当たって最も重視されるのは，売り手との交渉の巧みさである。本調査の過半数（53％）がそのように回答した。加えてアメリカでは情報の開放性や，地元での評判も重要である。過去に中古住宅の購入と関わった経験が不動産仲介業者の見分け方に影響している。

2）アメリカの中古住宅市場の公正さを保つ仕組み
(1) アメリカの中古住宅市場の仕組み

中古住宅の売買に携わる構成員は，日米の間で大きな違いがある。住宅の売買には不動産仲介業者を介入させる方が，制度的にも，慣習的にも合理的な仕組みを作りやすい。この点では日米の間で違いはない。しかし，アメリカでは，中古住宅市場は仲介業者以外に，エスクロー及び，インスペクターが構成員となり，より客観的な判断を介在させる仕組みになっている。このように市場の公平性や住宅の性能を保つために多くの構成員が介入する仕組みがあるのは，アメリカだけでない。カナダでは弁護士が売買双方について，法的な正当性・客観性を維持する仕組みが作られている（後述の資料参照）。

アメリカやカナダではまた，不動産業者は折衝に当たって依頼主（売り手，買い手）の代理としてそれぞれの権利を守る義務があるので，仲介業者は原則として，売り手と買い手の双方と取り引きをすることは少ない。つまり，不動産業者は売り手側と買い手側の双方にいる。売買双方を同時に扱う仲介（デュアルエージェンシー）も皆無ではないが消費者保護の観点から好ましくないと考えられている。カナダではデュアルエィジェンシーのリアルターには規制がかけられている（資料参照）。資料から，弁護士の役割が重要なことがよくわかる。

ちなみに，仲介手数料は売り手のみが支払う。日本の不動産取引では仲介手数料を売り手，買い手の双方が支払うことになっている。だから，不動産業者は売り手と買い手の双方を手に入れている方が有利になる。一方相対取

引は仲介料が安くなることもあり，日本では同一業者が売買を仲介することも珍しくない。それが商品情報の開放を遅らせているともいえる。だから中古住宅の情報が極めて閉鎖的で，消費者が求める情報が極めて少ない。これほどまでの仕組みの違いが住宅需要者の情報収集に影響を与えているのである。アメリカの不動産取引は日本と構造が根本的に異なっている。

アメリカの不動産取引では仲介業者が公平性を保つだけでなく，成約に近づくと，デポジットを提出し，住宅の取引に中立的第三者であるエスクローが介入し，さらに情報の共有者が増える。エスクロー期間中（平均30〜60日）に売り手，買い手，銀行の三者がそれぞれ相手の信用や物件情報を独自に集めて取引の継続をしてもよいかどうかを判断する。

日本には，不動産取引に伴い中立の第三者が介在することは少ない。金融，登記に伴う法律関係者（司法書士）などが存在することもあるが，彼らは特に市場に影響力を持っているわけではない。

以上の他にも中古住宅市場が発達している国には長い歴史をかけて市場の透明性を築いてきたところが多い。しかしながらこれらの国でもすべてに渡って売買当事者が保護されているとは限らない。たとえば2008年に大手証券会社リーマン・ブラザーズの破綻のきっかけになったサブプライムローン問題はその事情を明らかにした。高価な住宅が自由経済市場にある限り，情報の非対称性を解消することはできない。失敗を重ねながら，是正する努力を惜しんではならないのだろう。

資料
カナダバンクーバーの住宅売買について

（以下は不動産業者のパンフレットを要約）

バンクーバーでは平均5年に一度は家を買い換えるといわれる程，家の売買は盛んに行われるので市場の規模は大きい。住宅需要者が多数の売り家の中から，理想の住宅を見つけるには，まずその購入目的をはっきりさせ，詳しい情報を集め，その中から選ぶことが大切である。家を探す時に一番重要な点は，所在地であるといわれているので，建物の内外だけでなく，地域性をよく観察することを勧める。

[不動産業者との契約の種類]
① SINGLE AGENCY（売り手と買い手の双方に異なる仲介業者がいる場合）
　契約は，クライアントと，第三者に対してクライアントの意向を代行する権限を有する不動産仲介業者（エージェント）の間に発生する。エージェントはクライアントを保護し，クライアントの利益の為に行動する。不動産仲介業者（セールスパースンを含む）の任務を次に示す。
- エージェントは常にクライアントの有利な立場に置いて交渉を進め，クライアントの決断に影響するすべての事実を報告する義務がある。
- クライアントの意向に添った行動をする。
- クライアントの秘密を厳守する。
- 業務の執行において細心の注意を払って行う。
- 金銭取扱いに関しては，不動産法にそって行う義務がある。

② DUAL AGENCY（売り手と買い手の仲介業者が同一の場合）
　不動産仲介業者が売り手と買い手の両方を代行して売買交渉を進め，契約が成立する場合をいう。仲介業者として双方の立場に立ち，交渉の内情を誠実に知らせる義務が生じるため，義務の内容を制限する必要が生じてくる。DUAL AGENCYが生じる場合は売り手と買い手からその旨承諾するサインが必要である。
　DUAL AGENCYの制限は以下の通りである。
- 仲介業者は，双方に公平でなければならない。
- 仲介業者は下記以外の内容に関して，双方に知らせる義務がある。
- 売り手と買い手が交渉できる金額や契約書の内容以外の事項について各相手方に知らせることはできない。
- 売り手，買い手の許可なく双方の売買の動機を知らせることはできない。
- 売り手または買い手の許可なく，個人事情を知らせることはできない。
- 仲介業者は，知り得る構造的欠陥を買い主に知らせる。

③ NO AGENCY（買い手に仲介業者がいない場合）
　例：オープンハウスを見て，気に入りオファーを出すことになった場合
　原則的にオープンハウスのエージェントは売り手を代行するので，買い手を代行する業者はいないことになる。
　売り手の仲介業者は，買い手に対して下記の項目事項通り，公平に買い手に接することを義務づけられる。

＊不動産売買時の項目，業務内容を説明する。
＊不動産売買に関わる書類の内容を説明する。
＊物件の選択，視察の手助けをする。
＊借り入れ等の融資についてのアドバイスをする。
＊決済時の明細についての予測を行う。
＊物件を購入可能な金額帯のアドバイスをする。
＊買い手の指示に従ってオファーを作成する。
＊迅速にオファーを提出する。
売り手の仲介業者は，買い手に下記のアドバイスはできない。
＊金額的なアドバイスはできない。
＊買い手のための交渉はできない。
＊売り手の交渉内容を買い手に知らせることはできない。
＊売り手の許可なしに，売り手の内情を買い手に知らせることはできない。

［MLS］
　バンクーバーの仲介業者は，Multiple Listing Service（MLS）が売家の95％以上を網羅していることを利用して，MLSの中から物件の候補を探すことを勧める。
　気に入った家が見つかれば，価格，引渡しの日付，その他の条件を明記した購入申し込み契約書に署名して，売り主に購入申し込みをする。

［オファーの前にしておくこと］
　不動産登記所の登記を調べ，その物件が法律的に問題がないかどうかを調べる。
（インデックスサーチ・タイトルサーチ）
　購入申し込み契約書の価格の設定
　A：土地代と建築コストを割り出して，物件の市場価格を割り出す。
　　　（一般的に，新築の建物の時に有効な方法）
　B：過去に成約があった類似の物件を調べて，販売実績を比較して市場価格を
　　　割り出す。（中古住宅の場合）
　設備は基本的には購入金額に含まれる。

［弁護士を雇う］
　弁護士は名義変更のための必要書類，決済のための資金の受け渡しなど買い主に代わって取引を進める。弁護士には専門分野があるので，不動産の取り引き経験が豊富で，説明がわかりやすい弁護士を探すこと。
　なお，銀行，弁護士，会計士を利用する場合には，家を探し始めた時点で一度会って助言を受けるのがよい。

［交渉から契約へ］
　売り主と買い主，両者が合意に達するまで，交渉は書面で行われ，最終的に両者の合意がなされたら，その契約に従って名義変更の手続きを弁護士に依頼する。
　不動産会社への手数料は原則として売り主が払う。
　名義変更のための弁護士及び登記費用は買い主が払う。
　契約条項，並びに条件は物件ごとに異なるのでよく専門家の意見を参考にして購入すること。

［契約と手続き］
　契約成立と同時にデポジットを支払う。デポジットの金額は一般的には購入金額の5～10%である。デポジットの返済は，一般的に不動産会社または弁護士事務所に支払い決済日まで預けられる。
　契約成立後，買い主の弁護士が名義変更のための書類を作成する。買い主はそれらの書類にサインをして決済日までに弁護士に提出する。
　契約成立後は，売り主・買い主双方が弁護士をたてて名義変更，資金の授受の手続きが行われる。

［決済と名義変更］
ステップ①
　買い主の弁護士は，あらかじめ売り主の弁護士を通して売り主により署名済みの移転登記のための書類を登記書に提出して名義を変更する（移転登記時点に買い主の弁護士事務所に購入のための決済資金が保持されていることが条件である）。
ステップ②
　銀行融資がある場合は，ステップ1完了後に，買い主の弁護士が名義変更が終わった旨を銀行に伝え，融資資金の支払請求を行う。
ステップ③
　買い主の弁護士が売り主の弁護士に対して売却資金を振り出す。
ステップ④
　買い主の弁護士は取引の完了を仲介不動産会社に連絡し，買い主より預かっているデポジットの振出しの指示をする。
ステップ⑤
　買い主の弁護士は，買い主にすべての取引が完了した旨報告を行う。
　以上の各ステップは，一般的には決済日にすべて行われる。

> カナダの不動産取引は弁護士の保証により先行登記が行われ，資金の受け渡しは後になるので，支払い後に名義が変わらないということはない。
> [引き渡し期間]
> 購入契約がされてから，実際に家の引渡しが終了するまでの期間は一般的には1～2ヶ月くらいである。
> [物件引き渡し]
> 売り主側の不動産会社より買い主側の不動産会社に鍵の引渡しが行われた後，買い主に買い主側不動産会社より鍵が渡される。

(2)アメリカの不動産仲介業者の評価

　アメリカにおけるヒアリング調査によって，中古住宅の需要者は中古住宅市場には「安かろう悪かろう」という低質な物件も含まれていることを承知していることがわかった。その上で，彼らは費用対効果を吟味して選択しており，不動産市場を冷静に受け入れていたことが印象的であった。

　アメリカの中古住宅市場の信頼性が高いのは，訴訟社会が積み上げてきた消費者の権利保護と無関係ではない。また，転居が頻繁に行われることも市場の信頼性と関係がある。なぜならば需要者は中古住宅市場の売買双方の立場で頻繁にリピーターになることによって学習の機会が生まれ，経験を蓄積するからである。

　売り主側の仲介業者は，プロとして売り物件のデータを知っている義務と，知っているすべての情報をオープンにする義務がある。「売り主が隠していることはわからない」という（日本の仲介業者のような）言い訳は認められない。顧客をだませば訴えられ，免許を剥奪されるし，だます必要がないので，仲介業者の信用が高いといわれている。

　また仲介業者は即応性が求められる。筆者がヒアリングした事務所は，中古住宅の購入者から「入居後に，夜中に隣家の犬が吠えたが，重要事項説明書に『隣家の犬が吠える』という記載がなかった」という理由で告訴されたことがある。この事例は示談で和解したが，それ以来当事務所は「隣家の犬の存在」を重要事項説明書に明記している。法律は消費者保護の視点から売り手の責任を重くする方向へ変更されていき，リアルターの責任はもっと重

くなった。実際，理不尽と思える理由で訴えられる事例も少なくないそうである。

　リアルターによれば，不動産仲介業者に知人がいない買い手が業者を選ぶには，For Saleの看板に書かれている電話番号に電話するのは利点が多い。なぜならFor Saleの看板が立っている物件を見れば，当該不動産業者が扱っている物件の水準や傾向の見当がつくからである。良いリアルターは買い手が居住中の住宅を見て，持ち物の好みを見聞するなど，買い手の居住スタイルの把握に努める人である。現地よりも，事務所でたくさんの物件リストを見せたがるリアルターは買い手を疲れさせるだけで好ましくないそうである。

　アメリカやカナダでは中古住宅の性能や質はモーゲージ等を査定する基準になったり，課税に反映したりするなど客観的，経済的な評価が見える仕組みが発達している。だから住宅の消費者の位置づけが明確で，日本に比べて住宅消費者の権利が認められる度合いが大きい。中古住宅市場における仲介業者は自動車のディーラーに近い位置づけと考えられる。

　最後に北米で女性のリアルターが多い現象から，住宅市場の透明性に言及しておきたい。毎週金曜日に発売される不動産新聞には写真4-6のように非常にたくさんの女性リアルターの顔写真が掲載されている。近年日本でも女性のリアルターが増えつつあるが，1998年当時は珍しかった。そこで筆者はアメリカで2名の女性リアルターを取材した。一人は60歳代の女性である。彼女はロサンゼルス近郊の住宅地で自営の不動産業を営んでいる。もう一人は同じく60歳代の女性で，リアルター歴は1972年から全米に支店を持つトップ企業に23年間勤続するキャリアである。オフィスは1920年代に開発された居住者階層が高いロス人のあこがれの住宅地にあった。

　彼女たちは日本に女性リアルターが少ないと聞いて驚いていたが，事情を説明したところ，アメリカで女性リアルターが多い理由について，次の点が考えられるとした。

　①アメリカの不動産市場は極めてオープンなので，洋服や文房具と同じく販売業務に男女の差がない。

　②女性の方が生活経験を活かせるメリットが多い。なぜならば，家族が居

第4章　既存住宅の検査の効用と日本の課題 —— 177

写真4-6　女性のリアルターの顔写真が多く載る不動産広告新聞

住する住宅について，女性の方が家族をよく理解し，生活感覚が豊かだから，顧客のニーズをつかむ利点がある。その上，女性は細かいことに気がつき，忍耐強いからである。
③住宅の購入の意思決定は妻が下すことが多く，中古住宅市場のクライアントは女性が多い。そして，女性クライアントは女性のリアルターの方が交渉しやすいと感じている。
④小さなコミュニティでは子どもが通っている学校のPTA活動などを通して得た信用が商売の良い道具になる。これは母親でもある女性リアルターの方が恵まれている。etc.

以上を要約すると，アメリカの女性リアルターは市場が透明である証しであるという説明になる。

3）日本の中古住宅市場における情報の非対称性
(1) 日本の中古住宅市場における情報の開示の現状

これまで述べてきたアメリカに比べて，日本の住宅市場は住居管理の如何で性能に格段の差が出ることを認めようとはせず，中古住宅には不具合があって当然と見なす傾向がある。笊とわかっているのに鉢に値する基準は作れない。反対に市場がリスクの存在を伝えているにも関わらず，笊を鉢だと偽られたことも見抜けず購入したのであれば，そのリスクは消費者が負うべき・すなわち自己責任を取らざるを得ないということであろう。これこそが日本の住宅市場で消費者保護が育たない原因である。

消費者が自己責任を取らざるを得ないのであれば，消費者は当初から中古のリスクを回避した方が賢いことになる。消費者に自己責任を押しつける日本の不動産市場はかえって仲介業者への信頼を落としているのである。

このように日本では市場と住宅需要者との間に横たわる情報の非対称性が中古住宅の安全性，設備性能の信頼性を低下させる結果を招いている。その上，日本の住宅需要者は市場への参入経験が少ないために中古住宅の善し悪し，あるいはアメリカの需要者のように費用対効果を見抜く勘所をもちあわせていない。また中古住宅における消費者保護が十分でないために建物の安

全性能，設備性能のリスクについて消費者自身が責任を負わなければならない。しかるにその不安を消すに足る情報がないのである。結局最終的に「君子危うきに近寄らず」，あるいは「安物買いの銭失い」などの警戒心が住宅の需要者に働くと考えられる。これは本調査において住宅の安全性確保に払う関心・行動と既存住宅の不安感との間の相関性及び，「仮の宿」意識と中古戸建住宅の不安感との間の相関性に見られたことで明らかになった。

　そればかりでない。日本では自宅の性能に対する信頼も低く，それが，さらに住宅情報の信頼性を低下させる方へ作用している。その結果，日本の持家所有者は再度中古住宅市場に参入するよりは，建て替え・増築を繰り返しながら同一の土地に住み続けることの方に価値を見いだした。したがって今後ストックが増えたとしてもその流動性は低いのではないだろうか。

　中古住宅市場が開放的であるか否かは消費者の商品に対する信頼に大きく影響する。特に住宅市場では洋服の試着のように居住性を試すことができないから，消費者は情報に頼らざるを得ない。したがって住宅情報は開放的で正確・正当でなければならない。しかし現実はそうはなっていない。山崎福寿氏は日本の中古住宅の取引量が少なく低質にシフトしている理由を「基本的原因は，消費者が中古住宅についての情報を十分得られないからである。また，消費者が問題のある住宅を誤って購入したときの責任の所在が明確に規定されていないからである。買い手と売り手間で著しい情報の非対称性によって市場が機能しなくなる」と説明している[2]。そして，金城一守氏は，既存住宅のうち建て替えに制限がある既存不適格住宅が市場に現れ，その状態が一定の需要層に支持されるところに，中古住宅の低質化の原因があると説明した[3]。

　こうした情報の非対称性が原因になって派生する市場の信頼性の低下について経済学では「レモンの原理」[注4]と呼ばれている。

　日本の中古住宅を低質と印象づけるもうひとつ大きな情宣要因は中古住宅への融資の基準に使われている建築年数の制限である。戦後，住宅金融公庫を始め日本の住宅金融市場は長い間持家住宅の新設に力を注いできた。そのために長い間融資の対象を新規建設住宅だけに限定していた。これによって

住宅の需要者が「新築を建てなければ割損」と思うのは当然で，それが中古住宅の需要を抑制してきたといえる。近年の住宅金融市場は中古住宅にも門戸を広げたが，依然として建築年数の制限は残っている。特に耐震基準の新旧の線引きに使われている1981年を絶対的制限の境界にしているものが多い。そのために建築後の経過年数が長い中古住宅は，融資や所得税減免の対象から除外される。これはお上が「古い住宅は劣悪である」というお墨つきを与えた印象を強める。減価償却法に基づく固定資産税の耐用年数の上限も同じく「お上」の情報を与えるものである。

(2) 契約の種類と内容

一般には，既存住宅を売却したい売り主が希望通りの買い主を見つけることは容易ではない。そこで，日本でも一般的には売却の希望者は不動産仲介業者に媒介を依頼することになる。媒介契約では売り主が不動産業者との間で「専属専任媒介契約」，「専任媒介契約」，「一般媒介契約」のいずれかひとつを選択して契約を締結する。その際不動産業者は依頼者の保護，取引の安全及び流通の円滑化を図るため，契約の種類毎の違いを依頼主に十分に説明

注4）
レモンの原理とは，アメリカの経済学者であるアカロフが，1970年にアメリカの季刊経済学雑誌「クォータリー・ジャーナル・オブ・エコノミクス」において発表した「The Market for 'Lemons': Quality Uncertainty and the Market Mechanism (「レモン」の市場：品質の不確実性と市場メカニズム)」の中で，中古車市場で購入した中古車は故障しやすいといわれる現象のメカニズムを分析した際に用いた概念である。
レモンは，外見から品質を見分けにくいことから，売り手は商品の品質を知っていても情報をオープンにしなければ，買い手は市場で中身を確かめられないという情報の非対称性が存在し，情報の非対称性が市場の質を低下させる場合に喩えられる。
情報の非対称性がなぜ市場の質を低下させるかについては，次のように説明できる。
今レモン市場は，高品質のレモンと，何かのトラブルで品質が落ちたレモンに分類されるとする。そのような状況になれば高品質のレモンには高い値段を，低品質のレモンには安い値段をつけても，すべての情報が明らかにされていないために，購入者は高い値段のレモンが本当に品質がよいかどうか見分けがつかず，悪いレモンをつかまされることを恐れて，安い値段のレモンを買うようになる。そのような状況になれば高品質の売り手は値段を下げるか，供給を止めるかの選択を迫られ，品質が評価されない市場に供給することを控える。一方低品質の売り手は本来の品質以下に評価される心配はなく，損することはないから，供給に積極的になる。その結果，市場は低品質化し，買い手はさらに商品を信用できなくなり，品質を重視する買い手はその市場から姿を消し，市場は低品質の商品だけが出回ることになる。

し依頼者の意思を確認した上で，媒介契約の書面化を義務づけられている。また国土交通省が「標準媒介契約約款」を示し，標準媒介契約約款に基づく契約であるか，それ以外かを契約書右上に明記しなければならない。つまり現状でも市場における売り主の立場を守るための形式が整備されている。

また，多くの需要者が情報を間接的に手に入れることができ，売却物件の市場規模を拡大する方法として物件を登録する指定流通機構のコンピュータ・ネットワークシステムが作られた。このシステムは国土交通大臣の指定を受けた者が運営している。宅建業者は宅地建物取引業法により，専任媒介契約・専属専任媒介契約を締結したときは，物件の取引価格などを指定流通機構に登録・通知することが義務づけられた。このシステムはReal Estate Information Network Systemの頭文字を取ってレインズと呼ばれる[4]。

専属専任媒介契約では，売り主は契約を結んだ不動産業者以外に依頼することも，自ら見つけた相手方と売買することも許されていない。売り主は仲介業者を1業者に絞る義務が生じるが，仲介業者がその物件の市場を公開することによって，買い手側に広く情報を流すことができるメリットがあるとされる。これに対して専任媒介契約の場合は，複数の不動産業者に依頼することができないのは同じであるが，売り主自らが買い主を見つけることは許されており，売り主の主体性が保護されている。一般媒介契約では，売り主が複数の仲介業者に重複して依頼することも，売り主自らが買い主を見つけることも許されている。この場合は複数市場になり売り主の主体性が保護されるが，物件がどこまで公開されるかは仲介業者の姿勢にかかっており，大きな市場に参入できる保証はない。

レインズは，アメリカやカナダで力を発揮していたMLS（Multiple Listing Service）と同じ仕組みである。アメリカやカナダでは住宅を扱う不動産仲介業者の9割以上がこの仕組みに参加し市場が成熟しており，それによって情報が公平に行き渡る環境が育っている。しかし日本は情報の少ない中小業者は参加しているが，大手仲介業者のレインズへの参加が少ない，あるいは冷淡だといわれており，物件の量のみならず質の確保においても課題が多い。

以上のように，日本でも情報の公開制度が幾重にもあるが，いずれもアメ

リカの開示・検査と比べて内容が薄く，義務化されていないものもある。また，売り手との契約について客観性を保証しようとするのに対して，買い手に対する公平性は対象にされていない。

(3) 重要事項説明書等売買書類による情報の開示

　宅地建物取引業法では不動産の取引をする宅建業者に対して取引主任者を置き，取引の判断に求められる重要な事項を，契約の前に書面を交付して買主に説明することを義務づけている。契約時に作成される重要事項説明書は，土地の売買と同様に建物の要件を正確に記録し，売買の客観的評価基準にするべきである。そして売り主，買い主が正確な情報を共有した上で取引が成立する構造を早急にうち立てる必要がある。また，取引における第三者の立ち会い，介入は取引の客観性を担保する上で有効である。

　説明項目は物件の表示，登記簿記載事項，法令に基づく制限など多岐に渡る。日本の重要事項説明書は概略的であるために財団法人不動産流通近代化センターは宅地建物取引業法第35条が定める重要事項が概略的であることを補うために，「物件調査マニュアル」を作成している。

3. 永住指向者からみた住宅評価制度の課題

1）循環型住宅政策への切り替え
⑴ 住居管理の入り口・フローの住宅政策

　既存住宅の安全性について，単純に経年的に減衰するという住宅市場の常識が続く限り，管理行動は軽んじられ建て替え指向に歯止めがかからない。なんとか，所有者が変わっても住宅は永続する住宅供給システムを作って，既存住宅の長寿命化を目指したいものである。

　ところが，長寿命化を話題にすると必ずや，現存する住宅の中で未来に引き継ぐに値する住宅がどれほどあるのだろうかと住宅の質を疑問視する声が出る。戦後60年間の住宅政策が一貫してフロー重視の姿勢を示したことによって，この間に供給された住宅の質に懐疑的になっているのである。その上，従来の不動産市場が土地に傾きすぎていたため，建物の資産価値が相対的に軽くなり，住宅が不動産から消費財化したこともストックの価値に対して懐疑的になる理由である。

　そこで，近年，住生活基本法を基盤にした住宅政策が，ストック政策の第一歩に質の高いフローの供給を位置づけ，切り札に「住宅の品質確保の促進等に関する法律（以下「品確法」と略称）」（2000年），「長期優良住宅の普及の促進に関する法律（以下「長期優良住宅法」と略称）」（2008年）を制定した。

　「品確法」には，主要な柱として住宅の性能を判定する評価制度が導入された。「品確法」の住宅性能表示制度は，建築主が評価の申請をすると，国土交通大臣に登録された「登録住宅性能評価機関」（不動産売買やリフォーム工事の当事者ではない第三者機関である）が構造や耐火性，高齢者への配慮など9分野28項目について評価し，現況検査・建設住宅性能評価書を交付することになっている。

　しかしこの制度の利用率は低く，中でも在来工法の戸建住宅の利用がはかばかしくないといわれている。その原因にはこの制度の普及に住宅の供給側

の関心が低いことがある。それと同時に，永住指向が強い戸建持家住宅の所有者に性能評価をするメリットが見えないことも一因である。つまり，永住指向者にとって，住宅の品質の優良性を評価されてもその有意性を自分以外に発揮できる機会がないのである。アメリカのように中古住宅市場に出せば，買い手や銀行（第三者）に向けて性能評価に対する客観的根拠として提示する機会があるが，永住する場合にはそのような機会がなく，性能表示が自己満足に終わりかねないからと推測される。

これに対して，200年の長期優良住宅の提案が出された。住宅が存続する期間が200年もあればその間には売却する機会が訪れ，その時に竣工時の性能評価が偉力を発揮できるはずであると考えられている。しかし，現在でもすべての中古住宅の質が悪いわけでもないのに，中古住宅が建て替えられる傾向にあることは本書で指摘したところである。日本人には「MY PLAN」指向が強いので代替わりが起きれば，耐久性が残っていても売却の機会が訪れる前に建て替えられる可能性の方が高い。日本人の住居に対する指向が変化しない限り，200年住宅といえども所有者が変われば建て替えられてしまうだろう。200年住宅という長寿命の印籠は中古住宅市場で強い対抗能力にならないと考える。

そこで200年住宅とセットで提案されているのが「MY PLAN」指向も認める，スケルトンとインフィルの所有権を分離するSI方式[注5]である。この方式では，スケルトンは長期間の耐久性を重視して200年の長寿に向けて社会的に管理し，インフィル部分は居住者の多様なニーズに応えて自由に変えられる可変性を重視して造られるものである。スケルトンは社会的管理者に任せ，占有者は基本的に長期管理から自由になれる。かつ，インフィルの変更にリフォーム専門業者が介在すれば，居住者の多様なニーズに応えながら長寿命化を目指すことができると考えるものである。

注5）
SI方式とは，スケルトン（外側の壁や柱，屋根など）とインフィル（内側の床，壁，天井，水回りなど）とを分けた分譲住宅のあり方で，一戸建てのように自分の好みにあった生活スタイルを実現できる。

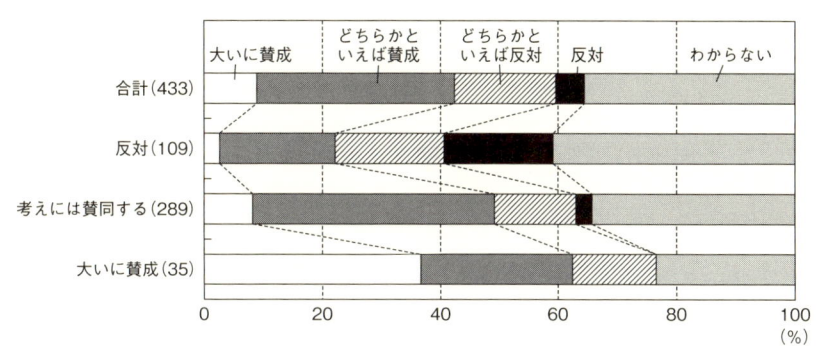

図4-13 住宅検査の賛否と建築関係者の名札を立てることの賛否の相関（2009年調査）

　これは，町の骨格を維持しつつ，時代の変化を受け入れる手法として優れている。ただし，筆者はハードな建物だけではなく，ソフトな住様式（文化）の継承も住居管理の重要な目的であると考えるので，インフィルも長寿命でありたいと望む。したがって，筆者が重視する住居管理の理論と，SI方式は次元が異なる。

　とはいえ，まったく建てた時のままに凍結するべきであると主張しているわけではない。筆者は1983年に現住宅を建てて以来，5年に一度以上頻繁に修繕，リフォームを施してきた。段々期待のインフィルに近づいていくのがとても楽しい。しかし，基調は変わっていないので，リフォームの回を重ねるごとに，住み慣れた住宅への親和性が深まっていく喜びがある。

　住宅の質を向上させる施策について，少し視点を変えてみよう。近年の良質のフローに注目する社会の動きに呼応して，建築に携わった技術者・職人の責任を社会的に担保するという考え方が提案されている。そのひとつが建築担当者の名札を表示する制度である。本論ではこの提案に対する賛否についてアンケートをした。その結果が図4-13である（2009年調査）。この制度に45％以上の人が賛同し，反対者（21.2％）を大きく上回った。

　図4-14によると家検査制度に賛同する人ほど上記のシステムが導入されればフローの住宅の質が向上することを期待している。この制度は上記の法律とは異なり，国の認定とツールで差別化する方法ではなく，街の構成員の目

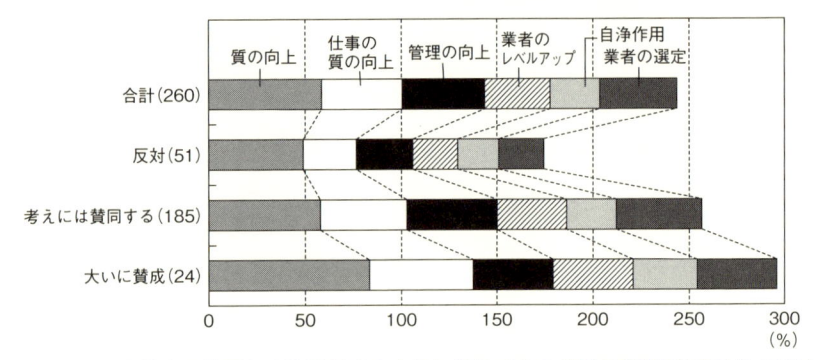

図4-14 住宅検査の賛否と建築関係者の名札に期待できる効果の相関（多重回答，2009年調査）

を通して優良性（劣位性）を判定するものである。特別の書類も，費用もかからない，プレート1枚の設置だけですむから誰でもできるし，過去にさかのぼることもできる。町の評判が優れたストックを公認することによって，町並みを育てる力になる。社会が優れたフローを歓迎するようになれば，その政策担当者はストックの管理にも関心を持つようになることが期待できる。

(2) ストックの管理政策・住宅の履歴「家歴書」の確保

　ところで，従来の日本の住宅政策は基準を法制化することを重視するような，制度誘導型の性格が強く，制度が運用される実効性を検証する仕組みが弱い。時には基準と，実態が乖離していても無頓着で，違反の取り締まりに消極的な場合が多々あり，法の趣旨を現場に浸透させることに努力が払われていない。建築基準法の確認業務はその代表である。確認申請の段階では極めて細部にわたり，コントロールする制度であるが，適用するに当たっても例外措置を設けざるを得ない事例が多いし，竣工までしか機能していない。竣工検査後に用途や利用の変更は日常茶飯で行われているが，取り締まりの対象となった事例は極めて少ない。抜け道を示唆する確認検査機関もある。従来のフロー中心の住宅政策は，建築後の住環境の保全を居住者任せにしていたのである。

　話を「長期優良住宅法」に移そう。「長期優良住宅法」は，一定の維持保

第4章 既存住宅の検査の効用と日本の課題 —— 187

表4-7 「長期優良住宅法」における維持保全（省令で定める基準に合致）

維持管理：点検又は調査を行い，及び必要に応じ修繕又は改良を行うこと
長期使用構造（抜粋）
住宅部分の構造の腐食，腐朽及び摩耗の防止
住宅の部分の地震に対する安全性の確保
対象：①住宅の構造耐力上主要な部分
②住宅の雨水の浸入を防止する部分
③住宅の給水又は排水の設備
<u>長期優良住宅建築等計画認定</u>：(抜粋)
住宅の建築及び維持保全計画が基準に合致した方法及び期間，資金計画
<u>構造躯体等の劣化対策</u>：
①木造の場合
区分された床下空間，小屋裏空間ごとに点検口を設けること。
床下空間（縁の下）の有効高さを330mm以上とすること。
ただし，浴室の床下等当該床下空間でやむ得ないと認められる部分で，当該部分の点検を行うことができ，かつ，当該部分以外の床下空間の点検に支障をきたさない場合にあっては，この限りでない。
<u>認定対象建築物の維持保全方法</u>：
1．点検の対象部分の仕様に応じた点検の項目及び時期が定められたもの。
2．点検時期が，①それぞれ認定対象建築物の建築の完了，又は②直近の点検，③修繕若しくは改良から10年を超えないものであること。
3．点検結果を踏まえ，必要に応じて，調査，修繕又は改良を行うこと。
4．地震時及び台風時に臨時点検を実施すること。
5．住宅の劣化状況に応じて，維持保全の方法の見直しを行うこと。
<u>記録の作成及び保存</u>
認定計画実施者は認定長期優良住宅の建築及び維持保全の状況に関する記録を作成し保存しなければならない。
<u>認定長期優良住宅についての住宅性能評価</u>
売買契約を締結した売り主は住宅性能評価書を売買契約書に添付

全計画があると認定を受けた住宅は，認定長期優良住宅建築等計画に基づき，建築及び維持保全を行うことを目指す（表4-7参照）。そして，この認定は売買契約において効力を認められることになった。「長期優良住宅法」の適用範囲は新築住宅に限られているが，構造躯体の劣化対策，耐震性，維持管理・更新の容易性，可変性，良好な景観の形成に配慮した居住環境などを有する建築計画が認められた新築住宅を差別化する意図があり，所有者が変化する

か否かにかかわらず，維持保全にインセンティブを与えることを重視している。

住宅の性能評価制度の実効性を挙げる改善策として金融制度と，保険制度と連動させることが考えられる。たとえば，優れた性能の住宅にはそれに見合った融資がつき，管理保険（人間にたとえるならば成人病を対象にした年金保険のようなもの）を創設し，優れた管理の住宅の掛け金を安くする制度である。これは一部民間の住宅瑕疵担保責任保険としてすでに生まれている。既存住宅の性能は，定期的な検査，早期修繕にかかっている。したがって，住宅診断（耐震診断，定期検査）と管理の診断を義務化することこそがストック政策の主要な柱である。また新築後の居住過程で投入してきた住居管理の記録は管理計画を継承する上で重要である。また，詐欺まがいの耐震診断・修繕工事が社会問題になっているが，検査者による修繕施工の請負を禁止する制度があれば，このような例を排除する効果が上がるだろう。検査と施行の分離の重要性を社会的に周知徹底する必要がある。このようにして得た信頼が高い記録は本人のみならず，既存住宅の性能を第三者に示す証拠になる。第三者機関の検査は，難解な工事や，材料および，施工技術，状況の評価を市場に反映できる。

そこで，「長期優良住宅法」では同法で認定された新築住宅について，その後施された第三者による定期点検，必要な補修・交換等の住居管理行為の記録「家歴書」を作成することとし，売買契約に利用されることを期待している。

たとえば，アメリカでは「家歴書」が認知されている。アメリカの知人であるChurchさんや，Brinsleyさんは代々の所有者によって綴られてきた「家歴書」を持っている。Brinsleyさんは1975年に購入した時に前住者から「家歴書」を引き継いだ。筆者が調査した2000年にも，前所有者の下で増改築を担当した建築家と親しくつきあい，修繕が必要なときは彼の紹介による工務店に依頼していた。1994年に発生したノースリッジ大地震の修繕もその工務店に依ったそうである。これは家歴書がカルテの機能を発揮している事例である。Brinsleyさんによると，前住宅の売り主が住宅に関心が強かったので，

建築家を紹介し，「家歴書」を渡してくれたそうである。ただし，Brinsleyさんはその後転居したが，事後の中古戸建住宅には「家歴書」が付随されていなかった。Brinsleyさんはどちらかといえば住居管理に関心が低い方なので，「家歴書」をあまり気に留めてこなかったそうである。アメリカでも「家歴書」が中古住宅の売買における必須書類ではないことを，念のために記しておきたい。

　ところで，「家歴書」は「住宅の血統書」でもある。では一般的に血統書はどういう場合に重視されるのだろうか。すぐに思い浮かぶのが「ペットの売買」である。つまり血統書は「純血」という差別化価格に対する身元証明書である。中古住宅においても「家歴書」が添付されていることが，購入者の信頼感に影響を与え，差別化価格に使われるのであろうか。「家歴書」が「既存住宅の保有性能証明書」になるためには，住居管理に投下された労力と費用に対する客観的な評価が求められるし，かつ「家歴書」の信頼性の維持が必要である。

　日本の場合，既存住宅が売買市場に出る比率は極めて少ない。したがって，日本では「家歴書」が住宅の長寿命化に対して効果を生むためには，売買がなくても，検査制度を需要者に受容・認知してもらうことが肝心である。

　日本の現状では商品の優良性をアピールする住宅性能評価制度は普及していない。これまで大震災が多発するたびに，住宅に関する損害が増大し，その都度，復旧・復興に多額の費用を支出することが繰り返されてきたが，それよりも，発災を減少させる減災費用に政策を移す方が，明らかに費用対効果は大きいはずである。したがって住宅の生涯コストを見る姿勢が当たり前になる社会をつくることが先決である。

　ところで，「家歴書」について言及してきたが，建築当時の仕様のまま何も施していない既存住宅が市場に出るのであれば，必要な書類は建築設計図書であって，「家歴書」ではない。アメリカに「家歴書」がある理由は修繕，リフォームが普及しているからである。アメリカの約6割がリフォームを指向し，永住指向者のみならず，転居指向者においても非常にリフォームが多い。「家歴書」があれば，居住過程の設計図（カルテ）として次のリフォー

ムの資料になる。しかしながら，日本のリフォーム指向はアメリカの10分の1程度しかなく，転居指向者が同時にリフォームも指向する場合は極めて少ないのである。さらにリフォームの理由においても大いに違う。日本のリフォームの理由には「家族の変化に対応」，「好みの間取りにする」が際立って多い。これに対してアメリカでは「規模の拡大」と，「高く売るため」が目立ち，転居指向者がリフォームをする理由が読みとれる。だから，リフォーム後に売るアメリカでは，市場において中古戸建住宅の「家歴書」が力を発揮する余地が大きいのである。

では，日本でリフォームをして売り出した中古戸建住宅に投資性が期待できるのだろうか。日本では安全性と，間取りに対する嗜好が強く，一方インスペクターなどの専門的第三者の鑑定評価システムが普及していないので，リフォームの評価が中古戸建住宅市場に反映されにくい，さらに中古戸建住宅の価格の問題が横たわっていることを指摘したい。需要者が好みの住宅に建て替えることを指向する限り，嗜好に合わないリフォーム済み中古戸建住宅に対価を払うことを躊躇するだろう。場合によればリフォーム済みの中古戸建住宅は，過剰な付加価値で価格操作をしているとマイナスに評価されるのが実情である。

では，日本で「家歴書」をどのように有効に活用できるだろうか。

筆者は永住指向者に対する「家歴書」の意義を二つあげたい。

第一は過去の工事の共有である。人間でいえば，病歴・診断カルテやお薬手帳と同じ役割である。近年医療の世界ではセカンドオピニオン制度が発達し，カルテや検査の記録を他の医療機関が請求，利用できるようになっており，過去の医療行為を共有できるようになってきた。

「家歴書」はまさにこの役割を果たすことができる。これができれば，さらに二つの効果を期待できる。ひとつ目は施工者名や，工事内容・質を公の記録に残すことによる施工技術の向上と規格化である。後日の工事には過去の工事を共有できるし，施工技術を評価される機会にもなる。二つ目は施工担当者の自覚の向上である。施工者自身が「家歴書」を記録する行為は，やりっ放しではなく，自己の工事を客観的に評価し，工事担当者のプライドや

自覚を育てられる。これらの効果は質の高い住宅をストックする社会を実現するために極めて意義が大きい。

　第二は，「家歴書」は他人だけでなく住宅を継承する子孫にも「系図」を残すことができる。そのように住宅の改善履歴の記録が後世に引き継がれれば，住居管理の継続性が維持される。

　「家歴書」は住居の管理に携わった居住者および施工者の愛着の記録でもある。「家歴書」を手に取る人に愛着も引き継がれていけば，「愛着がある住居」は人間並みに寿命が延びるはずである。

(3) ストックのフロー化に関する政策

　ストック政策で重要な柱のひとつに，市場における正当な経済的評価を定着させることがある。これをストックのフロー化政策と呼ぶ。市場の条件はすでに何度も述べてきたが，管理が十分施された既存住宅の残存性能を正当に判定できる技術者を育て，正確な情報を提供するオープンな市場を実現することに尽きる。

　アメリカのストック市場が日本と基本的に違うところは，大規模な市場が中古住宅情報の信頼性に影響を与えていることがあげられるが，そこに至るまでに後述する中古住宅市場の成立史がある。それに加えて，訴訟による消費者の権利保護社会も無関係ではない。また，既述したことであるが，転居が頻繁に繰り返されることによって住宅需要者に対する住教育の役割を果たしていることも市場の信頼性を高める効果を生んでいる。その結果，検査機関だけでなく，売買に関わるさまざまな当事者が互いに独立性を維持していることを忘れてはいけない。日本とは明らかに異なる住宅風土があることを理解する必要がある。日本においてもエスクローのように契約を客観視する第三者機関を置くなど，市場における専門的能力を補完する公平な専門機関が育つ風土を作る必要がある。

　残念ながらこれまでの日本では，住宅は機械的に税制上の減価償却概念を当てはめて経年的に劣化すると短絡的に決めつけ，住宅の質を正当に査定する努力を怠ってきたのである。そのために良い管理をしていても償却期間を

1年延ばす程度に考慮されるだけで，それ以上の関心を払われなかった。耐震の判断基準においても，管理行為が過小評価されている。今後日本の中古市場においても管理状態を評価することが定着すれば，居住者の管理認識に影響を与え，良質のストック形成に効果を生む好循環を期待できるのではないだろうか。

最近のストックのフロー化に関する政策の中で，売買契約に基づき，売り主から買い主へ引き渡される住宅について「検査と保証がセット」になった「特定住宅瑕疵担保責任の履行の確保等に関する法律」(「住宅瑕疵担保履行法」と略称）がある。また，先述の「長期優良住宅法」の認定住宅が市場に出ることも期待される。

「住宅瑕疵担保履行法」の目的は，構造耐力上主要な部分および雨水の浸入を防止する部分，住宅の給水または排水の設備についてその機能を十分に果たすことができなくなった場合を救済することである。同法による「保険法人」として指定を受けた保証機関の検査を受け，法律が適用されれば，住宅の基本構造部分について原則5年間，防水性能に関する部位は2～5年間の保証期間内に不具合が発見された場合に，修補費用の大部分を住宅保証機構が保険金として支払う。

「既存住宅保証制度」は，新築時の保証書を交付されている住宅と，それ以外の住宅によって適用範囲が異なる。なお，前者は売り主が「住宅履歴申告書」を作成し，買い主に渡すこと。「住宅履歴申告書」は現場検査時に提出するとともに，売り主から買い主に，新築時の住宅概要及び，入居後の増改築・修繕の状況などについて過去の住宅の履歴情報を提供する。

現場検査は建物の外部および内部の検査をすべて目視で行うもので，申請する前に，売り主，買い主双方の同意を得ていることが条件である。

申請者立ち会いのもと，現場検査を実施し，「既存住宅保証登録基準」に適合したことが確認されると，「既存住宅登録基準適合確認書」及び「登録申請書」等が発行される。再検査が必要と判断された場合は，指摘箇所の修繕工事を行った上で「現場再検査申請書」を提出し，再度検査を受ける（6ヶ月以内）。保証書が交付された住宅は，「保証住宅」として登録され，

引き渡しから5年間，保証書に基づく保証が受けられる。保証期間内に第三者に譲渡される場合，受譲渡者は保証の引き継ぎができる。

2）永住指向者が既存住宅検査の恩恵を受ける機会
(1) 既存住宅の品質評価が活かされる機会が少ない

さて，売買契約に基づき，売り主から買い主へ引き渡される住宅については既存住宅保証制度ができ，検査の評価が効力を発揮する機会ができた。しかし，この制度は売り主の意思に任されており，買い主側からこの制度を利用することができない。また，売買の意思がない永住指向の居住者には既存住宅検査の効力を発揮する機会がない。アメリカ，カナダのインスペクターや，イギリスのサーベイヤーは売買当事者のどちらも利用するが，特に買い主の利用が多い。また，良質の住戸だけが売買市場に出されるわけではない。本章の第1節で詳しく紹介したように検査を請け負った業者は買い主に多くの修繕箇所を指摘して，安全性を保つ方法をアドバイスしている。売買契約はあくまで当事者の意志決定によるが，判断材料を提供しているのである。この点は日本の制度と明らかに違う。

このように日本では新築住宅の性能評価制度も既存住宅の保証制度も，売り手のみが市場で効果を試す制度である。なぜならば，これらの制度はそもそもが住宅の製造物責任に相当する瑕疵保証制度の必要性から始まったことに由来するからである。北米のように，今日の買い主は明日の売り主になるほど，住宅の売買参入頻度が多い社会では，十分住宅ストックをカバーすることになるだろう。しかし，既存住宅が売買市場に出る機会が少ない日本では，評価されないストックの方が遥かに多いと考えられる。

「品確法」が制定されてから10年以上が経過したが，新築住宅の住宅性能表示制度の利用状況は20％以下で，それもハウスメーカーの住宅が中心であり，それ以外の住宅では極めて低調である。自動車ですら原価を切る売値で販売されるような低廉競争時代に入っている今日，メリットが可視化できない住宅性能表示制度は普及していない。普及しない理由は建築時業者側の「性能表示のメリットよりも，書類の作成に費用と時間，エネルギーがかか

りすぎるデメリットの方が大きい」ことへの抵抗が強いからである。

　これに対して工業生産システムが完備しているプレハブ等のメーカー住宅はフォーマットにしたがって書類を作成することが容易にできるので，在来工法との差別化・ブランド化を狙って利用されている。このような状況は本制度が導入される前から予測できたが，目的から大きく逸脱していると言わざるを得ない。

　このように，日本にはフローからストックに至るまで日本の住宅全体をカバーした性能評価制度は存在していないといっても過言ではない。日本の書類申請主義の弊害を改善することも検討事項である。

(2) アメリカの既存住宅市場における管理評価の成り立ち

　筆者の調査で見る限り，アメリカの中古住宅市場は住宅が循環しており，住宅の長寿命化に寄与している。どうしてこのような状況が生まれたのであろうか。これに関連して，前田氏は「日本の既存住宅市場における問題点とその活性化に資する制度・インフラについての考察」[5]の中で，アメリカの住宅市場の基礎は1929年からの大恐慌に端を発すると言及している。

　世界を見渡すと，それをさかのぼる12年前（1917年）にロシア革命が起きている。アメリカ政府はロシア革命の影響がアメリカの労働者に及ぶのを恐れ，最も効果的な方策に持家政策を推進した。これは，労働者階級の中流意識化を企てたといわれている。とはいえ労働者階級が極めて高額の持家を即金で取得することは不可能であるが，割賦制度を導入すれば可能性が高まる。しかし，割賦制度は返済が滞れば，借り手（債務者）も貸し手（債権者）も極めて高いダメージを受けることになり，極めてリスクが高い政策でもある。そこで，融資の条件を緩和することが検討されたと考えられる。

　前掲の前田氏は「米国の住宅ローンの基本的考え方は住宅そのものへの貸し出しであるために，返済が滞れば，不動産の所有権が貸し手に移ることになる。（中略）住宅ローン債務者が不動産の所有権を手放し，当該物件を売却した場合，ローンの支払いが残れば債務者負担となる（リコースローン）。」[5]

大恐慌下で失業し，住宅を失い，さらにローン債務が残る事態は「たとえ金融的ルールの下での正義であったとしても，社会的な同意が得られず，大きな社会問題になった。そして，その対策にアンチ・ディフィシェンシ・ロー＝担保物件競売後の不足額の請求を制限・阻止する法律が成立した」（前田氏前掲）。これによってノンリコースローンが認知されたことになる。

ところが，銀行がこの制度を認めるためには，「少なくとも担保物件である既存住宅に適正な価値がついている」ことが必要であった。これについて前田氏は同論文の中で，次の渋谷氏の論文を引用している。「1930年当時，住宅金融機関がアンチ・ディフィシェンシ・ローを受け入れたのはこの制度に対応する絶対条件として『建築三法（建築基準法，建築士法，建築業法）』が整備されていたからであり，さらに『住宅地管理組合（HOA）』と『住宅所有者（HO)』との間の『環境管理約款（CC&Rs）』，正しい販売価格を評価する公的な不動産鑑定評価『アプレイザル』の確立が絶対条件，つまりノンリコースに当たり，金融機関にとってはリスクを回避するため，分譲地の資産価値の維持と向上を図るこれらの仕組みの確立が絶対条件であった」[6]。

前田氏は，アメリカで既存住宅の価値が維持され，既存住宅市場が機能しているのは，「①建築三法に加えて，②HOAにより将来において基準が守られる／守らせることができる。その結果，メンテナンスを怠る主体がいる地域の環境は悪化するからその地域全体の不動産価値が下がるという事態を防ぐことができることと，③不動産鑑定評価により基準に従って住宅の価値付けができ，当該住宅の価値を金融に保管される仕組み・モーゲィジ証券市場の整備という３つの必要条件が機能している」ことをあげている。

以上の条件のうち，①建築三法は日本にもあるが，その運用面に少なからず課題がある。②は，建て替えが当たり前の日本の住宅地はコミュニティの価値を守る権利で土地の所有権を規制することに真っ向から対立するために，まちづくり条例等を定めても実効性が弱い。たとえば，まちの景観が守られない日本の住宅地を見学したロサンゼルスのリアルターが日本はなぜこのように建て替えを放任するのかと驚いていたことでもうなずける。彼女はリアルターの立場から見ても，買い主は当然周辺の緑，オープンスペース，景観

を不動産価値に含んで価格を判断したはずである。にもかかわらず，その価値が買い主の意思とは無関係に後日変化（下落）するのは近隣の不動産価値を下げる行為で，放任しているのはおかしいと批判したのである。景観の経済価値が確立する歴史の彼我の違いである。

(3) 日本の既存住宅市場における管理評価

アメリカのモーゲージは属物主義であることと異なり，日本の住宅ローンは属人主義である。ローンの契約時に生命保険に加入させるのはそのためである。筆者は何度も住宅ローンを利用したが，最初に生命保険の加入手続きをした時には，恐怖にも近い違和感を覚えた。当時はまだ若く，子どもも小さいのに，真剣に死と向き合わされた恐怖である。住宅の質の善し悪しにかかわらず，債務者を担保にする方法は理不尽である。しかし，この制度は家族の大黒柱が死亡しても家は残る温情主義ともいえなくはない。この制度の評価は単純ではない。

しかし，属人主義を採用する限り債権者はローンの対象となっている物件の質に興味が湧かない。だから，金融機関が介在しても住居管理の評価をする第三者の仕組みができない。一方，死と向き合わなければ融資が受けられない仕組みを示されると，そもそもローンを利用することを前提にした持家取得のあり方が間違っているのではないかと思える。

以上，日本の現行制度を概観すると，住宅市場，住宅・土地登記，住宅に関する諸税制，損害保険などの評価は連動しておらず，諸制度の間に矛盾が起きないような仕組みが作られていないことがわかる。加えて，日本では諸制度間はおろか，土地と住宅の登記さえも連結していないことをつけ加えたい。

日本の住宅市場は土地と住宅を分離されており，両者を一体として取引する習慣がない。特に，土地の経済評価が絶対視される中で，既存住宅の存在が土地利用における障害と見なされ，土地と住宅の価値が完全に遊離する取引が慣習になっている。時代が下がるほど既存住宅の撤去を前提にした土地の集約利用が進み，住宅の使用価値を不当に切り下げてきた。土地と住宅の

売買が一体的に扱われれば，既存住宅の経済価値の正当性を回復することを期待できるのではないだろうか。

　地価の高騰で建物を度外視して土地だけに取引が集中した過去には，敷地の効率利用がスクラップアンドビルドの大きな理由になったが，今後も再燃する可能性がある。そうなれば質が高い既存住宅における建蔽率，容積率のゆとりが標的になる。そして更新後の住宅規模はより大きくなり，その一方で敷地規模は細分化することを防ぐことができなくなる。

　このような事態を繰り返さないために，新築・建て替えに対しては環境税を導入することも一考されてよい。長期優良住宅に建て替える場合にも環境税を課税することに異論が出ると思うが，建て替えのサイクルが短いほど環境税を支払う頻度が増えるから不公平ではない。必要ならばさらに築年数が長いほど有利な逆累進税率制をとることもできる。また住宅の経過年数が長くなってもストックの維持管理が十分施されている既存住宅については評価を上げることが可能であるし，減税措置を導入することもできる。筆者はこれがストックの評価が社会的効力を発揮する機会のひとつであると考える。

　住宅は最も高価な必須生活財であるにもかかわらず，日本では特に税金や融資などの諸制度において，築年数の制限が極めて短期に設定していることから，経年的に資産価値が減衰するものと信じてきた。その上に日本人の住宅の寿命観が築かれているのである。アメリカでは新旧に対するこだわりが少なく，住宅を長期にわたる資産と見なして，古い住宅には古いからこそ備わる特徴に投資的価値を認めている。どちらかといえば庶民住宅においては，古い住宅の方が投資的価値が高いかもしれない。また，アメリカでは住宅の売買を通した投資が活発であり，その社会環境整備，特に情報の対称性の確保に対する整備が進んでいる。

　アメリカのように中古住宅市場が発達すれば，初期の資金を足がかりに，追加費用を投入しながらステップアップし，資産形成に利用することもできる。これに比べて日本都市部の需要者は高額な初期投資をわずか40年程度で消却することになる。これではあまりにも資源の無駄使いだし，いかにももったいない。一生の間に住宅に支払う費用がどれほどになるか計算をしたこと

はないが，日米では驚くほどの隔たりがあるだろう。

(4) 日本の維持管理評価が効果を生む機会とは

維持管理が自己満足に終わらず，社会的効果を発揮する制度をつくりたい。それは，市場において居住状態を検査する権限が居住者以外の人に許されることが必要条件である。アメリカはこの法則が成り立っているが，その起源は1920年代にさかのぼっていた。そして，今や市場が大きいアメリカでは1930年代物が良いとか，コロニアルが良いとか，既存住宅にも市場を左右するブランドが存在する。

日本はどうだろう。金本氏は「維持管理に関する契約が強制力を持つためには，維持管理の程度を裁判所が知ることができることが必要である」[7]と述べ，賃貸住宅市場は（外観しか観察できないので）裁判所ですら維持管理の程度を知ることは不可能であるが，中古住宅市場は買い手が直接（内部も）観察することが可能だから成り立つと述べている。しかし，現状では賃貸住宅市場のみならず，既存住宅市場でも維持管理の程度を判断するのは難しい。アメリカのように転居・売買を繰り返す国では可能なことも，日本のように定着を好む国民性では売買の機会は極めて少ないことが一因である。

さらに，売買のチャンスもなければ，維持管理の性能が第三者の目に触れることはなおさら少なく，誰かを説得する力を発揮することもない。したがって，このような居住者には維持管理を行うインセンティブが見つからないばかりか，瑕疵担保が目的の性能保証登録にも魅力が感じられない。一方，市場の現場では維持管理状態が悪い物件が多いから，良質の既存住宅市場が成立しない。したがって，市場は維持管理が第三者を説得する力がないことに対して無関心なままなのである。

居住者と市場が主体になるとはいえ，日本のように市場に参加する機会が少ない社会では，独自の評価メリットが生まれない限り，この負の循環が延々と続くことになる。住宅を評価するメリットは何か，それは誰にもたらされるのだろうか，市場指向を持たない人に管理評価の特典があるのだろうか，市場が先か，管理が先かという「鶏が先か卵が先か」的な答えのない命

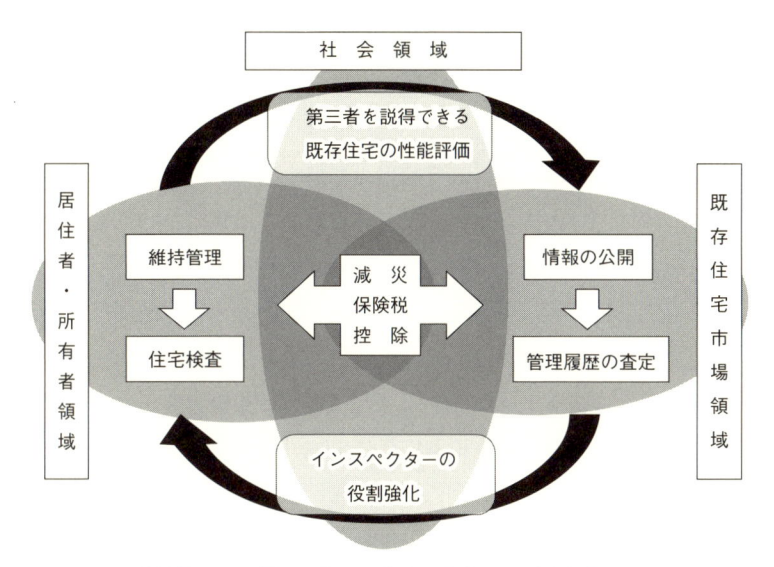

図4-15 維持管理の習慣を回復し，住宅の寿命を延ばす条件

題に陥る危険性があるが，この矛盾を「循環時間論」によって解く努力がいるにちがいない。

　筆者は日本型のシステムを図4-15のサイクルとして考えた。住宅が定期検査を受け，住宅が適切に維持管理されていれば，所有者はそれに見合った融資が受けられる。それを使ってさらに保全状態を向上させることができる。ここに小さな循環が生まれる。さらに管理保険（人間にたとえるならば成人病を対象にした年金保険のようなもの）を創設し，優れた管理が施されてきた住宅の掛け金を安くする制度にする。そして，それが自然災害保険として大きな効果を発揮できるようにする。これは現行の瑕疵保守制度とは異なる。

　くり返しになるが，これまで大震災が多発するたびに，住宅に関する損害が増大し，その都度，復旧・復興に多額の費用を支出することが繰り返されてきたが，減災政策は，発災後に費用をかけるよりは減災に費用を移す方が，明らかに費用対効果は大きいはずである。システムが軌道に乗れば，住宅の生涯コストから減災コストを見る姿勢が当たり前になり効果的な運用が進むはずである。

一方，ソフトな価値を分かち合う仕組みとして，日本においてもHOA（住宅地管理組合）と住宅所有者との間で，「環境管理約款」を結びたいものである。

住宅の短期建て替えは宅地の高度利用化を促す結果，一般には開発後の年数が経つにつれて，容積率が上昇し，良好な町並みの形成との間で齟齬が生じている。一方，住宅の流動は建て替えの抑制の可能性を持つが，現在の住宅ストックの流動性は極めて低く，また流通している中古住宅の階層性が低いために建て替えの抑制効果は出ていない。つまり現状の中古住宅市場のままでは良質の住宅のストックができることは期待できない。

筆者の調査では，郊外住宅地において住宅地外周辺を取り巻く「緑」を評価しても，住宅地内の「緑」を守るべき対象に取り上げることが少ないのが一般的である。しかし，その中でも町並みの評価が高い住宅地では，住宅地内の「緑」を町並みの構成要素にあげる人が多い。そして良い町並みによって，「資産価値を上げる」効果があると思っている人が増えつつある。また，「資産価値が上がる」効果は自分が現住宅に住まなくなった後も現住宅を残したいという希望と相関し，かつ明らかに愛着と相関する。転居指向者が「資産価値が上がる」効果を認め，住宅市場における町並みの評価を支持したことは注目に値する。

日本では町並みや維持保全が住宅地の不動産価値の積極的な構成要素として認められていないために，建て替えが平然と起こる。しかし筆者の調査によれば，日本でも居住者の意識の中にその価値が生まれつつある。

現在の優れた町並みに資産価値を上げる効果があることが認められつつあり，町並みの存続を重視する芽が育っている。ここで取り上げる優れた町並みの概念には住宅地計画に取り入れられた都市計画上のコンセプトと，時間の経過とともに円熟していく住宅地の個性という2つの型が存在する。建て替えはどちらの型も町並みを維持する妨げになるが，特に円熟するために時間を必要とする後者の妨げになる。現在の町並みの評価においては，前者のイメージを持つ居住者は現在居住する住宅地の開発コンセプトと一致しており満足度が高いが，後者のイメージを持つ居住者は時間による良い町並みの

円熟性が実現しないという不満を持っている。また都市計画的コンセプトを持つ住宅地が出現し始めた歴史が浅く，現在の中古住宅市場に反映されているとはいえない。

したがって，今後これらの住宅地における既存住宅の何らかの変更が活発になる時期までに，優れた町並みを維持してきた質的価値の経済評価を用意しておくことが求められる。それが確立されれば良質の住宅が中古化する条件整備の第一歩になるだろう。優れた町並みを認める居住者は，既存住宅が市場性を持つことによるフロー化に関心が高い。

アメリカでは，中古戸建住宅は居住施設であると同時に"The house is the biggest investment"である。だから，かつて日本で土地転がしがあったように家転がしがある。現在はその状況にあるといわれている。バブルが激しくなると，転がされる家について客観的な経済評価をするのが難しくなるだろう。家転がしは安定した住宅事情を阻害する。「家歴書」は，既存住宅が市場を転々と転がる事態に対応するための経済評価を保証するひとつかもしれない。

終章

既存住宅の長寿命化を実現する仕組みと課題

1. 日本の住宅を長寿にするための社会的住居管理システム

1) 日本型社会的住居管理システムの枠組み

(1) はじめに

　住宅の寿命を延ばすのに王道はない。ひとえに所有者（居住者）が居住過程を貫いて真心を込めて丁寧に住居を管理し，点検・検査を怠らず，物を粗末にしない住生活をすることに尽きる。これは福島県飯舘村が力を入れてきた「までい[注1]な生活様式の創造」に通じる。「までい」な生活様式は過去の日本人が展開してきた生活様式の特徴であったのに，使い捨て市場主義の下でそんな習慣はつまらない，経済価値を生まないとして打ち消してきたことである。とはいえ日本以上に市場主義に偏るアメリカにおいて住宅に関する限りは使い捨てではないし，居住者の管理行為に市場性がある。ということは日本の住居管理に対する関心が薄れたことを市場主義だけの責任にするのは好ましくないかもしれない。

　本書では中古住宅市場に注目して，既存住宅市場を活性化させれば市場がインセンティブになって管理の習慣が回復するだろうという仮説を立てて，日本の住宅の長寿命化が実現する道を探ってきた。分析は主に循環型既存住宅市場が発達しているアメリカと日本を比較対照する手法を採用してきた。それによると，市場の仕組みと，国民生活と市場との関わりも両国の間で明白な違いがあることがわかった。上記の仮説は，アメリカでは実証できても，日本では実証できなかった。なぜならば，日本人は居住者自身が市場の構成メンバーであるという意識が低いからである。

注1)
「真手（まで）」は左右に揃った手を意味する。「玄関をまでいに掃く」などの使い方をする。合併をしない道を選んだ福島県飯舘村の菅野典雄氏は「までい」を「丁寧に」，「大事に」，「思いやりを持って」という意味で昔から飯舘村の暮らしの中で使われてきた言葉であると説明して，「までいライフ」の実現が村の進むべき方向であると述べている[1]。

その結果，日本では居住者が励んできた維持管理行為が社会的に流通していないことに関心が低い。そして，両国の住居観にはあまりにも大きな違いがあるために，アメリカの模倣を試みるよりは，固有の住居観に立脚して，住居の維持管理によるストックの循環軌道を描かなければならないことがわかった。それに伴っては独自の住文化を重視することも重要である。

本論はこれまでの考察を通して，循環型社会が求める日本の住宅の長寿命化を実現するためのプログラムを図終章１のように構想した。この構想は，すでに既著で発表して以来，仮説に従って10年間の調査研究を重ねて到達したものである。

(2) 居住者の管理認識が深化する過程

本構想図は，上段・中段・下段の３つのパートから成り立っている。上段は住居管理を手がける居住者の関心に焦点を当てている。

住居を社会的・恒常的に維持管理していくためには，管理過程ごとに居住者の主体的な関与が必須条件になる。なぜならば，管理は時機を失せず適切に行うことが劣化を抑える鉄則であるので，その点において居住者は空間的・時間的距離が最も近く住宅の劣化を最も随時，早期に知る立場にいるからである。また一刻も早く損傷を見つけることは占有するものの責任である。

住居管理の社会化を構想する上で第１の問題は，個人の自由意思の世界に立ち入って，どのように住居管理の関心や行為を促すかということである。筆者は「愛着」をキーワードにして考えてきた。住居・住宅地に積極的に関わったり，こだわったりすることは住居への関心や愛着を育む。愛着のある住居からは住み続けたいという欲求が芽生え，その欲求が管理を誘発し，住居への関わりと愛着を深めるという循環系ができあがる。本書では取り上げてこなかったが，これまでに調査を重ねた結果，この仮説はすべての調査において実証できた。特に，日本とアメリカの比較調査では，アメリカでは代々の居住者が愛着やこだわりを継承するのに対して，日本では同一居住者の中で昇華する。日本人には欧米人にない独自の住意識があるので，住居管理や住宅市場論にも日本の独自性を尊重しなければ失敗するだろう。

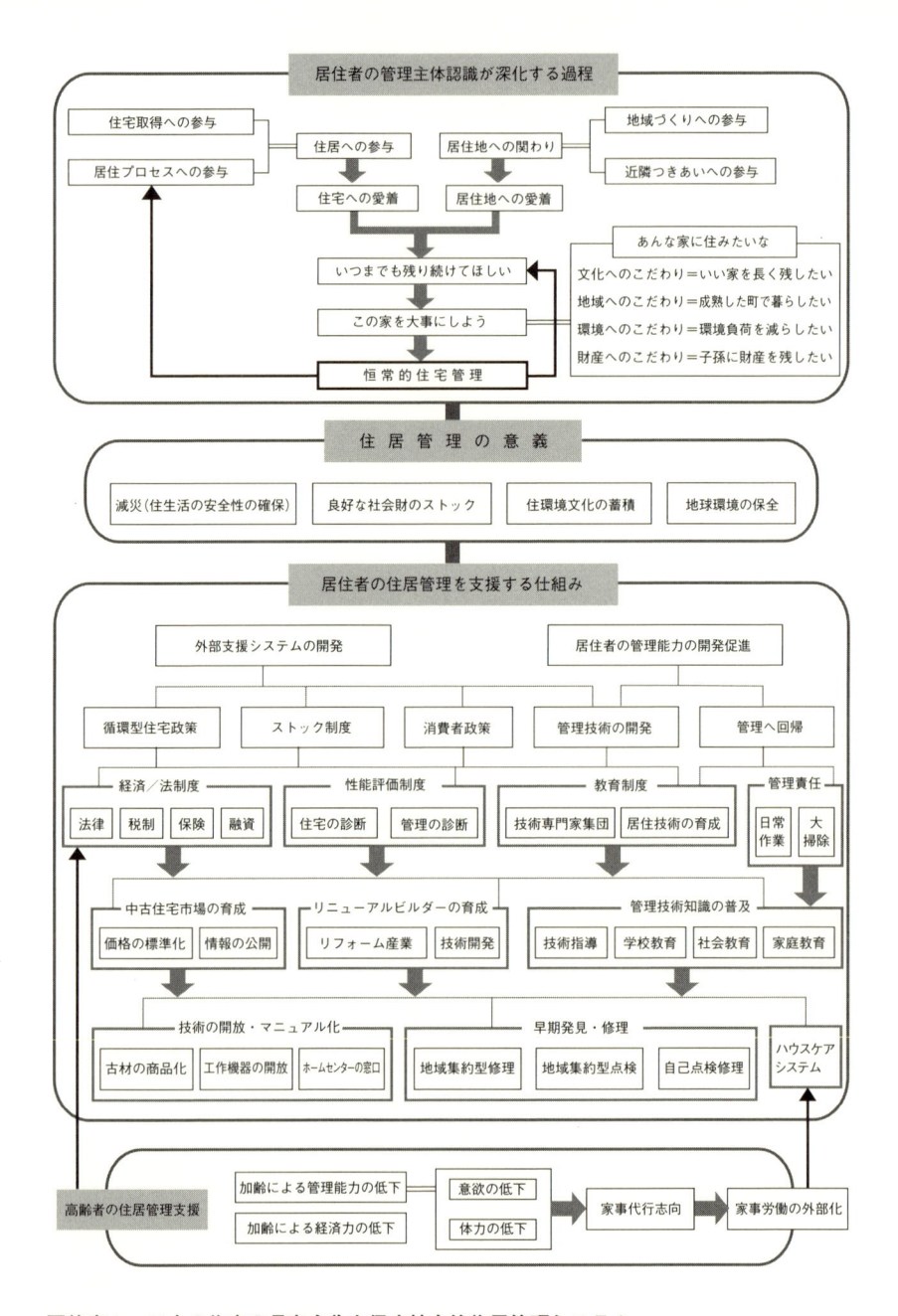

図終章1　日本の住宅の長寿命化を促す社会的住居管理システム

(3) 居住者の管理行為を支援する仕組み

図の中段は居住者の管理の取り組みを支援する仕組みである。①政策や市場を通して管理を促進する外部支援システムの開発と，②居住者の主体性と能力を促進する内的支援の仕組み，の２軸の流れで提案している。

外部支援システムの開発では住宅政策全般，ストック政策，消費者政策，管理技術の開発に注目する。居住者の管理能力の開発促進としては，管理技術の開発と，管理への回帰すなわち，教育制度と，管理責任意識に注目する。この枠組みに照らした循環型ストック政策を期待する。

2）外部支援システムの開発

(1) ストックの性能評価制度と社会的合意

既存住宅の性能（特に安全性）を保全する上で有効なのは，なんといっても定期的な検査である。そのためには，住宅診断（耐震診断，定期インスペクト）と管理診断を両輪にした制度を作る。これは新築の住宅性能保証制度と同様に保険・融資による経済的制度で誘導し，税制，法的保護制度で差別化する。

市場の条件は何度も述べてきたが，既存住宅の残存性能を正当に判定できる既存住宅の性能評価技術者を育てることと，正確な情報が提供されているオープンな市場を実現することに尽きる。残念ながらこれまでの日本では住宅は機械的に税制上の減価償却概念を当てはめて経年的に劣化すると短絡的に決めつけ，正当に査定する努力を怠ってきた歴史がある。そのために良い管理をしていても償却期間を１年延ばす程度に考慮するだけでそれ以上の関心を払ってこなかった。現在普及に力を入れている耐震診断における判断基準においても，管理行為の指標は過小評価されたままである。

今後日本の中古市場においても管理状態を評価することが定着すれば，居住者の管理認識に影響を与え，良質のストック形成に効果を生む好循環を期待できるのではないだろうか。

以上の制度は，住宅市場，融資，住宅・土地登記，住宅に関する諸税制，損害保険などと縦割りにならないように，相互の制度を利用できるようにプ

ログラムする。

　図の中段の太枠3段階目は，これらの制度を具体的に動かす手法を，「中古住宅市場の育成」，「リニューアルビルダーの育成」，「管理技術知識の普及」に分けて整理した。

(2) 管理技術の開発

　本書は良好なストックの形成のために，①居住者に対して住居管理にかかわる情報をどのように伝えるか，居住者と各種専門家集団はどのように役割分担することができるか，②居住者が技術を取得する方法のプログラムは，訓練機関を創ることは可能か，③いかに住宅建設技術や部品・資材の入手及び情報を住み手の身近なものにするかの仕組みをチャート図の中で構想した。

　日本の住宅技術者は長い間フローに関わり続けた結果，修繕・保全などの繕う行為をないがしろにしてきたきらいがある。たとえば，居住者が修繕を相談すると「新しい物に取り替えてください」と答えることを躊躇しない。これは技術者が技術を放棄したのも同然である。風が吹いたら桶屋が儲かるというたとえがあるが，今日では石が降っても桶屋は儲からない。桶屋がたがを締め，板を削って桶の寿命を延ばしてきたように既存住居が修繕を施しながら後世に伝えられる職業的技術集団（リニューアルビルダー）を育てなければならない。

　リニューアルビルダーのうち，リフォーム産業の活性化は現在のストック政策で力が入れられているところである。

3) 居住者の管理能力の開発促進

　次は図の中段の最初に戻って，居住者の管理能力の促進に触れる。

　少なくとも現在の国民にまだ十分に管理の能力が残存している。だから居住者の管理能力の開発促進において真っ先にしなければならないことは居住者が記憶の底にしまい込んだ技術力を顕在化することである。今ならまだ回復をするのに間に合う。ライフスパンを20年のステージに分けた最終ステージにいる世代は日ごと手仕事を手がけてきた世代である。貴重な技術の持ち

主が元気な間に，無形生活文化財の引き継ぎを終えておかなければならない。これは生活習慣の回復と，教育にかかっている。

(1) 住居管理責任の回復

　本書では，アメリカと相対的に日本人の生活技術観を指摘してきた。日本人はそもそも中古住宅を許容する比率がアメリカに比べて極端に低い。このことは市場や，戦後の住宅事情など諸々の社会的背景があるが，ここでは中古住宅の需要と生活技術の関係に焦点を当ててみたところ，極めて興味がある発見があった。すなわち，中古住宅を積極的に選んだ人は生活技術への関心が強く，かつ日常生活の上で「DIY」を手がけているのである。またその技術のレベルを今以上に向上したいというニーズも強い。しかしながら残念なことに，この層は極めて薄く，反対に中古住宅を「仮の宿」として選んだ人は「DIY」が苦手である。圧倒的に多い新築住宅を取得した居住者も技術に対する関心が低い。

　「DIY」の頻度及び内容には男女の性差がある。男性が手がける「DIY」は大工左官仕事に類する項目が多く，女性は小規模な項目が多い。住居管理の技術は男性のものとする意識がある。ところが，日本の男性はアメリカの男性に比べて住居管理及びその技術に関心が薄いのである。日本の男性は生活実務への参加意識が希薄であることから，かつて男性の役割とされてきた住居管理をなおざりにしてきたのである。改めて男性が住居管理に復帰し，その後で性差を超えた所有者の責任を築き上げなければならない。

　父親が「DIY」作業をする理由は子どもと妻に力強い労働姿を見せ，父親（夫）の復権になるからだという話をカナダで聞いた（家族は頼もしい！と感激する）。夫婦関係を改善する上でも家庭教育でも「DIY」は良い機会ではあるが，これからの社会は老若男女を問わず，単身の住宅所有者が増えていることでもあり，住居管理の担い手の性を強調することは現実的ではない。

(2) 住居管理技術教育の普及に，「DIY」ショップを効果的に利用

　今日の技術習得の主要経路は義務教育と親からであるが，今日の教育が手

がける技術水準はあまりにも低く，本格的なリペア技術教育を学校に頼ることはできない。とはいえ親からのルートも先細りである。そこで，効果的な経路を確保するために，従来の枠組み以上の実行力がある技術指導ができる組織を求めた。そのひとつがホームセンターと呼ばれる量販店である。ホームセンターの相談窓口を充実してほしいという要求はなかなか強いものがあり，「DIY」技術の上達意欲があり，現在の技術よりも高い目標を持つ人が強く持っている要求である。また大型機器の使用ニーズは「現在の技術水準」や「目標技術段階」が高くなるに連れて増し，最も技術水準が高い人の約40％に達する。

現在，「DIY」関連店舗は先導的な情報伝達の場である。「クラフト店」はより高い「DIY」技術を持つ消費者の要求を満たしており，先導的要素を持っている。しかし，マニアックな人への対応がよい反面，「DIY」に興味がない人を近づけるまでには至っていない。昔からの金物店は専門性，技術指導，旧規格品がある，品物の取り寄せに便宜を図ってくれる，店員の対応，商品を手に取れる，という個別の条件を評価しているが，利用者の絶対数が少なく，金物店を「DIY」に関心がない人々に対する啓発・普及の拠点にするには工夫が求められる。大型量販店「ホームセンター」をはじめ，多様な種類の店舗で，相談窓口を設置すれば「DIY」の普及に効果がある。その場合には既設で見受ける商品の宣伝を兼ねたデモンストレーション的講習会ではなく，管理条件や技術の段階に対応した個別的実践的指導が望まれる。

4）リペア社会の条件

(1) 早期修繕業者の手法の開発

居住者の管理技術が向上して住宅の損傷を見つける能力を身につければ，早期発見ができる。そうなれば，居住者が修繕することができる商品の開発が求められる。

一方，業者に委託する部分については，たとえば地域集約型修理が考えられる。地域工務店の育成である。台風，地震をはじめ，シロアリの群発など住宅に負荷がかかる要因には，しばしば地域性が認められる。そうした地域

のリスクに対して専門的にかかわる業務活動がもっと発展しても良いはずである。たとえば，農作物の分野では地域の農業試験所の役割が大きい。台風の被害からの復興や稲熱病に対する対策の研究と指導には長い歴史がある。住宅の管理に関しても同様の仕組みが考えられる。自然災害の後や，害虫からのリカバリーなど農業指導と類似の現象は多い。

(2) 管理技術に対応したリペア商品の開発

　居住者や小規模リペア業者のために，修繕商品を開発することが急務である。管理技術の開発は居住者教育にも関わるが，特に建材と管理技術の関係に注目したい。新建築材の開発は日進月歩の勢いであるが，それが進めば進むほど居住者は管理に手が出せなくなる。新建材，新施工技術の開発は居住者の管理技術の開発とセットで進む必要がある。居住者が修繕できる建材の開発と，居住者を指導する専門家の養成が必要である。

　住宅の修理にほしいのが，竣工と同時代の建築材料を揃えられる店舗である。前著でオーストラリアの例を紹介したが，古い住宅が撤去される時に排出される古材を扱っている建築材料店がある。また，金具や設備（たとえばバスタブ，便器など）についても住宅が建てられた時代の物が商品化されているし，カタログで取り寄せることができる。

　バンクーバーではフリーマーケットがとても盛んである。市内では頻繁に自宅を開放したフリーマーケットが開かれている。バンクーバーのフリーマーケットには3タイプがある。ひとつ目は誰でもできる不要品をガレージに並べたガレージセール，2つ目は転居する人が古い家具などの不要品を売るエステートセール，3つ目は住宅の取り壊し時に投げ売りをするデモセールである。これらのセールでは自宅が建設された同時代や同デザインの古いドアのノブや，蝶番などを見つけられる。これらのセールは土日に開催されることが多くミニコミ紙に情報が掲載されているので，情報は誰でも入手できるが，朝早く行かないと掘り出し物が手に入らない場合が多い。デモセールでは，どんな物でも買い手がいれば商品である。

5）ハウスケアシステム（高齢者の住居管理を支援する方法）の検討

　最後に，戸建住宅の居住者が加齢に伴い，若い頃とは違う高齢者特有の維持管理問題が顕在化してくることは筆者の見逃すことができない視点である。それが，206ページのチャートの下段の内容である。

　我が国の高齢者の居住形態として最も多いのが持家居住であり，住み慣れた住居で人生を全うしたいという住要求は非常に高いし，在宅ケアは趨勢になりつつある。それに伴って，高齢者自身が住居を良好な状態で維持管理していくということは，居住者の身体的・生理的機能の低下，経済力の低下，住空間に対する意欲の低下，家族員の減少などのさまざまな要因により，困難になっていく。ゆえに，高齢者特有の維持管理問題としては，高齢者が直接，自分の住居を維持管理していく時の問題と，高齢者が居住不可能となった後の住宅を社会的・地域的にどのように維持管理し，住宅の長寿命化に繋げていくかという2つの課題が迫っている。

　それに答えるために用意されるべきシステムがハウスケアである。

　現在の高齢者に対する在宅ケア制度は人のケアであって，住居を改善することは対象に入っていない。したがって，高齢者の身の回りの衛生を保つために掃除をすることはあっても，住居の安全性，資産性を維持するための行為は行われない。

　そこで，高齢者のケアではなく，ハウスをケアする業態を構築する。現在でも掃除代行業者や便利屋がいるが，とても高価である。シルバー人材センターが家事代行業務を請け負っているが，上記の事業体に比べると安価ではあるが，日常掃除の域を出ない。住宅を長寿にする業態の枠内で社会的管理システムに参入する市場を期待する。もちろんハウスケアは高齢者だけが利用するものではない。若い単身者も多く，また，多様なニーズに応えられる市場の方が安定性もある。

2. 最後の課題

1）消費者問題としての住宅の性能

　筆者がアメリカやカナダでヒアリングして感じたことは，彼らが中古不動産市場を冷静に受け入れていることである。いわばストックに対する関心が強く，それが市場の規模を安定させ中古住宅情報に対する信頼性に影響を与えているのである。そればかりでなく，北米の居住者が中古住宅市場に寄せる信頼性が高い理由は，訴訟による消費者の権利保護と無関係ではない。また，転居が頻繁に行われることが住宅需要者に対する住教育を施している。これらの社会的背景が，市場の信頼性を高める効果を発揮していると考えられる。

　これに比べて日本の戦後の住宅政策は，人口急増型需給構造の矛盾が凝縮した住宅問題に焦点を当ててきた。これは根源的社会・経済問題ととらえられてきたが，あまりストックのフロー化に対する関心へは向かわなかった。また，次々と新たな政策を投入してきたにもかかわらず住宅問題における消費者問題を見逃してきたといえる。国民は一生の間に賃貸住宅市場も含め何度も住宅市場に参加しているにもかかわらず，住宅政策の中で消費者問題をどれほど取り上げてきただろうか。さらに，なぜ既存住宅市場に関わる業種が育てられなかったのであろう。たとえば，欧米の市場にはリアルター（不動産仲介者），ソリシター（事務弁護士），インスペクター（建物検査士），エスクロー（147ページの注参照）に関わる第三者など多様な機能集団が参加する。そして金融機関，保険企業など，商品の公平性，透明性，客観性を護る仕組みが何重にも取り巻き，それぞれの独立性を保つ構造が作られている。加えて市場取引は，都市計画税や固定資産税などの税制の裏づけ根拠である。日本の不動産市場に携わる機能集団は一重しか見えない。さらに関係機関の独立性は極めて低い。日本と欧米の違いはたとえるならば，既存住宅という商品が社会要素として表の市場で認知されているか，非嫡出子扱いを受けて

いるかの違いである。

ストックにおける消費者政策は，建物の性能と管理技術にも向けられる必要がある。

2）必須生活財を投資商品にする落とし穴

アメリカでは，中古戸建住宅は居住施設であると同時に最も優秀な投資の対象であるといわれる。本書はこれまでアメリカの既存住宅市場の優良性を強調してきたが，筆者は本書の執筆期間中，住宅はアメリカ人が異口同音で言うように金融資産なのだろうかという疑問がつきまとった。かつて日本で土地転がしがあったようにアメリカでも家転がしが起きている。バブルが激しくなれば，転がされる家の質的評価よりも交換的評価が優先される。あるいは，質的評価に対するバブルが発生する。家転がしは，安定した住宅事情を阻害するから決して認められることではない。どんなに「家歴書」が整備されても，実質的な価値以上のものが加えられる危険がゼロになることはないだろう。

アメリカでは生活財の証券化が進み，サブプライムローンによる低所得者の貧困問題をより加速したことは世界経済に混乱をもたらしたことで露呈した。当時のニュースでは実際に住宅を差し押さえられた低所得者が銃を構える保安官に追い立てられるように退去する映像が流れていたが，生活基盤を市場の道具にする非道さを感じざるを得なかった。筆者はかねてから生活基盤である住環境を商品化してその評価を市場に委ねることは，生活の変動を是認し，生活の基盤形成を否定する社会をつくる危なさがあることを指摘してきている。このような生活基盤が不安定な社会では，居住者の主体的な生活は成り立たない。住宅の証券化の議論には長寿命な住環境が実現してきた人間形成や，文化を築きあげた伝統的人間の営みの側面が見落とされていると言わざるを得ない。

本論は主たる分析を日米の比較に頼って，日本における既存住宅の長寿命化が可能な道を追求してきた。しかし，アメリカには人種差別の歴史の上に培われた良き隣人を選んで住む「流動式居住」があるといわれている。一方，

日本人は「上ものはいつでも変えられるけど，土地は変えられない」と考える「定置型居住」である。中古住宅市場は流動型居住にはなじむが定置型居住にはなじまない（調査票の自由記述欄の感想）。住宅の価値の問題は社会・文化的な背景を抜きにすることができないという指摘[2]もある。本研究でもアメリカのヒヤリングで，「カーテンや家具は取り替えられるけど隣人は変えられない」という表現にしばしば遭遇したことでもいえる。

日本人が定置型文化を持つだけでなく，古くから「なじんだものには魂が宿る」と感じる国民性とも関係づけてみる必要があるだろう。

また，本研究は戸建住宅の問題に焦点を絞ってきたが，中古住宅市場の課題は分譲集合住宅にもある。筆者が行ったマンションに関する日韓の比較研究では，韓国において土地バブルがマンションの建て替えを加速していく様が浮き彫りになっている。

3）さいごに

災害が多発する現代では住宅のみならず，居住空間を検査する制度の導入についても検討するべきである。筆者は検査や修繕行為は減災の第一歩だと考えている。筆者は伊勢湾台風と阪神・淡路大震災に被災した経験から，自然と人間を対比的に捉える「防災論」が内包している技術を優位と考える見方に決定的欠陥があることを学んだ。一口で自然災害というが，それは物理的自然現象が引き起こしたと勘違いしている。しかし災害は自然現象ではなく，「災害は破壊的な災害因が脆弱な人々と結びつくことにより起こる現象であり，生存のための社会的ニーズ，社会秩序，社会的意味を破壊する出来事である」[3]，つまり社会の脆弱性が物理的現象に誘発されて露呈する現象である。さらに，災害因である自然の破壊力に人間の想像が及ばず，克服はできない。だから，減災は社会の脆弱性を改善することに力を注ぎ，一人でも多くの命と，ひとつでも多くの財産を守ることを目標に定める。そして，自然を克服するのではなく災害を減らす可能性を選択して，災害の規模を少しでも小さくすることに心血を注ぎ，災害は人災だから，人間の力で減らす可能性を信じる。

既存住宅の質を巡る法令が生まれてきた今日，既存住宅の資産価値観がどのように作られるのか，それと住居の保全行動との関係を見届けたい。

本論は文化論や，規範論ではなく住居管理を通して住宅の耐用年数を延ばす目標のために，何を支援することができるか考察することが目的であったので，偏った見方をしている箇所もあったかもしれないが，お許しいただきたいと思う。

引用文献

序章
1) 老沼志朗，中古住宅流通市場の問題点と今後の課題，都市住宅学，30号，2000，pp.49-55
2) 建設省住宅局住宅政策課，米国における中古住宅流通市場に関する調査報告書，1999
3) 松村秀一他，変えられるか「中古住宅観」流通市場の未整備の中で，すまいろん，55号，2000，pp.7-49
4) 松本光平，中古住宅市場の活性化に向けて，住宅，Vol.50，No.8，2001，pp.6-10
5) 戸谷英世，アメリカの家・日本の家，井上書院，1995
6) 山﨑古都子，住宅の耐用年数を高め・既存住宅評価を確立するために必要な住宅情報のあり方に関する調査研究，第一住宅建設協会報告書，2002
7) 社会資本整備審議会，長期にわたり使用可能な質の高い住宅の整備・普及させていくための方策について，2008
8) ジェイムス・ミークル，日英住宅寿命比較，すまいろん，40号，1996.10，p.35
9) 建設省住宅宅地審議会中間答申，2000，資料47
10) 2008年版国土交通白書，p.50
11) 産業環境管理協会，LCA実務入門，1998
12) 建設省住宅局住宅生産課，環境共生住宅A-Z，(財) 住宅・建築省エネルギー機構監修積水ハウスライフサイクルアセスメント報告書，1998
13) 全建総連，大震災木造被害対策委員会の報告と見解，p.11より
14) 日本建築学会地球環境委員会，地球環境温暖化防止と資源消費削減にむけて我が国の建築は如何に対応すべきか，日本建築学会研究協議会報告書，1999

第1章
1) 下総薫，公共住宅その現状と課題，特集公共住宅の前途，ジュリスト，有斐閣，539号，1973.7，pp.14-20
2) 日本建築学会近畿支部住宅研究委員会，大阪府下の民間分譲住宅の実態調査報告書，1966，はじめに
3) 浜口ミホ，日本住宅の封建性，相模書房，1949
4) 山﨑古都子，住居の社会的管理に向けて，都市文化社，1998
5) アン・オークレー，主婦の誕生，三省堂，1986

第2章
1) 佐竹昭広・久保田淳校注，新 日本古典文学大系39 方丈記 徒然草，岩波書店，1989

2）山崎福寿，中古住宅市場の機能と建築コスト，住宅土地経済，1997，秋季号
3）上田篤，住宅双六，1973
4）小松幸夫，我が国における各種住宅の寿命に関する調査報告，日本建築学会計画系論文報告集，No.439, 1992.9, pp.101-110
5）堤洋樹・小松幸夫，1980年以降における木造専用住宅の寿命の推移，2004
6）堤洋樹・小松幸夫外，木造専用住宅のストックと除却の動向に関する研究，日本建築学会計画系論文報告集，No.649, 2010.3
7）加藤裕久・住宅寿命研究会，住宅の寿命分布に関する調査研究報告書，住宅総合研究所，1992
8）野城智也，「新たな豊かさ」実現のための住宅長寿化，Housing Finance, 2009
9）川本聖一・安藤正雄，住宅・土地統計調査から算出した日本の住宅寿命に関する考察，日本建築学会計画系論文集，No.635, 2009.1

第3章

1）飯塚裕，建物の維持管理，鹿島出版会，1979, p.128
2）新千里桜ヶ丘住宅判例から
3）山﨑古都子，住居の社会的管理に向けて，都市文化社，1998
4）杉山秀夫，阪神・淡路大震災における木造住宅等の被害状況及び木造住宅の耐震性の維持管理のための体制整備，建設月報，48, 6, p.53, 1996
5）社団法人日本ドゥ・イット・ユアセルフ協会，事業活動のご案内，p.2
6）鬼頭宏，2100年，人口3分の1の日本，メディアファクトリー新書，2011, p.83
7）山﨑古都子，いま家事労働に問われるもの，有斐閣選書，1984
8）幸田文，父こんなこと，新潮文庫，1984

第4章

1）山﨑古都子，住居の社会的管理に向けて，都市文化社，1998
2）山崎福寿，土地と住宅市場の経済分析，東京大学出版会，1999, p.263
3）金城一守，都市住宅学会第9回学術講演会ワークショップ「フローからストック社会への転換」，住宅管理の社会的支援，2001
4）不動産流通機構　http://www.reins.or.jp/info/index.html
5）前田拓生，日本の既存住宅市場における問題点とその活性化に資する制度・インフラについての考察，高崎経済大学論集，第54巻，第2号，2011.9
6）澁谷征教，日本の住宅ローンはなぜノンリコースにならなかったのか，日米住宅漂流記，日経ビジネスオンライン，2009. 1
http://business.nikkeibp.co.jp/article/tech/20090120/183217/?rt=nocnt
7）金本良嗣，都市経済学，東洋経済新報社，2003, p.117

終章
1) 菅野典雄，美しい村に放射能が降った～飯舘村長・決断と覚悟の120日～，ワニブックスPLUS新書，2011
2) アメリカの調査票の中の自由記述覧
3) 浦野正樹，災害研究の成立，災害社会学入門，弘文社，2007，p.21

参 考 文 献

本間義人,「家屋ハ末ナリ」の思想, 中央公論, 1981.3, pp.152-166
本間義人, 現代都市住宅政策, 三省堂, 1983
本間義人, 戦後住宅政策の検証, 信山社, 2004
塩崎賢明, 住宅政策の再生 豊かな居住をめざして, 日本経済評論社, 2006
リチャード・クー, 日本経済を襲う二つの波, 浅間書店, 2008
倉田剛, 少子高齢社会のライフスタイルと住宅, ミネルバ書房, 2004
田鎖郁男・金谷年展, 家, 三匹の子ぶたが間違っていたこと, ダイヤモンド社, 2007
大泉英次, 住宅問題と市場・政策, 日本経済評論社, 2000
岩田規久男・八田達夫, 住宅の経済学, 日本経済新聞社, 1997
戸谷英世, 久保川議道, 日本の住宅はなぜ貧しいのか, 井上書院, 2003
山崎福寿, 土地と住宅市場の経済分析, 東京大学出版会, 1999
ブルデュー, 住宅市場の社会経済学, 藤原書店, 2006
山田浩之ほか, 都市と土地の経済学, 日本評論社, 1999
林宣嗣, 都市経済学, 日本経済新聞社, 1998
金本良嗣, 都市経済学, 東洋経済新聞社, 2003
新海悟郎, 家の寿命, 建築文庫, 1958
国土交通省住宅局住宅政策課, 2007年度版住宅経済データ集, 住宅産業新聞社, 2007
住宅問題研究会㈶日本住宅総合センター, 住宅問題事典, 東洋経済新報社, 1993
建設省住宅局, 図説 日本の住宅事情, ぎょうせい, 1986
薮下史郎, 非対称情報の経済学—スティグリッツと新しい経済学, 光文社, 2002
内閣府, 経済財政白書2008, 2008
国土交通省住宅局, 平成15年住宅需要実態調査, 2003
国土交通省国土交通政策研究所, 住宅の資産価値に関する研究, 2006
国土交通省住宅局, 平成19年度民間住宅ローン実態に関する調査結果報告書, 2008
横関洋一, 長期優良住宅普及促進法の成立と課題, ～「200年住宅」構想から住宅の長寿命化を考える～, 立法と調査, No.289, 2009.1
米山秀隆, 既存住宅の価値向上と流通促進の方策, 富士通総研経済研究所研究レポート, No.275, 2006

あとがき

　筆者は1997年に『住居の社会的管理に向けて』（都市文化社）を著して以来，「向けて」から「住居の社会的管理」へ論を進めることに責務を感じ続けてきた。そして永年の責務を果たすべく本書の執筆に取りかかったのが2010年である。当初は自らに課した約束通り「住居の社会的管理」を強く意識した構成を採っていたが，筆者の能力で既存住宅の市場論と住居管理論を同時にまとめることはまさに二兎を追う如しで，二兎とも見失う愚かさに追い詰められ，あえて本題の住居管理を社会化する仕組みを詳細に追うことを断念せざるを得なくなった。とても残念と言わざるを得ない。

　本書は一貫して戸建持家住宅の長寿命化をテーマにしてきた。住宅の長寿命化は所有者一人ひとりによる耐用性の判断次第であるが，現状は所有者の自由意思に委ねたままにしておける事態ではない。環境負荷からも，景観・コミュニティからも，それ以上に所有者の経済的負担からもこのまま放置するには社会的影響がありすぎる。だからマンションにはすでに管理に関する法整備が進められてきたのである。しかるに，過半数を占める戸建持家の管理に公共性がなさすぎることを注視せざるを得ず，戸建持家に議論を集中させてきた。

　しかし，2011年3月11日に発生した東日本大震災による被災者の生活復興の困難さを前に，果たして戸建持家のみを議論してきた本書に普遍性はあるのだろうかという疑問から逃げられないでいる。震災に限らず，洪水災害，土砂災害，噴火等，さまざまな巨大災害が多発する日本においてローンに頼って取得する持家の比率が6割を超す住宅事情に無理があるのではないだろうか。戦前のように借家居住者が多数を占める社会ならば，住宅という財産の喪失感も二重ローン問題も小さくて済み，借家の復興というシンプルな住宅支援に集中できる。イデオロギー論としての持家主義批判ではなく，日本の風土と真摯に向き合う社会を作る必要があるのではないだろうか。筆を置いても，減災からの住宅需給のあり方を巡る思考はしばらく続くだろう。

謝辞

　本論は巻末のリストに挙げた1997年から2010年までの調査をまとめたものである。その中で，2000年から始まった第一住宅建設協会助成研究「住宅の耐用年数を高め・ストックの評価を確立するために必要な住宅情報の公開とその活用に関する居住者教育」は一棟宏子氏（大阪樟蔭女子大学名誉教授），陣内雄次氏（宇都宮大学教授），建部好治氏（建部会計不動産事務所代表取締役）との共同研究である。調査研究が成功したのは3氏に負うところが大きい。一棟宏子氏，陣内雄次氏，建部好治氏と研究のスタートを一緒に切らせていただいた印象はいつまでも深く心に刻まれており，感謝を表しきれない。共同研究者の一棟宏子氏，神内雄次氏，建部好治氏には篤く感謝の辞を申し上げる。上記研究は，アンケート調査の作成を共同作業で行い，メンバーごとに独自の対象者に調査を実施した。本論で使用したのは筆者が実施した調査の部分である。

　1回目のアメリカの調査では，BRINSLEY家をあげて親身な協力を得たことを記し謝意を表する。

　2回目の日米比較調査は，アイオワ州立大学教授Mary WINTER Ph.D.，ミネソタ大学名誉教授 Earl MORISE Ph.D.との共同作業で行った。

　両調査とも日米両国における多くの居住者による協力と，調査票の自由記述欄に添えられていた励ましに支えられて実現したことを記して，深謝する。

　上記の研究に先駆けて行った「DIY」の調査研究はコープこうべ生協研究機構助成研究「住宅の維持管理とその技術の普及に関する実態調査研究」である。本研究においてはコープこうべ生協研究機構から助成を受けただけでなく同機構の長岡暁子氏に多くの指導助言をいただいたことに深謝する。

　科学研究費の共同研究者の秋山元秀氏（滋賀大学教育学部教授），梅澤直樹氏（滋賀大学経済学部教授），研究協力者の上村要司氏（Geo Laboratory代表取締役），金貞仁氏（ウリ管理株式会社住居文化研究チームマネジャー），李容圭氏（済州大学校准教授）からは隣接する研究分野から多くの助言を受けることができ，学際領域の研究を成し遂げることができたことを感謝申し上げる。

幸いにもこれらの助成を受けられた研究期間は，非常に充実した期間であったことを思い返し，コープこうべ生協研究機構，第一住宅建設協会及び日本学術振興会のご支援に深く感謝申し上げる。

　本書は筆者の研究室で卒業研究・修士論文研究に取り組んだ当時の学生たちとの共同研究を下敷きにしている。特に前田圭子，井垣直子，滝口友紀，田原美恵，吉村歩，中埜佑香，足立智也子，伊藤未樹子，安田麻衣，赤崎未奈子さんたちは膨大な調査データを一緒にさばいた仲間でもあった。また本研究の基礎となった前著では大橋真紀子，神末康江，堀内木綿子，大前雅美，入潮敦子，野村文康，曹一徳さんたちと阪神・淡路大震災の影響が残る我が家で調査合宿をしたことを懐かしく思い出しながら感謝を申し上げたい。その調査研究では中野迪代氏（岐阜女子大学名誉教授）からはとても示唆に富む協力をたくさんしていただいたことに感謝を申し上げる。

　どの居住者調査も，アンケートの回答をお願いした膨大な協力者があって成功したものである。皆様のご協力に心からお礼を申し上げる。

　巽和夫氏（京都大学名誉教授），梶浦恒男氏（大阪市立大学名誉教授）にはご多忙にもかかわらず本書の粗原稿を査読していただき，ご指導をいただくことができた。心からお礼を述べさせていただく。

　最後に私事で恐縮であるが，20年前にアメリカでヒアリングを始めて以来，家族のひと言が日本の不動産市場を考察するヒントになってきたことを記したい。

　サンライズ出版の岸田幸治さん，森鈴雅さん，本書の出版に尽力をいただき本当にありがとうございました。15年にわたって発表してきた論文を集めたままの状態で手渡した粗原稿を読んで出版意義を認めていただくとともに，その後のリライトのたびに全体の構成に関する適切な助言をいただけたことは，最後までがんばる最大の拠り所となりました。

初 出 論 文

序章，第1章
　本論は滋賀大学環境フォーラム編，滋賀大学で環境を学ぶ，2003，pp.166-181を加筆修正したものである。

第2章
　本論は第一住宅建設協会助成研究，住宅の耐用年数を高め・既存住宅の評価を確立するために必要な住宅情報のあり方に関する調査研究報告書，2000と，科学研究費補助金基盤研究（C）（2）課題番号13650671，中古住宅に期待する財産価値が住宅管理に与える影響，に関する日米比較研究，の一部で，以下の既発表論文を加筆修正したものである。
1　山﨑古都子，一棟宏子，陣内雄次，建部好治，住宅の耐用年数を高め・既存住宅の評価を確立するために必要な住宅情報のあり方に関する調査研究報告書，第一住宅建設協会，2000
2　山﨑古都子，陣内雄次，住宅の寿命観と中古住宅需要に関する日米比較研究，住宅管理の社会的支援に関する研究（第3報），日本建築学会計画系論文集，No.562，2002.12，pp.245-252
3　山﨑古都子，日米比較から見た日本の中古戸建住宅需要特性，都市住宅学，41号，2003.春号，pp.54-65
4　山﨑古都子，陣内雄次，住宅の寿命観と住宅保全に対する関心との相関性に関する日米比較研究，住宅管理の社会的支援に関する研究（第4報），日本建築学会計画系論文集，No.567，2003.5，pp.111-118
5　山﨑古都子，中古戸建住宅の質の保全と住宅の資産観に関する日米比較研究，都市住宅学，42号，2003.夏号，pp.110-120

第3章
　本論は科学研究費補助金基盤研究（C）（2）課題番号13650671（前掲），課題番号20560572，住宅の長寿命化と減災を目的とした住居管理能力の育成と地域支援のあり方の助成研究，ライフスタイルからみた住居・環境計画に関する調査研究，住生活研究会，1987，コープこうべ生協研究機構助成，研究課題：住宅の維持管理とその技術の普及に関する実態調査研究，の一部で，以下の既発表論文を加筆修正したものである。
1　山﨑古都子，住意識からみた住宅の耐用年数の考察，日本建築学会計画系論文報告集，第595号，2005，pp.181-188
2　山﨑古都子，住宅に関する「DIY」技術と住居管理行動の相関性，住宅管理の社会的支援に関する研究（第1報），日本建築学会計画系論文報告集，534号，

2000.8, pp.247-254
3　山﨑古都子, 住宅に関する「DIY」普及のために必要な「ホームセンター」の機能, 住宅管理の社会的支援に関する研究（第2報）, 日本建築学会計画系論文集, No.540, 2001.2, pp.251-258
4　山﨑古都子, 住居管理のジェンダー性と住居の寿命の相関, 日本建築学会, 2010学術講演会梗概集, 2010, pp.1347-1348
5　山﨑古都子, 住居に関する家事労働教育についての調査報告書, 2007

第4章

　本論は第一住宅建設協会助成研究（前掲）に関する日米比較研究, 科学研究費補助金基盤研究（C）（2）課題番号13650671（前掲）, 課題番号20560572（前掲）の助成を受けている。一部以下の既発表論文を加筆修正したものである。

1　山﨑古都子, 一棟宏子, 陣内雄次, 建部好治, 住宅の耐用年数を高め・既存住宅の評価を確立するために必要な住宅情報のあり方に関する調査研究報告書, 第一住宅建設協会, 2000
2　山﨑古都子, 日米の中古戸建て住宅の需要観の違いからみた「家歴書」の活用の可能性, すまいろん, No.48, 2005, pp.36-39
3　山﨑古都子, 住宅ストックのフロー化の可能性, 滋賀大学環境総合研究センター研究年報, vol.4, No.1, 2007, pp.55-66
4　山﨑古都子, 町並みの評価に潜在する既存住宅のストックの可能性, 滋賀大学環境総合研究センター研究年報, vol.4, No.1, 2007, pp.37-54

本文引用調査及び論文リスト

本文対照	研究課題、チーム（*は当時の滋賀大学学生）	研究期間	調査対象地及び調査方法	調査リスト番号
2章	第一住宅建設協会助成研究、住宅の耐用年数を高め、ストックの評価を確立するために必要な住宅情報のあり方に関する調査研究　代表者：山崎古都子　分担者：一棟宏子大阪樟蔭女子大学教授、陣内雄次宇都宮大学准教授、建設部府店建部所店建部不動産会計不動産事務所代表取締役	2000～2002年	①建築学会近畿支部住宅部会、民間分譲住宅研究会（1966）を用いて枚方市、寝屋川市、交野市における住宅地階層が異なる4住宅地を選定　②阪神・淡路大震災の被災地である芦屋浜の戸建地域と分譲集合住宅の戸建特家居住者リストを入手　③調査会社からアメリカロサンゼルスカウンティ、オレンジカウンティ在住の戸建特家住居リストを入手　調査方法：日本は配票スティング、回収は郵送、アメリカは配票回収とも郵送（詳細は本文48ページ参照）	1
3章	科学研究費補助金研究、中古住宅に期待する財産価値が住宅管理に与える影響に関する日米比較研究、平成13年度基盤研究（C）課題番号13650671　研究代表者：山崎古都子　研究協力者：Mary WINTER（アイオワ州立大学教授）、Earl MORISE（ミネソタ大学名誉教授）、古村歩*、田原美恵*、中葉佑香*	2002～2003年	日本は敷地規模を考慮して、1950～1985年に大阪府高槻市、茨木市、①滋賀県大津市で開発された住宅地を対象に、住宅地図を用いて選定。②都市部との比較事例に滋賀県全域を対象とし、滋賀大学教育学部で昭和25～55年卒業年次に卒業した男性在住者、④アメリカ合衆国カリフォルニア州ロサンゼルスカウンティ、アイオワ州州都デモインか　調査方法：郵送調査を原則として一部配票をポスティング（詳細は本文49ページ参照）	2
3章	コーラうべ生活協同組合研究助成、研究課題：住宅の進捗管理とその技術の普及に関する実態調査研究　主査：山崎古都子　研究協力者：長岡暁子（コーラうべ生活協同研究所）、滝口友紀*、井垣直子*、安田麻衣*	1997～1999年	コーラうべの森下の「住まいのコーラ」の受注者と、コーラうべへのFAXでモニター登録者　調査方法：配票・回収とも郵送	3
4章	住宅に関する食事労働教育、研究課題：住宅の長寿命化と減災支援のあり方　研究代表者：山崎古都子　研究協力者：安田麻衣*	2006～2007年	近江八幡市・米原市立中学校在籍の中学生とその保護者及び祖父母　調査方法：協力中学校の生徒を通じて親子が含まれた自記、配票・回収	4
4章	科学研究費補助金研究、住宅の長寿命化と減災支援、住宅管理能力の育成と地域支援のあり方　基盤研究（C）課題番号20560572　研究代表者：山崎古都子　研究分担者：田中宏子（滋賀大学准教授）研究協力者：赤崎未奈子*	2008～2010年	地震発生予測確率が高い琵琶湖西岸断層帯に並行する滋賀県高島市、大津市の25歳以上在住者　調査方法：住宅地図を用いて地区内に抽出し、地区内は全戸を対象にした　調査方法：配票・回収とも郵送	5
	住宅ストックのフローに可能性研究　研究代表者：山崎古都子　研究協力者：足立智也*	2005年	大津市・草津市で1960年代から1990年代に開発された郊外住宅地の戸建持家住居者　調査方法：住宅地図を無作為に抽出し、その地域内を悉皆、配票は郵送	6

225

索　引

あ行

愛着　　　　　72-74, 76-80, 135, 191, 200, 205
アプレイザル　　　　　　　　　　　　195
アンチ・ディフィシェンシ・ロー　　　195
e-ディフェンス　　　　　　　　　　　145
家は焼け家　　　　　　　　　　　　　 47
維持管理　　　20, 67, 103, 109, 116, 117, 134,
　　　　　　　155, 166, 187, 197-199, 205, 212
椅子座　　　　　　　　　　28-30, 33, 34
インスペクター　　　145, 146, 148, 154, 162,
　　　　　　　　　　　　170, 190, 193, 213
インスペクターレポート　　　　　154, 162
インセンティブ　　　　　67, 102, 108, 141,
　　　　　　　　　　　　　　188, 198, 204
インフィル　　　　　　　　　　　184, 185
請負契約　　　　　　　　　　　　　　148
売り主　　　　　163, 173-175, 180-182,
　　　　　　　　　　　　187, 189, 192, 193
永住指向　　　　　　75, 77, 89, 93, 102, 141,
　　　　　　　　　　183, 184, 189, 190, 193
HOA（住宅地管理組合）　　　　　195, 200
SI方式　　　　　　　　　　　　　184, 185
エスクロー　　　　　147, 170, 171, 191, 213
nDK　　　　　　　　　　　　28, 30, 31
MLS　　　　　　　　　　　　169, 173, 181
厭世の住居観　　　　　　　　　　　　 47
大掃除　　　　　37, 38, 40, 41, 42, 126, 140
オープンハウス　　　　　　　167, 168, 172

か行

買い主　　　　　163, 172-175, 180-182, 192,
　　　　　　　　　　　　　　　　193, 196
外部支援システム　　　　　　　　　　207
核家族　　　　　　　　　　　　28, 30, 32
家検制度　　　　　　　　　　　　　　152
瑕疵担保責任　　　　　　　　　　188, 192
家事労働　　　28, 29, 31, 33, 34, 38-41, 118,
　　　　　　　123-125, 129, 130, 132-134
家事労働の外部化　　　　　　　33, 38, 39
仮の宿　　　　　55, 60-62, 69, 75, 98, 113,
　　　　　　　　　　　　135, 168, 179, 209
ガレージセール　　　　　　　　　79, 211
家歴書　　　　　154, 186, 188-191, 201, 214
環境管理約款　　　　　　　　　　195, 200
環境税　　　　　　　　　　　　　　　197
環境問題　　　　　　　　　　　　3, 6, 32
管理保険　　　　　　　　　　　　188, 199
起居様式　　　　　　　　　　　　28, 32
既存住宅市場　　　45, 50, 51, 194-196, 198,
　　　　　　　　　　　　　　　204, 213, 214
既存住宅保証制度　　　　　　　　　　192
期待差　　　　　　　　　　　　　70, 71
期待耐用年数　　　83, 84, 88-90, 96, 102,
　　　　　　　　　　　　　　　　109-111
金融機関　　　　　　　19, 22, 195, 196, 213
経年的減価償却　　　　　　　　　　　 74
減災　　　　　108, 123, 129, 138, 142, 144,
　　　　　　　　　145, 152, 189, 199, 215
検査済み証　　　　　　　　　　　146, 148
現状有姿　　　　　　　　　　　　　　149
建設住宅性能評価書　　　　　　　　　183
建築基準法　　　　　　　150, 152, 186, 195
建築三法　　　　　　　　　　　　　　195

公営住宅	15-18, 28, 30
公営住宅＝橋論	17
公営住宅法	15, 16
郊外住宅地	30, 48, 49, 66, 200
工業化住宅	35
公団住宅	17, 18, 30-32
高度経済成長	13, 33, 36, 39, 106, 108, 130, 132
購入契約	148, 175
効用維持回復費用	102
国土交通省	4, 5, 15, 23, 150, 181
戸建持家	48, 98, 138, 150, 184
固定資産税	65, 147, 180, 213
好みの間取り	96, 98, 190

さ行

サーベイヤー	154, 193
サーベイヤーレポート	154, 155
在来工法	183, 194
サスティナブル社会	3, 27
サブプライムローン問題	171
ジェンダーバイアス	41, 123, 128
自覚的検査	146
資産観	66, 68, 69, 72, 77, 91
質の時代	15, 19
指定流通機構	181
社会財	152
社会資産	9
社会的効用	146
社会的住居管理システム	204, 206
シャドウワーク	40, 130, 132
住意識	32, 45, 46, 61, 67, 135, 205
住環境	15, 186, 187, 214
住教育	191, 213
住居観	35, 205
住居管理技術	40, 101, 114, 119, 134, 135, 209
住居管理責任	38, 209
住生活基本法	15, 183
住生活の近代化	28
住宅瑕疵担保履行法	192
住宅金融公庫法	15, 16
住宅金融市場	179, 180
住宅検査	138, 145-148, 150, 152, 153, 185, 186, 193
住宅建設5カ年計画	15, 19, 25
住宅困窮者	12, 16, 19, 30, 31
住宅市場情報	167
住宅市場整備行動計画	2, 27
住宅充足率	18, 19
住宅需給構造	12, 22, 27
住宅需要者	20, 25, 57, 61-64, 81, 96, 146, 171, 178, 191, 213
住宅双六	81
住宅政策	12, 15-20, 27, 28, 45, 108, 183, 186, 207, 213
住宅性能表示制度	183, 193
住宅性能保証制度	8, 207
住宅・土地統計調査	4, 5, 21
住宅難	12-17, 21, 105
住宅の寿命(観)	3, 78, 83, 84, 88, 96, 99, 102, 106, 108, 111, 113, 130, 197, 199, 204
住宅の劣化	45, 96, 134, 187, 205
住宅は末なり	15, 16, 17, 20
住宅評価制度	183
住宅履歴申告書	192
住様式	29, 32, 33, 185

重要事項説明書	175, 182	属物主義	196
循環型社会	32, 66, 130, 133, 136, 205	ソリシター	163, 213
循環型住居管理社会	130, 131		
循環型住宅政策	183	**た行**	
竣工検査	146, 150, 186	耐久消費財	3, 33 - 36
商品化	12, 28, 32, 33, 35, 39 - 41, 130, 211, 214	耐久性	3, 8, 35, 36, 83, 84, 98, 104, 106, 109, 184
情報の対称性	197	耐久的寿命	89
情報の非対称性	99, 171, 178 - 180	耐震意識	138
食寝分離	28, 30	耐震診断	9, 45, 107, 142, 145, 146, 152, 188, 207
新規持家誘導政策	20		
信頼性	60, 61, 79, 167, 168, 175, 178, 179, 189, 191, 213	第二次世界大戦	12, 13, 110
		耐用性	3, 19, 28, 35, 36, 66, 70, 83, 84, 104, 107, 109
スクラップアンドビルド	4, 6, 11, 12, 17, 20, 25, 27, 44, 106, 197	大量消費型住様式	33
スケルトン	184	宅地建物取引業法	181, 182
ストック型住宅政策	27	建売住宅	21, 22, 25 - 27, 46, 167
ストックのフロー化	27, 44, 66, 67, 108, 191, 192, 213	建て替え指向	22, 75, 77, 78, 88, 89 - 93, 96 - 99, 141, 183
生活改善同盟会	29	建て替え率	66, 83, 85, 86, 98
生活技術教育	118 - 120, 122	建物の区分所有等に関する法律	150
製造物責任	145, 193	男女共同参画社会	120, 134
性能評価	184, 187	短命化	19, 28, 102, 108
性能評価制度	148, 188, 189, 193, 194, 207	中古戸建住宅	44, 51, 55, 57, 58, 60 - 63, 98, 113, 120, 121, 179, 189, 190, 201, 214
性能保証	149		
性能保証登録	198	中古(戸建)住宅の需要特性	44, 55, 81
施工業者	149	中古住宅需要者	61, 150
施主	80, 148, 149	注文住宅	21, 22
設備共用住宅	15	長期優良住宅法(長期優良住宅の普及の促進に関する法律)	183, 186 - 188, 192
選択理由	53 - 56		
早期修繕	3, 103, 109, 189, 210	長寿命化	38, 40, 41, 43, 70, 102, 103, 109, 113, 129, 132, 144, 183, 184, 189, 194, 203 - 206, 212, 214
早期発見	3, 109, 115 - 117, 210		
属人主義	196		

陳腐化	3, 28, 83, 103	バリアフリー住宅	37
終の棲家	58, 62, 67 - 69, 75, 77, 80, 81, 91, 102	阪神・淡路大震災	9, 16, 36, 47, 48, 104, 107, 132, 140, 142, 151, 215
DIY	102, 109-119, 122, 129, 130, 135, 136, 155, 156, 209 - 216	比較調査	44, 45, 130, 135, 138, 205, 221
		必須生活財	25, 197, 214
DK	28 - 31	費用の過分性	103, 104
定期検査	188, 199	品確法(住宅の品質確保の促進等に関する法律)	15, 148, 183, 193
定置型居住	215		
適正就寝	28	品質評価	193
デュアルエージェンシー	170	フィルトレーション効果	52, 61, 106
転居指向	3, 75, 77, 93, 189, 190, 200	風土性	35, 36
伝統的和風住宅	28, 31, 140	腐朽	9, 161, 187
登記	81, 147, 171, 173 - 175, 182, 196, 207	普請	8, 35, 36, 153
		不動産鑑定評価	195
投資商品	214	不動産取得税	147
投資性	54 - 56, 67, 80, 190	不動産仲介業者	63, 150, 167 - 170, 172, 175, 176, 180, 181
投資的価値	55, 69, 77, 79, 80, 102, 197		
同潤会	30, 31	プライバシー	30, 32
当初予測余命	70	フリーマーケット	211
登録住宅性能評価機関	183	平均寿命	83 - 85, 87, 88, 99
都市住宅	2, 12, 17, 69, 77 - 79, 87 - 91, 98, 105, 130	ホームセンター	210
トラックトハウス	46, 64	**ま行**	
		町並み	186, 200, 201
な行		までい	204
200年住宅	27, 184	マンション	3, 8, 22, 48, 49, 55, 57, 61, 62, 104 - 106, 149, 150, 167, 215
認定長期優良住宅	187		
ノンリコースローン	195	メーカー住宅時代	35
		滅失(した)住宅	4, 23, 24, 85, 87, 88
は行		モーゲージ	64, 65, 176, 196
媒介契約	180, 181	モデルルーム	167, 168
廃棄物	3, 6 - 8, 27, 38, 79, 164		
売買契約	154, 187, 188, 192, 193	**や行**	
ハウスケアシステム	212	予測余命	70, 84, 107, 141

予定居住年数　　　　　70, 96, 141

ら行

ライフサイクルアセスメント　　　7
リアルター　　　　47, 63, 146, 153, 170,
　　　　　　　　　175 - 178, 195, 213
リコースローン　　　　　　　　194
リニューアルビルダー　　　　　208
リピーター　　　　　　102, 150, 175
リフォーム産業　　　　　　　　208
リフォーム市場　2, 3, 8, 27, 41, 130, 133
リペア社会　　　　　　　　136, 210
流動式居住　　　　　　　　　　214
量の時代　　　　　　　　　　15, 19
量の住宅政策　　　　　　　　　17
レインズ（REINS）　　　　　　181
レモンの原理　　　　　　　179, 180
老朽　　　　　14, 70, 71, 91, 92, 103 - 106,
　　　　　　　　　　　　　140, 142
労働者階級　　　　　　　　　　194
ロケーション　　　　　　　　90, 91

■著者略歴

山﨑古都子（やまさき・ことこ）
1943年京都市生まれ。奈良女子大学大学院修了。滋賀大学名誉教授。「民間分譲住宅の維持管理に関する研究」で学術博士。
主な著書・論文には『住宅の社会的管理に向けて』（編著・都市文化社），『マンション管理を問う』（共著・都市文化社），『びわ湖を考える』（編著・新草出版），『住教育未来のかけ橋』（共著・ドメス出版），『今家事労働に問われるもの』（共著・有斐閣），『生活経営論』（共著・建帛社），日米比較から見た日本の中古戸建住宅需要特性（都市住宅学，同学会賞受賞），「中高層分譲共同住宅の住戸接続形式から見た近隣関係と近隣トラブル」（日本建築学会論文報告集），昭和初期の島小学校における郷土・労作教育（生活学）他，住居管理および住教育に関する論文がある。

脱・住宅短命社会
―住居管理と中古住宅市場の課題―

2012年4月25日初版第1刷発行

著　者　　山﨑古都子
発行者　　岩根順子
発行所　　サンライズ出版株式会社
　　　　　〒522-0004　滋賀県彦根市鳥居本町655-1
　　　　　TEL 0749-22-0627　FAX 0749-23-7720
印刷・製本　P-NET信州

©Kotoko Yamasaki 2012　　ISBN978-4-88325-473-6　Printed in Japan
乱丁本・落丁本は小社にてお取替えします。
定価はカバーに表示しております。
本書の全部または一部を無断で複写・複製することを禁じます。